Carola Essig

Dominique Soulas de Russel

Denis Bauer

Das Image von Produkten, Marken und Unternehmen

Verlag Wissenschaft & Praxis

Bibliografische Information der Deutschen Nationalbibliothek
Die Deutsche Nationalbibliothek verzeichnet diese Publikation in
der Deutschen Nationalbibliografie; detaillierte bibliografische Daten
sind im Internet über http://dnb.d-nb.de abrufbar.

ISBN 978-3-89673-541-6

© Verlag Wissenschaft & Praxis
Dr. Brauner GmbH 2010
D-75447 Sternenfels, Nussbaumweg 6
Tel. +49 7045 930093 Fax +49 7045 930094
verlagwp@t-online.de www.verlagwp.de

Inhaltsverzeichnis

Abbildungsverzeichnis

Tabellenverzeichnis

Abkürzungsverzeichnis

Abb.	Abbildung
Aufl.	Auflage
BR	Baureihe
C&W	Coppenrath & Wiese
CI	Corporate Identity
f	folgende
ff	fortfolgende
ftd	Financial Times Deutschland
i.A.	im Allgemeinen
i.d.R.	in der Regel
i.e.S.	im engeren Sinn
i.w.S.	im weiteren Sinn
IT	Informationstechnik
KZS	Kurzzeitspeicher
LZS	Langzeitspeicher
MarkenG	Markengesetz
o.V.	ohne Verfasser
PLE	Product Line Extension
PoS	Point of Sale
PP	Product Placement
PR	Public Relations
S.	Seite(n)
s.	siehe
sog.	so genannte
SS	Sensorischer Speicher
SUAH	Staatliches Untersuchungsamt Hessen
Tab.	Tabelle
u.Ä..	und Ähnliches
u.U.	unter Umständen
u.v.m.	und viele mehr
UAP	unique advertising proposition
USP	unique selling proposition

1 Einleitung

1.1 Vom Qualitätswettbewerb zum Imagewettbewerb

In Zeiten der Mangelwirtschaft spielte das Image keine Rolle. Der Wettbewerb konzentrierte sich überwiegend auf den Preis als einzigen Wettbewerbsfaktor. Mit wachsendem Wohlstand, vor allem einem höheren frei verfügbaren Einkommen, wurde der Preiswettbewerb allmählich durch den Qualitätswettbewerb überlagert. Durch das steigende Angebot an Gütern wandelte sich der Verkäufermarkt in einen Käufermarkt, auf dem das Angebot die Nachfrage übersteigt. Die Folge für Unternehmen ist ein ständig wachsender Konkurrenzkampf.

Verschärft wurde dies in den letzten Jahren noch durch die zunehmende Globalisierung und Internationalisierung der Märkte. In globalen Märkten verbreitet sich nicht nur das Wissen über Alternativen zu einem bestimmten Anbieter sehr schnell, sondern auch das Know-how der Produktion. Dadurch werden Produktionsabläufe zunehmend ähnlicher und/oder kosteneffizienter. Das Angebot in vielen Branchen gleicht sich mehr und mehr an. Ein Übriges tut das Internet, mit dem die nahezu identischen Produkte weltweit vergleichbar, verfügbar und damit austauschbar werden.[1] Annähernd identische Qualitätsstandards und somit auch ähnliche bzw. homogene Produkte zu ähnlichen Preisen erschweren jedoch die Differenzierung der unterschiedlichen Angebote.

Das außerordentlich große Produktangebot wird dem Verbraucher bei jedem Gang in den Supermarkt bewusst. „Ein durchschnittlicher Supermarkt hat etwa 30.000 Artikel im Sortiment."[2] Aus einer großen Anzahl austauschbarer Produkte muss der Konsument das Produkt auswählen, das ihm den größten Nutzen stiftet. An diesem Punkt beginnen die „Hard Facts" der Produkte, also die konkreten Leistungsmerkmale, in den Hintergrund zu treten. Sie werden überlagert von den „Soft Facts" des Marken- und Unternehmensimages, also von dem Bild, das der Verbraucher von einer bestimmten Marke oder einem Anbieter hat.

Damit kam es zu einer Überlagerung des Qualitätswettbewerbs durch den Imagewettbewerb. Er hat sich dort ausgebreitet, wo ein echter Qualitätswettbewerb wegen identischer oder austauschbarer Produktbeschaffenheit nicht mehr möglich war.[3]

---

[1] Vgl. Herbst, D.: Corporate Identity, 1998, S.8ff
[2] Leonhäuser, I., online: Soziokulturelle Auswirkungen a. d. Verbraucherverhalten, S.8, 26.10.2002
[3] Vgl. Nowak, H.; Spiegel, B.: Marketing Enzyklopädie, 1974, S.972f und vgl. Bloos, J.: Marketing, 1989, S.24 und vgl. Meffert, H.: Marketing-Management, 1994, S.134

Aber nicht nur Märkte, auch Konsumenten und ihr Verhalten unterliegen einem Wandel. In den letzten Jahren hat sich eine Veränderung des Konsumentenverhaltens bemerkbar gemacht: Kunden sind wählerischer, kritischer und damit unberechenbarer geworden. So ändern Konsumenten ihre Wertvorstellungen, ihr Kaufverhalten und ihre Anforderungen an die Unternehmen, den Markt und die angebotenen Produkte. Die Tendenz geht hin zum hybriden, multioptionalen Kunden, der sich durch eine erhöhte Markenwechselbereitschaft auszeichnet.

Die Unternehmen der heutigen Zeit müssen mit diesem drastischen Wandel Schritt halten. Ihre Zukunft hängt davon ab, wie sie im Wettbewerb bestehen.[4] Sie müssen neue Wege gehen und Produkte auf den Markt bringen, die sich in irgendeiner Art und Weise von den Produkten der Mitbewerber unterscheiden, sie einzigartig machen, und beim Kunden einen positiven Wiedererkennungswert hervorrufen. Dem Image einer Marke, eines Produkts bzw. eines Unternehmens kommt damit eine zentrale Bedeutung für den wirtschaftlichen Erfolg von Unternehmen zu. Durch die übergroße Anzahl an Produkten müssen Hersteller darum kämpfen, in das Sortiment des Handels aufgenommen zu werden. Vorteile hat, wer bekannt ist und ein unverwechselbares Image genießt.

Ein positives Image bietet Möglichkeiten, der hohen Markenvielfalt, sinkenden Absatzzahlen und dem steigenden Wettbewerbsdruck wirkungsvoll entgegen zu treten. Denn nur durch das Image lassen sich objektiv gleichartige Gegenstände – die sich auch im Blindtest nicht unterscheiden lassen – voneinander abheben.[5]

Umso mehr überrascht es, dass die mit Image verbundenen Fragestellungen in der Wissenschaft und Unternehmenspraxis bislang eher stiefmütterlich behandelt werden.[6] Denn nach wie vor entscheidet das Management lieber in mathematisch fassbaren Parametern einer Preis-Absatz-Funktion. Markenaufbau, -pflege, -wert und Markenimage gelten nicht als strategische Führungsaufgaben und gehen oftmals im Tagesgeschäft unter. So lassen viele Unternehmen offen, wer die Verantwortung für eine konsequente Umsetzung trägt: Unternehmensleitung, Marktforschung, Marketing, Produktmanager, Berater oder Werbeagentur?[7]

Da Rentabilität in den Unternehmen höchste Priorität genießt, wird mit dem Thema Image nur nachlässig umgegangen. Der Aufbau von Präferenzen benötigt jedoch viel Zeit und stellt somit einen mittel- bis langfristigen Prozess dar. Dadurch fallen Investition und Ertrag beim Präferenzaufbau zeitlich stark aus-

[4] Vgl. Kreilkamp, E.: Strategisches Management und Marketing, 1987, S.125

[5] Vgl. Nowak, H.; Spiegel, B.: Marketing Enzyklopädie, 1974, S.972f und vgl. Bloos, J.: Marketing, 1989, S.24 und vgl. Meffert, H.: Marketing-Management, 1994, S.134

[6] Vgl. Pues, C.: Image-Marketing, 1994, S.85

[7] Vgl. Schlote, S.: Die Markenmacht, in managermagazin 02/98, S.59

einander und es kommt zur Rivalität zwischen Image- und Rentabilitätszielen, meist zu Lasten der Imageziele.[8]

1.2 Zielsetzung und Aufbau der Arbeit

Die vorliegende Diplomarbeit bietet einen umfassenden Einblick in die Thematik der Wirtschaftsimagologie. Im Vordergrund steht die Analyse, erfolgreiche Gestaltung und Kontrolle von Produkt-, Marken- und Unternehmensimages. Dies wird anhand von zahlreichen Praxisbeispielen veranschaulicht.

In **Kapitel 2** soll ein Grundverständnis zum Thema *Image* gelegt werden. Dazu trägt die Darstellung der grundlegenden Charakteristika und Strukturen von Image bei. Die Analyse der Funktionen von Unternehmens- und Markenimages aus Sicht der Konsumenten und der Unternehmen ist ein weiterer zentraler Aspekt.

Unter den Imagearten haben im Wirtschaftsleben Unternehmensimage und Markenimage eine herausragende Bedeutung. Deshalb wird zunächst in **Kapitel 3** das Unternehmensbild eingehend betrachtet und sowohl das Corporate Image, als auch die Corporate Identity beleuchtet. Einen Schwerpunkt bilden die Instrumente zur Gestaltung der Corporate Identity.

Das Markenbild und die Marke stehen im **Kapitel 4** im Vordergrund. Neben den Bestandteilen und den Funktionen einer Marke sind die Markenpositionierung und die Schaffung von Erlebniswelten von Interesse. Sowie die detaillierte Untersuchung der unterschiedlichen Erscheinungsformen von Marken.

Die Imagepolitik bildet den Mittelpunkt dieser Arbeit. Neben der Imageanalyse als Voraussetzung für eine erfolgreiche Imagegestaltung, spielt die Gestaltung selbst die Hauptrolle in **Kapitel 5**. Die Instrumente der Imagepolitik werden detailliert dargestellt. Durch Aufzeigen von Gefahren und Chancen werden Hinweise zur professionellen Umsetzung gegeben.

Ausgehend von der generellen Nützlichkeit eines positiven Images geht es im **Kapitel 6** um die zentrale Frage, welche weiteren Nutzungsmöglichkeiten sich durch die Übertragung des Images ergeben.

Abschließend wird im **Kapitel 7** analysiert, wie sich Unternehmen am Besten in einer Imagekrise verhalten, wenn sie langfristige Imageschäden vermeiden wollen. Die Schwierigkeiten einer solchen Krise, aber auch die gekonnte Umsetzung der als entscheidend ermittelten Verhaltensweisen, wird an Hand von drei ausgewählten Praxisbeispielen beleuchtet.

---

[8]   Vgl. Becker, J.: Marketing-Konzeption, 1992, S.83

2 Die Grundlagen des Images

2.1 Etymologie des Wortes Image

Die Mehrheit der Literatur leitet das Wort *Image* aus dem Lateinischen ab. Das Stammwort erfuhr jedoch eine sehr vielfältige Entwicklungsgeschichte, deren Sinnergänzungen bzw. -verschiebungen in mehreren Kulturen verankert sind:[9]

Tab. 2.1: Etymologie des Wortes Image

Lateinisch: imago (f)	Vorstellung oder Vorstellungsbild von einem Objekt oder einer Person[10]; Erscheinung; Wertbild; Bild; Bildnis; Abbild.[11] Im alten Rom hatten die Aristokraten das Recht „jus imaginum", d.h. das Recht Abbildungen ihrer Ahnen aufzustellen.
Französisch: image (f)	a) Apparence visible d'une personne, d'une chose [= *die sichtbare Gestalt, Erscheinung einer Person, einer Sache*] b) Vision intérieure, impression, idée [= *innere Sicht, Bild, Eindruck, Idee, Einbildung*] c) Représentation par l'art d'une personne, d'une chose des divinités, des saints, etc. [= *die Kunstdarstellung von Personen, Gegenständen, der Götter, der Heiligen, etc.*] In Frankreich gab es schon zur Zeit des Jugendstils eine Zeitschrift mit dem Titel „L'image" und eine Lyrikergruppe, die sich „Imagisten" nannte.
Englisch: image (n)	Bild, Standbild, Bildsäule, Götzenbild, Heiligenbild, Abbild, Ebenbild, Spiegelbild, Verkörperung, Vorstellung, Idee In England gab es von etwa 1912-1920 eine neolyrische Bewegung um Ezra Pound als Hauptvertreter des *Imagismus*.
Amerikanisch: image (n)	a) A likeness or imitation of any person or thing [= *ein Bild oder Abbild einer Person oder Sache*] b) A picture presented by the imagination [= *ein durch Phantasie hervorgerufenes Bild*]

---

[9] Vgl. Johannsen, U.: Das Marken- und Firmenimage, 1971, S.18ff
[10] Vgl. Salcher, E.: Psychologische Marktforschung, 1995, S.129ff
[11] Vgl. Lieber, B.: Personalimage, 1995, S.2

Betrachtet man die wesentlichen und am häufigsten wiederkehrenden etymologischen Bedeutungsgehalte des Wortes *Image*, so lassen sich folgende Gemeinsamkeiten festhalten:

Das Wort *Image* vereinigt sichtbare, reale und gegenständliche Bilder mit geistigen und phantasiereichen Vorstellungsbildern.

2.2   Geschichte des Imagebegriffs

Bereits 1922 verwendete der amerikanische Journalist W. Lippmann den Begriff *Image* für politisch stereotype Vorstellungen in einer sozialpsychologischen Studie.[12] Er war der Überzeugung, dass es für Politiker notwendig sei, ihr *Image*, „the picture in their heads", bei den Wählern zu kennen. Es sollte aber noch dreißig Jahre dauern, ehe sich der Begriff *Image* auch in der Wirtschaft etablierte.[13]

1939 behauptet E. Dichter als erster *Image* im Sinne von Markenbild und Markenpersönlichkeit, im Zusammenhang mit dem Produkt *Ivory*-Seife, verwendet zu haben.[14]

B. Gardener und S. Levy legten 1955 den Grundstein für die Verwendung von *Image* in der Marketingliteratur. Es war die erste Veröffentlichung, die den Imagebegriff schärfer und in Richtung heutigem Verständnis fasste. Sie bezeichneten das *Image* als hypothetisches Konstrukt, welches Wissen, Vorstellungen und Überzeugungen einer Person über Objekte ihrer Umwelt zusammenfasst. Die Betrachtung wurde jedoch nicht weiter vertieft.[15]

1962 wurde der Imagebegriff erstmals in der deutschen Fachliteratur durch das Buch R. Berglers „Psychologie des Marken- und Firmenbildes" systematisch und theoretisch eingeführt. In diesem Buch wurde auch eine Reihe empirischer Arbeiten vorgestellt. Bis zu dieser Veröffentlichung gab es zum Thema *Image* zwar eine Reihe von Publikationen zu Einzelaspekten sowie zur Generalisierung von Einzelerfahrungen, aber wie Bergler mit Recht feststellte, lag noch „keine systematische und empirisch fundierte ganzheitliche Darstellung des Gesamtproblems der Psychologie des Marken- und Firmenbildes"[16] vor. Er versuchte daher den ersten Stein für eine solche Betrachtung zu setzen.

---

[12] Vgl. Tietz, B.: Marketing, 1993, S.296
[13] Vgl. Huber, K.: Image, 1990, S.21
[14] Vgl. Dichter, E.: Strategie im Reich der Wünsche, 1961, S.36
[15] Vgl. Faulstich, W.: Image, 1992, S.142 und vgl. Pflaum, D.; Pieper, W.: Lexikon der PR, 1989, S.125 und vgl. Gardner, B.; Levy, S.: The Product and the Brand, in: Harvard Business Review, N. 33/35, S.34ff
[16] Bergler, R.: Psychologie des Marken- und Firmenbildes, 1962, S.5

2.3 Entstehung und Ziel der Imagologie als Wissenschaft

Die Imagologie, d.h. das systematische Analysieren von Images und ihrer Hintergründe, ist ein Wissenschaftszweig der Komparatistik (vergleichende Literaturwissenschaft). Die komparatistische Imagologie untersucht die nationenbezogenen Fremd- und Selbstbilder in der Literatur. Sie beschäftigt sich dabei mit der Entstehung, Entwicklung und Wirkung von „Hetero- und Autoimages" im literarischen und außerliterarischen, vornehmlich politischen und geschichtlichen Kontext.[17]

Die Imagologie im neunzehnten und frühen zwanzigsten Jahrhundert befasste sich mit der positivistischen Analyse bestimmter Nationalcharaktere. Pionier auf diesem Gebiet war Anne-Louise-Germaine de Stael-Holstein (1766-1817), die besonders das Bild des Deutschen in der französischen Literatur (1800-1810) analysierte.

Erweitert und vertieft wurde dies von vielen anderen wie dem Franzosen F. Baldensperger oder dem Flamen P. van Tieghem 1931 mit seiner allgemeinen Studie über den Fremden, wie er gesehen wird und wie eine Kultur ihr eigenes Image in Relation dazu bestimmen kann. Nach den Verwirrungen der sog. „Völkerpsychologie" und zahlreichen klischeebehafteten Veröffentlichungen (P. Hayud, J. M. Carré) betonte die Schule von Aachen der 70er die Notwendigkeit des neutralen, unvoreingenommenen Blickes des Imagologen.

Heute findet die Imagologie eine breite Anwendung. Grund für den Einzug der imagologischen Forschung in die Wirtschaftswissenschaft ist die erkannte Notwendigkeit der Imageanalyse und ihre hervorragende methodologische Eignung zur Erforschung von Produkt-, Marken- und Unternehmensbildern.

Aufgabe der Wirtschaftsimagologie ist es, Eigenschaften und Auswirkungen bestehender Erscheinungsbilder von Marken, Unternehmen und Gütern, aufzubauen, festzustellen, zu gestalten, zu pflegen und unter Kontrolle zu halten bzw. zu verändern. Die Wirtschaftsimagologie gelangt durch die Nutzung und Weiterentwicklung der Ergebnisse und Erfahrungen anderer Wissenschaften (Marketing, Verhaltenspsychologie, Unternehmenssoziologie) zu einer kombinierenden gesamtperspektivischen Betrachtungsweise, um Mechanismen und Möglichkeiten aufzuzeigen, die das Bild (Image) von Unternehmen oder Marken ausmachen und wirken lassen. Die vielseitigen Betrachtungsebenen finden in der Wirtschaftsimagologie ihre volle Anwendung und liefern entscheidende Aussagen, ins-

---

[17] Vgl. Schwarz, M.: komparatistische Imagologie, 1998, S.232

besondere für Marketingstrategien. Sie induziert eine homogene, betriebs-wirtschaftlich übergreifende Image-Gesamtstrategie.

Die wirtschaftsimagologische Analyse unterscheidet wie die komparatistisch-imagologische Analyse zwischen Selbstbild (Bild, das ein Unternehmen von sich selbst und/oder seinen Marken hat) und Fremdbild (Bild, das die Öffentlichkeit von einer Marke und/oder einem Unternehmen hat), wobei Selbst- und Fremdbild in den seltensten Fällen deckungsgleich sind. Die imagologische Untersuchung erfasst auch die geschichtliche Entwicklung beider Bilder und betrachtet ihren Wirkungsgrad differenziert nach unterschiedlichen Zielgruppen.

2.4   Imagedefinition

Image ist heute ein Begriff, der fast täglich im allgemeinen Sprachgebrauch und in der Medienwelt Verwendung findet. Die damit verbundenen definitorischen Unschärfen sowie die uneinheitlichen, oft dilettantischen Publikationen zum Thema *Image* führen eher zur Verwirrung, als dass sie zur Klärung beitragen.

Man findet in der Literatur zur Imageforschung zahlreiche, sich voneinander unterscheidende Definitionen. Sie sind so vielschichtig, subjektiv und ver-schieden wie die Images selbst. Das spiegelt sich auch in der Vielfalt von Synonymen für Image wider: Image als Ansehen, Bild, Erscheinung – aber auch Leitbild, Vorstellungsbild bis hin zu Ruf, Reputation, Renommée und Prestige.

Einige Auszüge sollen die Definitionsvielfalt verdeutlichen:

- Ernst Salcher definiert das Image als das Vorstellungsbild eines Gegen-standes oder einer Person in Form einer Komplexqualität von Gefühlen, Ein-stellungen, Haltungen und Erwartungen, die zusammen das Verhalten des Individuums bezüglich dieses Gegenstandes prägen.[18]

- „In einem übertragenen Sinn bedeutet Image soviel wie das Bild, das sich jemand von einem Gegenstand macht. Ein Image gibt die subjektiven An-sichten und Vorstellungen von einem Gegenstand wieder."[19]

- Gerhard Kleining definiert Image als „das subjektiv gewertete, d.h. psychisch, sozial und kulturell verarbeitete Bild der Wirklichkeit; es zeigt wie eine Gegebenheit von einer Person gesehen, beurteilt und gedeutet wird"[20].

[18]   Vgl. Salcher, E.: Psychologische Marktforschung, 1995, S.132
[19]   Kroeber-Riel, W.; Weinberg, P.: Konsumentenverhalten, 1999, S.196
[20]   Koschnick, W.: Standardlexikon für Markt- und Konsumforschung, 1995, S.407

- Image „wird häufig als die Gesamtheit aller Einstellungen, Kenntnisse, Erfahrungen, Wünsche und Gefühle definiert, die mit einem bestimmten Meinungsgegenstand in Verbindung gebracht werden"[21].

- „Image ist die dynamisch verstandene, bedeutungsgeladene, mehr oder weniger strukturierte Ganzheit der Wahrnehmungen, Vorstellungen, Ideen und Gefühle, die eine Person oder eine Mehrzahl von Personen von irgendeiner Begebenheit besitzt."[22]

- Nach C. G. Jung ist das Image die Vorstellung eines Gegenstandes, die sich mit der Wirklichkeit nur teilweise deckt, zum anderen Teil aber aus dem Material geschaffen ist, welches aus dem Subjekt selbst stammt.[23]

Abschließend nun der Versuch einer eigenen Definition, die sich auf die angegebenen Definitionen stützt, sie präzisiert und erweitert.

> Image ist die Gesamtheit von Gefühlen, Einstellungen, Erfahrungen und Meinungen bewusster und unbewusster Art, die sich eine Person bzw. eine Personengruppe von einem „Meinungsgegenstand" (z.b. einem Produkt, einer Marke, einem Unternehmen) macht.
>
> Image wird geprägt von soziokulturellen und subjektiven Momenten (Erfahrungen, Vorurteilen) und stellt eine stereotypisierende Vereinfachung eines objektiven Sachverhaltes dar.

2.5 Charakteristika von Images

Die Stabilität von Images ist nicht konstant. Images entstehen schnell. In ihrem Anfangsstadium können sie mit jeder neuen Information, mit jedem Wechsel des psychologischen Zustandes dynamisch moduliert und beeinflusst werden. Aufgrund der anfänglichen Instabilität ist der „erste Eindruck" maßgeblich an der weiteren Imageprägung beteiligt. Ihm gilt es demzufolge besondere Aufmerksamkeit zu schenken. Ein Image festigt sich sehr langsam und erreicht schließlich einen sehr stabilen Charakter. Ein einmal gefestigtes Image ist ein hochgradig solides System, das langfristig angelegt und nur schwer zu ändern ist.

[21] Nieschlag, R.; Dichtl, E.; Hörschgen, H.: Marketing, 1997, S.456
[22] Zabel, E.: Wettbewerbsrechtliche Zulässigkeit produktunabhängiger Image-Werbung, 1998, S.18
[23] Vgl. Glöckler, T.: Strategische Erfolgspotentiale durch Corporate Identity, 1995, S.153

Ein bereits etabliertes Produkt, das vom Konsumenten als solide, konservativ und bodenständig wahrgenommen wird, kann nur mit großem Aufwand und viel Zeit ein innovatives, trendiges Image erhalten. Deutlich flexibler und anpassungs-fähiger zeigt sich das Image z.b. bei Gerüchten über die Unzuverlässigkeit des Meinungsgegenstandes. Selbst bereits etablierte Images können, wenn auch meist nur kurzfristig, Schaden nehmen. Für Images in der Entstehungsphase kann dies jedoch das Ende sein. Auf die Thematik der „Image-Krisen" wird ausführlich in Kapitel 7 eingegangen.[24]

Ein Image beruht auf objektiven und subjektiven und somit eventuell auch falschen und stark emotional gefärbten Einstellungen, Gefühlen, Erfahrungen und Meinungen. Es stellt also nicht zwangsläufig die Realität oder gar eine genaue Spiegelung dieser Realität dar, sondern ist vielmehr das, was die Leute für wirk-lich halten oder halten möchten. Außerdem ist Image vereinfachend: Es reduziert die komplexe Realität auf Typisches und Wesentliches. Bei unterschiedlichen Zielgruppen gibt es unterschiedliche Bilder und daher auch verschiedene Aus-prägungen des Images.[25]

Images sind umso deutlicher und klarer, je mehr Informationen eine Person über einen Meinungsgegenstand hat. Bei wenigen Informationen bleibt das Image un-deutlich und verschwommen.

2.6   Die Struktur von Wirtschaftsimages

Images lassen sich als undifferenzierte und komplexe mehrdimensionale Kon-strukte charakterisieren. Der Begriff *Image* wird als weitgehend deckungsgleich mit dem Einstellungsbegriff angesehen und vielfach als mehrdimensionales Ein-stellungskonstrukt beschrieben.[26] Image und Einstellung sind aber keine Syno-nyme für ein und dieselbe Sache und werden daher im Kapitel 2.7.1 voneinander abgegrenzt. Dennoch vereint Image alle als relevant erachteten Einstellungs-komponenten in sich. Aus diesem Grund sind die im Folgenden dargestellten Komponenten von Image und die Komponenten der Einstellung deckungsgleich.

Eine Einstellung wird definiert als „Zustand einer gelernten oder relativ dauer-haften Bereitschaft, in einer entsprechenden Situation gegenüber dem betreffen-

---

[24] Vgl. Herbst, D.: Corporate Identity, 1998, S.20f und vgl. Pflaum, D.; Pieper, W.: Lexikon der PR, 1989, S.126 und vgl. Schweiger, G.: Image und Imagetransfer, 1995, S.920

[25] Vgl. Moser, K.: Die Psychologie der Marke in: Wirtschaftspsychologie, 03/01 und vgl. Chajet, C.; Shachtman, T.: Image-Design, 1995, S.46

[26] Vgl. Meffert, H.: Marketing, 1998, S.75 und S.113f und vgl. Trommsdorff, V.: Konsumentenver-halten, 1998, S.152

den Objekt regelmäßig mehr, oder weniger stark, positiv bzw. negativ zu reagieren"[27], oder auch als innere Bereitschaften (Prädispositionen) eines Individuums, auf bestimmte Stimuli der Umwelt konsistent positiv oder negativ zu reagieren.[28] Einstellungen entstehen durch Lernprozesse, d.h. das Individuum entwickelt aufgrund unmittelbarer Erfahrungen mit einem Objekt Überzeugungen, Vorurteile oder Meinungen. Die Einstellungstheorie geht im Rahmen der Käuferverhaltensforschung davon aus, dass mit zunehmender Stärke positiver (negativer) Einstellungen gegenüber Produkten oder Dienstleistungen die Wahrscheinlichkeit des Kaufes steigt (sinkt).

In der Käuferverhaltens- und Konsumentenforschung werden zur Erklärung der Struktur von Images die beiden Konstrukte *Komponenten* und *Dimensionen* verwendet. Um den Zusammenhang zwischen beiden zu verstehen und Verwechslungen vorzubeugen, werden beide Begriffe im Folgenden näher beleuchtet.

2.6.1 Imagekomponenten

Zur Erklärung von Imagekomponenten existieren zwei Ansätze: die *Ein-Komponenten-Theorie* und die *Drei-Komponenten-Theorie*.

Als Resultat der *Ein-Komponenten-Theorie* ergibt sich ein Image als affektive Zu- bzw. Abneigung eines Individuums (Imagesubjekt) gegenüber einem Imageobjekt.[29]

Weiter verbreitet und tiefgründiger ist dagegen die *Drei-Komponenten-Theorie*[30]. Dabei dominiert die Ansicht, dass üblicherweise drei verschiedene Komponenten ein System bilden.

- Die **kognitive Komponente** („Denken") umfasst die mit dem Image verbundenen *Gedanken* (subjektives Wissen) über das Imageobjekt und dessen *persönliche Einschätzung*. Hier werden die gesamten wahrgenommenen Reize des jeweiligen Imageobjekts kategorisiert, vereinfacht und gespeichert (Beispiel: das Auto X erscheint dem Imagesubjekt Y als besonders sicher).[31]

[27] Trommsdorff, V.: Konsumentenverhalten, 1998, S.143
[28] Vgl. Meffert, H.: Marketing, 1998, S.113f und vgl. Schneider, F.: CI-orientierte Unternehmenspolitik, Diss. 1991, S.19
[29] Vgl. Pepels, W.: Käuferverhalten und Marktforschung, 1995, S.58
[30] Vgl. Kroeber-Riel, W.; Weinberg, P.: Konsumentenverhalten, 1999, S.169 und vgl. Trommsdorff, V.: Konsumentenverhalten, 1998, S.142
[31] Vgl. Trommsdorff, V.: Konsumentenverhalten, 1998, S.143 und vgl. Kuß, A.; Tomczak, T.: Käuferverhalten, 2000, S.46 und vgl. Kroeber-Riel, W.; Weinberg, P.: Konsumentenverhalten, 1999, S.169 und vgl. Glöckler, T.: Strategische Erfolgspotentiale durch Corporate Identity, 1995, S.154

- Bei der **affektiven Komponente** („Fühlen") handelt es sich um die mit dem Imageobjekt in Verbindung gebrachten *Emotionen und Bedürfnisse*, die zu einer *bestimmten Bewertung* führen (Beispiel: Dem Imagesubjekt Y ist Sicherheit besonders wichtig). Diese Bewertung mündet letztlich in einer Einstellung gegenüber dem Imageobjekt (Beispiel: Y findet das Auto X gut, da es sicher ist und Sicherheit für Y wichtig ist).[32]

- Unter der **konnativen Komponente** („Handeln") versteht man die *gelernte Verhaltensbereitschaft bzw. Handlungstendenz* (Verhaltensabsicht, Kaufbereitschaft) des Imagesubjekts, sich gegenüber dem jeweiligen Imageobjekt in bestimmter Weise zu verhalten (Beispiel: Y möchte das Auto X kaufen).[33]

Im Allgemeinen geht man von einer Konsistenz der drei Komponenten Denken, Fühlen und Handeln aus.[34] Das bedeutet, dass in mehreren gleichartigen Situationen auch gleich reagiert wird und eine relative Verhaltenstendenz im Zeitablauf besteht.[35]

2.6.2 Imagedimensionen

Unter Dimensionen von Images versteht man i.A. die von Individuen mit einem Meinungsgegenstand verbundenen, inhaltlichen Eigenschaften. Sie können in ihrer Ausprägung nach zwei verschiedenen Arten von Objekteigenschaften unterschieden werden: den produktbezogenen, denotativen, als auch den nicht produktbezogenen, konnotativen.[36]

Denotationen bezeichnen sachbezogene Merkmale, die unmittelbar mit dem zu beurteilenden Imageobjekt in Verbindung stehen. Sie können, am Beispiel PKW verdeutlicht, folgende Ausprägungen haben:

- sparsam,

- robust,

- teuer,

- sicher,

---

[32] Vgl. ebenda

[33] Vgl. Trommsdorff, V.: Konsumentenverhalten, 1998, S.143 und vgl. Kuß, A.; Tomczak, T.: Käuferverhalten, 2000, S.46 und vgl. Kroeber-Riel, W.; Weinberg, P.: Konsumentenverhalten, 1999, S.169 vgl. Glöckler, T.: Strategische Erfolgspotentiale durch Corporate Identity, 1995, S.154

[34] Vgl. Kroeber-Riel, W.; Weinberg, P.: Konsumentenverhalten, 1999, S.170

[35] Vgl. Kuß, A.; Tomczak, T.: Käuferverhalten, 2000, S.46

[36] Vgl. Glogger, A.: Imagetransfer im Sponsoring, 1999, S.54

- leistungsstark, etc.[37]

Konnotationen sind nicht-sachbezogene Eigenschaften, die zum Imageobjekt in einem übertragenen, metaphorischen Zusammenhang stehen:

- luxuriös,

- sexy,

- protzig,

- spießig,

- langweilig, etc.[38]

Marketing i.w.S. und Kommunikation i.e.S. sollen sowohl Konnotationen als auch Denotationen gezielt hervorrufen und festigen. Durch Imagewerbung wird versucht, Unternehmen und Marken eine bestimmte Kompetenz zu geben, die sie von den Mitbewerbern unterscheidet. Bekannt sind diese Strategien vor allem unter dem Begriff der Positionierung, worauf an späterer Stelle eingegangen wird (s. Kapitel 4.5.1 Die Markenpositionierung). Das Image der Marke *Mercedes-Benz* besteht beispielsweise aus produktbezogenen, denotativen Komponenten (Sicherheit, Verarbeitungsqualität, Langlebigkeit, Fahrkomfort) und nicht pro-duktbezogenen, konnotativen Komponenten (Noblesse, soziales Ansehen, Erfolg, Reichtum, Stolz).[39]

Mit der Differenzierung, die sicherlich nur idealtypisch betrachtet werden kann, kommt zum Ausdruck, dass ein Meinungsgegenstand (Imageobjekt) auf der einen Seite Eigenschaften vereint, die vorwiegend sachbezogener Natur sind und tendenziell rational-kognitiv verarbeitet werden. Auf der anderen Seite existieren jedoch Eigenschaften, die nicht-sachhaltiger Natur sind und daher eher emotional-affektiv verarbeitet werden. Folgende Abbildung gibt einen ab-schließenden Überblick über die Zusammenhänge:

---

[37] Vgl. Pepels, W.: Käuferverhalten und Marktforschung, 1995, S.60
[38] Vgl. ebenda
[39] Vgl. Zabel, E.: Wettbewerbsrechtliche Zulässigkeit produktunabhängiger Image-Werbung, 1998, S.19

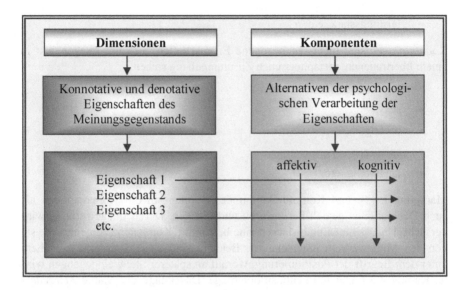

Abb. 2.1: Komponenten und Dimensionen von Image
Quelle: Glogger, A.: Imagetransfer im Sponsoring, 1999, S.54

2.7   Abgrenzung des Imagebegriffs

Im Zusammenhang mit Image werden in der Literatur häufig Begriffe wie *Einstellung, Stereotyp* und *Imagery* verwendet. Hierbei handelt es sich nicht um Synonyme, sondern lediglich um verwandte Begriffe, welche nicht das Gleiche, vielmehr nur Ähnliches ausdrücken. Sie werden jedoch zum Teil gleichbedeutend verwendet und zu einem „Imagebrei" zusammengerührt. Im Folgenden werden sowohl die Gemeinsamkeiten wie auch die Unterschiede von Image und Einstellung, Image und Stereotyp sowie Image und Imagery dargestellt

2.7.1   Abgrenzung Image zu Einstellung

In Kapitel 2.6 wurde aufgezeigt, dass Einstellung und Image kognitive, affektive und konnative Komponenten besitzen. Beide dienen der Orientierung und der Steuerung von Verhalten. Trotz vieler Gemeinsamkeiten bestehen jedoch auch Unterschiede, mit denen sich die beiden Begriffe gegeneinander abgrenzen lassen. Sie können aufgrund dessen nicht wie von W. Kroeber-Riel[40] ohne weiteres synonym verwendet werden.

---

[40]   Vgl. Kroeber-Riel, W.: Weinberg, P.: Konsumentenverhalten, 1999, S. 167

Die *Einstellung* unterscheidet sich vom *Image* im Wesentlichen in vier Punkten:
Verglichen mit dem *Image* ist die *Einstellung*

- **klarer und bewusster** und somit weniger komplex und verschwommen. Die Einstellung steuert das Verhalten in der Regel in einer sehr bewussten Weise, während Imagevorstellungen häufig unbewusst wirken;[41]

- **konstanter**, d.h. eine Einstellung wird durch neue Informationen oder sonstige Einflussfaktoren nicht ohne weiteres verändert, sie ist änderungsresistenter. Imagebilder können mit der Zeit zwar auch einen sehr stabilen und festen Charakter erreichen, sie sind dennoch zu jeder Zeit beeinflussbar;

- **nicht so sehr vom einzelnen Individuum abhängig** und somit zwischen einzelnen Personen besser vergleichbar. Einstellungen sind grundsätzlich weniger von persönlichen Einflüssen wie Stimmungslagen, Meinungen, Vorurteilen, etc. abhängig. Sie sind stabiler als Imagebilder und lassen sich dementsprechend eher verallgemeinern;

- **rationaler** und weniger gefühlsbetont, da Einstellungen häufig erst aufgrund langer Überlegungen und rationaler Auseinandersetzungen mit bestimmten Themen und Problemen entstehen. Sie sind somit auch auf rationaler Ebene erklärbar.[42]

2.7.2 Abgrenzung Image zu Stereotyp

Die Verwandtschaft der Begriffe Image und Einstellung ist deutlich größer als die zwischen *Image* und *Stereotyp*. Verhaltenssteuernde Vorurteile (Stereotype, Klischees) sind Einstellungen besonderer Art.[43] Sie stellen übermäßig generalisierende Werturteile einer Gruppe über sich, besonders aber über andere Menschen dar. Die Gemeinsamkeit mit dem Image ist, dass es sich bei beiden um vereinfachende Muster handelt, die die vielschichtige Wirklichkeit auf das Typische und Wesentliche reduzieren.

Im Unterschied dazu ist das Image jedoch in stärkerem Maße individuell motiviert und beinhaltet weniger extreme Werturteile. Während sich das Image im Laufe seiner Entwicklung verfestigt und sich möglicherweise zu Stereotypen entwickelt, sind *Stereotype* von Anfang an starr, fest und schematisch (eben stereotyp) und wenn überhaupt, so können sie kaum beeinflusst werden. Darüber hinaus handelt es sich beim *Image* nicht wie z.B. beim Vorurteil um objektiv,

---

[41] Vgl. Schweiger, G.: Image und Imagetransfer, 1995, S.915f

[42] Vgl. Wehr, A.: Imagegestaltung in der Automobilindustrie, 2001, S.10 und vgl. Schweiger, G.: Image und Imagetransfer, 1995, S.915f

[43] Vgl. Trommsdorff, V.: Konsumentenverhalten, 1998, S.143

meist unrichtig und falsch oder verzerrt wiedergegebene Sachverhalte (wie Intoleranz und Diskriminierung), „sondern um einen ‚legitimen seelischen Komplex', der allerdings das Recht auf Irrtum einschließt"[44]. Stereotype werden im Unterschied zum Image häufig als stark negative, karikierende und wertende Attribute, als besonders rigide, schlecht begründete, unreflektiert übernommene und pauschale Einstellungen verstanden (z.B. *BMW*-Fahrer sind rücksichtslos). Ein letzter Unterschied besteht noch darin, dass Vorurteile meist nur negativ sind, die temperamentvolle Spanierin ist ein der wenigen Gegenbeispiele.[45]

2.7.3 Abgrenzung Image zu Imagery

„Imagery bedeutet ursprünglich (engl.) eine Menge von Bildern, Bildersprache, bildhafte Übertragung, Metapher, anschauliche (bildhafte) Ausdrucksweise."[46] Imagery (von frz. „Imagerie") bezeichnet allgemein die gedankliche Entstehung, Speicherung und Verarbeitung von inneren Bildern. Solche Gedächtnisbilder lassen sich als gelernte, visuelle Eindrücke eines Menschen kennzeichnen. Dass bestimmte Informationen aus dem Gedächtnis als mehr oder weniger lebendige und klare bildhafte Vorstellungen vor dem „inneren Auge" erscheinen können, ist jedem aus eigenem Erleben bekannt.[47]

Im Unterschied zum Image betont Imagery stark den optischen Aspekt. Das Image hingegen spiegelt den subjektiven Gesamteindruck eines Meinungsgegenstandes wider. Imagery stellt somit nur einen Teilbereich des Imagebegriffs dar.

---

[44] Johannsen, U.: Das Marken- und Firmenimage, 1971, S.40ff

[45] Vgl. Salcher, E.: Psychologische Marktforschung, 1995, S.133ff und vgl. Wiswede, G.: Motivation und Verbraucherverhalten, 1965, S.235 und vgl. Schweiger, G.: Image und Imagetransfer, 1995, S.916

[46] Pflaum, D.; Bäuerle, F.: Lexikon der Werbung, 1994, S.164

[47] Vgl. Zentes, J.: Grundbegriffe des Marketings, 1996, S.156 und vgl. Pflaum, D.; Bäuerle, F.: Lexikon der Werbung, 1994, S.164

2.8 Die Sechs Imagearten

Wirtschaftsimagologisch lassen sich sechs Arten von Images unterscheiden:

- Produktimage
- Produktgruppenimage
- Markenimage
- Unternehmensimage
- Branchenimage
- Länderimage

Produktimage, Markenimage und Unternehmensimage sind Teile eines Gesamtimages, das von einem Unternehmen direkt beeinflusst werden kann, um die Differenzierung zur Konkurrenz zu verstärken. Das Branchenimage und das Länderimage liegen jedoch außerhalb der unmittelbaren Kontrolle eines Unternehmens.[48] Das Produktgruppenimage kann nicht eindeutig zugeordnet werden, da es je nach Produktgruppe, Anzahl der Anbieter und Marktbeherrschung des jeweiligen Unternehmens sowohl zu den direkt beeinflussbaren als auch zu den nicht direkt beeinflussbaren Komponenten gerechnet werden kann.

Die aufgeführten Imagearten können in einer hierarchischen Ordnung gesehen werden. So lässt sich ein Produkt einer Marke und einer Produktgruppe zuordnen, die Marke wiederum einer bestimmten Branche, und die Branche einem Land. Die Reihenfolge der hierarchischen Ordnung kann variieren. Es können je nach Marke nur eine Produktgruppe oder aber mehrere Produktgruppen zu einer Marke gehören.

Die einzelnen Imagearten können nicht völlig losgelöst voneinander gesehen werden, da sie in einem Wirkungszusammenhang stehen und sich gegenseitig beeinflussen. Dies wird in Abb. 2.2 durch die wechselseitigen Pfeile verdeutlicht.

---

[48] Vgl. Möhlenbruch, D.; Burghard, C.; Schmieder, U.: Corporate Identity, 2000, S.29ff

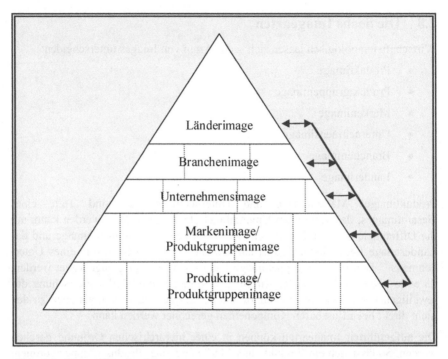

Abb. 2.2: Hierarchie der Imagearten
Quelle: die Verfasserin

Steht ein Land wie z.B. Deutschland für qualitativ hochwertige Produkte, so wirkt sich das positiv auf die deutsche Automobilbranche aus. Vom positiven Branchenimage profitieren dann die deutschen Unternehmen. Ein positives Unternehmensimage strahlt dann wiederum auf die Marken und Produkte eines Unternehmens aus.

2.8.1 Das Produktimage

Das Produktimage ist die Gesamtheit aller Vorstellungen und Einstellungen, die Konsumenten mit einem bestimmten Produkt z.B. der A-*Klasse* von *Mercedes-Benz* in Verbindung bringen.

In der bisherigen Literatur werden die Begriffe Produkt- und Markenimage zum Teil synonym verwendet. Dies entspricht jedoch nicht der Realität. Denn eine Marke besteht zumeist aus mehreren Produkten. Die Marke *Mercedes-Benz* beispielsweise hat mehrere Produkte: von der *A-Klasse* bis zur *S-Klasse*. Das Image der *A-Klasse* ist dabei keinesfalls identisch mit dem Image von *Mercedes-Benz* und noch viel weniger mit dem der *S-Klasse*. Dennoch lassen sich Marken- und

Produktimage nicht immer klar voneinander abgrenzen, genauso wenig wie Firmen- und Markenimage. In besonderer Weise lässt sich dies in der Investitionsgüterindustrie (z.B. *ThyssenKrupp*) beobachten.[49] Der Kern einer Marke ist das Produkt selbst. Es stellt die materielle Ebene dar, also die Gesamtheit der objektiven Merkmale.

Dazu gehören beispielsweise:

- das Leistungsprogramm (also das Sortiment),

- die Formgestaltung der Ware und der Verpackung,

- die Farbgebung der Ware und der Verpackung,

- Name bzw. Logo der Firma und der Marke,

- Geschmack, Konsistenz und Geruch,

- Preis und Qualität sowie

- die technischen Leistungsmerkmale.

„Marken sind dann erfolgreich, wenn man das Produkt (= materielle Ebene) mit attraktiven Bedeutungen anreichert."[50] Diese müssen dann mit Hilfe der Instrumente der Kommunikationspolitik kommuniziert werden und tragen so zum guten Image einer Marke bei. Auf die Kommunikationspolitik als Instrument der Imagepolitik wird in Kapitel 5.2.4 näher eingegangen.

Das Image eines Produkts kann stark in der Wahrnehmung der Konsumenten variieren. Während einige ein Flugzeug als ein sehr positives und nützliches Verkehrsmittel ansehen, finden es andere aufgrund der Umweltverschmutzung gefährlich für Mensch und Natur.

2.8.2 Das Produktgruppenimage

Das Produktgruppenimage, auch *Generic Image* genannt, ist die Gesamtheit aller Vorstellungen und Einstellungen, die Konsumenten mit einer Produktgruppe oder -gattung verbinden.

Je nachdem, wie eng der Begriff gefasst wird, können in der Automobilbranche z.B. die Produktgruppen LKW und PKW oder Kleinwagen, Mittelklassewagen und Großraumlimousinen unterschieden werden. Je nach Sachverhalt ist eine sinnvolle Einteilung zu wählen.

---

[49] Vgl. Bloos, J.: Marketing, 1989, S.25 und vgl. Zentes, J.: Grundbegriffe des Marketings, 1996, S.155 und vgl. Bruhn, M.; Homburg, C.: Marketing Lexikon, 2000, S.263

[50] Dingel, R., online: Wie baut man eine erfolgreiche Marke auf?, 26.11.2002

In der Literatur finden die Begriffe Produkt- und Produktgruppenimage wiederum eine überwiegend synonyme Verwendung. Während es sich beim *Produktimage* jedoch um das Image eines ganz bestimmten Produkts handelt, bezieht sich das *Produktgruppenimage* auf eine Produktgattung innerhalb einer Branche, unter Einbeziehung aller Produkte unterschiedlicher Marken. Hier werden die Wertschätzung bzw. die Vorstellungen zu einer gesamten Produktgruppe untersucht (z.B. Snowboards: jung, dynamisch, unkonventionell usw.).[51]

Damit der Verbraucher in der unübersehbaren Flut von einzelnen Produkten unterschiedlicher Marken nicht die Orientierung verliert, kategorisiert und beurteilt er einzelne Marken vielfach nach übergeordneten Merkmalen einer ganzen Produktgattung. Somit kristallisiert sich nach und nach ein ganz bestimmtes Produktgruppenimage heraus.

2.8.3 Das Markenimage

Das Markenimage ist die Gesamtheit aller Vorstellungen und Einstellungen, die Konsumenten mit einer konkreten einzelnen Marke wie z.B. *Calvin Klein* verbinden. Das Markenimage wird in Kapitel 4 ausführlich analysiert.

Für Unternehmen sind die genaue Kenntnis des Images der eigenen Marken sowie das der wichtigsten Konkurrenzprodukte die unabdingbare Voraussetzung für alle Marketing-politischen Maßnahmen. Nur auf dieser Grundlage lassen sich Imagestärken betonen und Imageschwächen beseitigen, eine klare Abhebung der Marke vom Konkurrenzumfeld erreichen und die Marke so profilieren, dass sie die wichtigsten Bedürfnisse des Verbrauchers erfüllt. Das Thema Imagemessung und -analyse wird in Kapitel 5.1 vertieft.

Die Entscheidung, ob ein bestimmtes Produkt einer Marke gekauft wird, ist hauptsächlich davon abhängig, ob es die Konsumenten emotional positiv anspricht und sie glauben, dass es ihre Wünsche erfüllen kann. Marken haben nicht nur einen Grundnutzen, sondern auch einen psychologischen Zusatznutzen. Wenn ein Produkt einer bestimmten Marke dem potenziellen Käufer diesen Zusatznutzen vermittelt und das Markenimage mit dem Selbstimage des Käufers übereinstimmt, dann ist der Kauf dieses Produkts sehr wahrscheinlich.[52]

2.8.4 Das Unternehmensimage

Das Unternehmensimage ist die Gesamtheit aller Vorstellungen und Einstellungen zu einem bestimmen Unternehmen, wie z.B. der *Coca-Cola Company*.

---

[51] Vgl. Bruhn, M.; Homburg, C.: Marketing Lexikon, 2001, S.263
[52] Vgl. Huber, K.: Image, 1990, S.27

Es wird auch *Firmen-, Company-* oder *Corporate Image* genannt. Firmenimages sind aufgrund der Komplexität des Objektes undifferenzierter und globaler als die konkreten Produkt- bzw. Markenimages. Das Unternehmensimage wird in Kapitel 3 ausführlich beleuchtet.

Im Gegensatz zum Markenimage spielt das Unternehmensimage in der Beurteilung eines bestimmten Markenartikels eine vergleichsweise untergeordnete Rolle, da der Konsument i.d.R. nur sehr geringe Kenntnisse über die Herstellerfirma besitzt. So weiß die Mehrheit der Verbraucher von *Nivea* nicht, dass *Nivea* von *Beiersdorf* hergestellt wird. Konsumenten verlassen sich jedoch zunehmend nicht mehr nur auf Marken, sondern auch auf den Ruf und das Image der Unternehmen. Gleichwohl stellt sich die Frage, wann dies positive oder negative Auswirkungen hat. Dabei kommt es darauf an, inwieweit Unternehmens- und Markenimage deckungsgleich sind.

Bietet ein Unternehmen eine breite Produktpalette an, so kann dies negative Auswirkungen für das Unternehmensimage haben, wenn die verschiedenen Produktimages divergieren. Eine Trennung von Unternehmens- und Markenimage muss folgen. Eine „positive Integration" ist jedoch möglich, wenn es zumindest psychologische Gemeinsamkeiten gibt.[53] Dies trifft aber nur dann zu, wenn der Konsument die einzelnen Produkte und Marken eines Unternehmens miteinander in Verbindung bringt.

Zu Problemen kommt es vor allem dann, wenn ein Unternehmen mehrere unterschiedliche Markenartikel herstellt und sein positives Unternehmensimage auf die einzelnen Markenimages übertragen will (Imagetransfer). Bei unpassenden Produkten oder Marken besteht die Gefahr von negativen Rückwirkungen auf die etablierten Marken und das Unternehmen selbst. Decken sich Unternehmens- und Produktimage nicht, kann dies zu Divergenzen beim Verbraucher, zu Störungen in seinem Vorstellungsbild, führen. Folglich kann der Konsument gegenüber dem Unternehmen grundsätzlich eine positive Erwartungshaltung haben, und ihm beispielsweise Eigenschaften wie sympathisch, innovativ und dynamisch zuschreiben, aber dennoch einzelne Produkte negativ beurteilen.[54]

---

[53] Vgl. Schweiger, G.: Image und Imagetransfer, 1995, S.918f
[54] Vgl. Ott, W.: Imageanalysen, 1989, S.93f und vgl. Zentes, J.: Grundbegriffe des Marketings, 1996, S.155 und vgl. Bruhn, M.; Homburg, C.: Marketing Lexikon, 2001, S.263

2.8.5 Das Branchenimage

Das Branchenimage ist die Gesamtheit aller Vorstellungen und Einstellungen zu einer bestimmten Wirtschaftsbranche, wie z.b. der Zigaretten- bzw. Tabakbranche.

Ein Unternehmen, das einer Branche mit negativem Image angehört, hat zu Beginn seines Imageaufbaus bereits bestehende Vorurteile abzubauen und zu widerlegen. Ein schwieriges Unterfangen, da das Branchenimage bereits im tradierten Wissensvorrat des Betrachters verankert und nur schwer beeinflussbar ist.

Andererseits kann das negative Image eines Unternehmens auch auf eine ganze Branche ausstrahlen. Es wird u.U. zum Gegenstand einer Verallgemeinerung. Deutlich wird dies am Beispiel des Chemiekonzerns *Hoechst*. Durch eine Reihe von Unfällen in diesem Unternehmen wurde der gesamten chemischen Industrie sehr viel Misstrauen entgegengebracht. Die Einschätzung dieser Branche als potenzieller Risikofaktor nahm in erheblichem Maße zu. Daraufhin betrieben zahlreiche Chemiekonzerne eine groß angelegte Aufklärungskampagne, um die Öffentlichkeit von der Ungefährlichkeit der chemischen Industrie zu überzeugen und das beschädigte Image zu korrigieren und wieder aufzuwerten.

Sind Unternehmen nicht bereit, das Image der Branche zu teilen und die Folgen zu tragen, dann müssen sie versuchen, sich von ihrem Branchenimage zu distanzieren.[55] Die Unternehmen sind dann aber auch von einem möglichen positiven Imagetransfer abgekoppelt. Die Marke *BMW* profitiert wie viele andere Marken der Automobilbranche auch vom positiven Grundimage, das diesen Wirtschaftsbereich auszeichnet. Der Automobilsektor erfreut sich nahezu durchgehend hoher Image-Werte. Es bestehen nur wenige Image-Probleme wie beispielsweise die negativen Auswirkungen der Autoabgase auf die Umwelt. Da sich die Branche mit der Entwicklung von Energiesparautos und neuen Kleinwagenkonzepten offen und konstruktiv zeigte, blieben negative Auswirkungen jedoch gering. Vor allem die Deutschen lieben Autos. „Kein anderes Produkt strahlt so imagefördernd auf seine Hersteller und hernach auf seine Käufer."[56]

---

[55] Vgl. Chajet, C.; Shachtman, T.: Image-Design, 1995, S.58ff

[56] Boldt, K.: Imageprofile 2000, in: managermagazin, Nr. 02/00, S.52

2.8.6 Das Länderimage

Man versteht unter Länderimage die Gesamtheit aller Vorstellungen und Einstellungen, die mit einem bestimmten Land, einer Region oder einer Stadt verknüpft werden.

Ursprünglich war der Vermerk „Made in Germany" dazu gedacht, den hohen Stand britischer Wirtschaftsgüter vor den Billigprodukten eines industriellen kontinentaleuropäischen Emporkömmlings wie dem Deutschen Kaiserreich zu schützen. Hierzu verabschiedete Großbritannien ein entsprechendes Gesetz, das auf der britischen Insel sowie den zugehörigen Kolonien die Kennzeichnung aller Erzeugnisse mit dem jeweiligen Herkunftsland vorschrieb. Die zu Beginn als minderwertig gebrandmarkten Produkte erwiesen sich mit der Zeit als erstklassige Güter und die vermeintliche Warnung „Made in Germany" wurde zu einem Synonym für Qualität. Dem klassischen „Made in..."-Vermerk nacheifernd, sorgen auch Aufdrucke und Slogans wie „Käse aus Holland", „California Quality" und „Aus deutschen Landen frisch auf den Tisch" für die entsprechende Qualitätskennzeichnung der Produkte.

Entsprechend positive oder auch negative Assoziationen ruft ein Produkt hervor, das mit „Made in..." gekennzeichnet ist. So hat etwa die Aussage „Pralinen aus Belgien" eine höhere Wertigkeit in Bezug auf die Qualität, als beispielsweise Pralinen aus Spanien. Aus dem gleichen Grund wird einheimisches Gemüse und Obst dem aus Holland vorgezogen. Denn bei bestimmten Lebensmitteln wie Käse oder Wein spielt die Herkunftsangabe eine zentrale Rolle.

Verwendet man das Image eines Herkunftslandes für die Positionierung von Produkten, so spricht man von dem *Country-of-Origin-Effect*. Dieser wird durch die Charakteristika der Bevölkerung, die landschaftlichen Gegebenheiten, die Traditionen und Wahrzeichen, die Ess- und Trinkgewohnheiten sowie den für das Land typischen Produkten geprägt.[57]

Der Konsument wird durch die persönlichen Erfahrungen, die er mit einem Land gemacht hat, in seiner Wahrnehmung beeinflusst und überträgt diese subjektive Wahrnehmung auch auf Produkte und Marken. Frankreich hat beispielsweise das Image, das die Franzosen über einen guten Geschmack verfügen. Dies fördert die Kaufbereitschaft für Käse oder Parfüm aus Frankreich. Die Erfahrungen der Verbraucher mit den konsumierten Gütern kann die Wertung eines Landesimages positiv wie negativ verändern. So wird das ursprünglich negative „Made in Taiwan" heute mehr und mehr als Qualitätssiegel für elektronische Güter gesehen.

---

[57] Vgl. Kloss, I.: Werbung, 2000, S.132 f. und vgl. Bruhn, M.: Handelsmarken, 1997, S.61

2.9   Funktionen von Marken- und Unternehmensimage

Die Funktionen des Images (im Fokus steht hier insbesondere das Unternehmens-, Marken- und Produktimage) werden im Folgenden aus den Perspektiven der Konsumenten und der Hersteller betrachtet.

2.9.1   Die Imagefunktionen aus Konsumentensicht

2.9.1.1   Der Realitätsersatzfunktion

Die erste Funktion wird als *Realitätsersatzfunktion* bezeichnet. Der Mensch ist im Allgemeinen nicht in der Lage, die Fülle an Informationen und Reizen, denen er täglich ausgesetzt ist, vollständig zu erfassen. Er kann nur einen Bruchteil der Information wahrnehmen und verarbeiten, deshalb schafft er sich seine eigene subjektive Wirklichkeit. Das fehlende objektive Wissen über einen Meinungs-gegenstand (Unternehmen, Marke oder Produkt) wird daher beim Konsumenten über die Bildung von Images zu einem oberflächlichen, subjektiven Gesamtein-druck verdichtet bzw. abstrahiert. Der Konsument wird durch den motivierenden Informationsträger Image über die reale, besonders aber über die subjektive Be-deutung unterrichtet, die das Produkt und die Marke bzw. das dahinter stehende Unternehmen für ihn hat.[58]

2.9.1.2   Die Orientierungshilfe-, Entlastungs- und Entscheidungsfindungsfunktion

In der heutigen Überflussgesellschaft ist die Angebotsvielfalt größer denn je. Deshalb ist es eine Herausforderung für den Kunden, selbst alltägliche Dinge wie beispielsweise ein Duschgel auszuwählen. Das Angebot ist reichhaltig und es bieten sich unzählig viele Alternativen. Der Kunde muss bzw. kann sich zwischen einer Vielzahl von austauschbaren Produkten entscheiden. Er muss sorgfältig auswählen und vergleichen. Das ist aber nicht einfach: Immer neue Gesichts-punkte kommen hinzu, aggressive Preisangebote sind zu überprüfen und abzu-wägen und persönliche Präferenzen zu berücksichtigen. Eine objektive Unter-scheidung der Produkte ist meist nicht mehr möglich, da objektive Qualitäts-unterschiede kaum oder nur schwer vom Konsumenten zu identifizieren sind.

Wie und für was soll sich der Kunde entscheiden? Die persönlichen Erfahrungen reichen nicht aus. Muster sind nicht zu haben. Alle Produkte durchzuprobieren, wäre sehr zeitaufwändig und teuer. Trotz dieses Entscheidungsproblems steht der Kunde in der Regel nicht stundenlang vor dem Duschgelregal, er überlegt nicht

---

[58]   Vgl. Glogger, A.: Imagetransfer im Sponsoring, 1999, S.60f und vgl. Johannsen, U.: Das Marken-und Firmenimage, 1971, S.84f

lange und entscheidet sich für ein Duschgel einer ganz bestimmten Marke. Der Konsument nutzt also andere Orientierungsmöglichkeiten, um sich für ein Produkt zu entscheiden, von dem er glaubt, es stifte ihm den größten Nutzen und entspreche am ehesten seinen Bedürfnissen. Solche Orientierungsmöglichkeiten sind neben dem Produktpreis auch das Produkt-, Marken- und Unternehmensimage.

Damit spielt das Image für den Käufer eine entscheidende Rolle bei der Orientierung. Sie stellt ein wesentliches Beschleunigungselement beim täglichen komplexen Auswahl- und Kaufverhalten dar und erleichtert die Entscheidungsfindung. Durch Images wird eine Markttransparenz geschaffen und der Wiederkauf vereinfacht. Bei Zufriedenheit erfolgt dieser bedeutend schneller, da der Kaufentscheidungsprozess durch Reduktion des Such- und Informationsaufwandes beschleunigt wird. Das Image verschafft dem Konsumenten Sicherheit und entlastet ihn davon, sich immer wieder neu entscheiden zu müssen.[59]

2.9.1.3 Die Zusatznutzenfunktion

Der Kauf von Produkten hat immer auch eine mehr oder weniger ausgeprägte psychologische und soziale Komponente. Das Produkt wird dabei nicht nur primär zur Erfüllung des Grundnutzens gekauft, sondern häufig spielt das mit dem Produkt verbundene Image als immaterieller Zusatznutzen die wichtigere Rolle.[60] Das Image zeigt dem Konsumenten, welchen Zusatznutzen er neben dem realen Nutzen eines Produkts erwarten darf und welche emotionale Befriedigung ihm ein bestimmtes Produkt, ein bestimmtes Unternehmen vermitteln kann. Damit lässt sich erklären, warum Konsumenten in einem Doppelblindtest für Zigaretten, bei der Versuchspersonen nur ihre eigene Marke zur Beurteilung erhielten, in keinem Fall die gewohnte Zigarette wieder erkannten und sie sogar als schlecht beurteilten. Denn es wurde ein Zustand geschaffen, „in dem der Raucher seine gewohnte Marke als nacktes Produkt dargeboten bekam und nicht wie normalerweise, deren Image mitrauchen konnte"[61].

Warum wurden jedoch die gleichen sonst mit Genuss gerauchten Zigaretten so schlecht beurteilt? Den im Versuch gerauchten Zigaretten fehlte die subjektive Komponente, sie waren nur bezüglich der objektiven Beschaffenheit gleich. Es waren Zigaretten, denen ein entscheidender Bestandteil im Gesamterlebnis des Produkts fehlte: das voll entfaltete Image dank Name, Verpackung, Werbung, etc.

---

[59] Vgl. Glogger, A.: Imagetransfer im Sponsoring, 1999, S.60 und vgl. Esch, F; Wicke, A.: Herausforderungen und Aufgaben des Markenmanagements, 1999, S.13 und vgl. Gries, G.: Marketing, 1987, S.412f und vgl. Johannsen, U.: Das Marken- und Firmenimage, 1971, S.83ff und vgl. Boonstin, D.: The Americans: The Democratic Experience, 1974, S.147f

[60] Vgl. Pepels, W.: Produktmanagement, 1998, S.166

[61] Nowak, H.; Spiegel, B.: Marketing Enzyklopädie, 1974, S.965

Das Rauchen einer Zigarette ist ein Aspekt, dabei aber das Gefühl von z.B. unendlicher Freiheit *(Marlboro)* zu haben, gibt dem Produkt den entscheidenden Zusatznutzen.[62]

2.9.1.4 Die Selbstbestätigungs-, Prestige- und Wertausdrucksfunktion

Im vorherigen Abschnitt wurde verdeutlicht, dass Produkte neben dem Grundnutzen über einen Zusatznutzen verfügen. Mit Hilfe des Images bildet der Konsument eine persönliche Rangliste mit Produkten, Marken und Firmen.[63] Das trifft nicht nur auf Zigaretten, sondern auch auf alle Produkte, vom Waschpulver bis zum Sportwagen zu. Ein *Porsche* ist beispielsweise ein Statussymbol, bei dem der Verbraucher neben dem objektiven Nutzen einen Zusatznutzen, z.B. in Form eines *Prestigegewinns* erhält.

Diesem Punkt ist in immer stärkerem Maße Bedeutung beizumessen, denn es fehlt heutzutage vielen Menschen die Zeit für eine intensive Beschäftigung mit ihrem sozialen Umfeld. Zur Einordnung ihrer Mitmenschen sind sie daher in zunehmendem Maße auf Schlüsselsignale angewiesen, die scheinbar eine solche genauere Beschäftigung ersparen.[64] Bekannte Marken können als Schlüsselsignale an das soziale Umfeld gesehen werden. Wenn die Beurteilung der eigenen Person durch andere meist nur anhand solcher Schlüsselsignale erfolgt, kann die Person dies nutzen, um mit den entsprechenden Produkten genau die Signale auszusenden, die dem Selbstbild („Autoimage") entsprechen.

Das *Autoimage* ist das Bild, das jemand von sich selbst, seinen Zielen, seinen Wünschen und seinen Bedürfnissen hat. Aufgrund der Wahl eines Markenartikels werden Konsumenten von anderen „be- oder verurteilt".[65] Geeignete Marken erhöhen damit die Wahrscheinlichkeit, in einer gewünschten Art und Weise von den Mitmenschen eingeschätzt zu werden. Durch die gezielte Wahl der konsumierten Imagebilder kann das Autoimage geformt werden.

Die *Selbstbestätigungsfunktion* untermauert das Bestreben des Konsumenten Produkte bzw. Marken bei Unternehmen zu kaufen, deren Images das eigene Selbstbild stützen. Der Konsument versucht also jene Produkte oder Marken zu kaufen, die eine Annäherung seines Autoimages an das von ihm angestrebte Idealbild gewährleisten. Hält er sich beispielsweise für jung und sportlich, dann

---

[62] Vgl. Bloos, J.: Marketing, 1989, S.24 und vgl. Nowak, H.; Spiegel, B.: Marketing Enzyklopädie, 1974, S.965 und vgl. Hermann, T.; Denig, F.: Psychologische Probleme der Werbung, 1970, S.102

[63] Vgl. Salcher, E.: Psychologische Marktforschung, 1995, S.133ff

[64] Vgl. Pepels, W.: Marketing, 1996, S.51

[65] Vgl. Boonstin, D.: The Americans: The Democratic Experience, 1974, S.147f

wird er bei der Auswahl eines Fahrzeuges auf Marken bzw. Modelle zurück-
greifen, die konnotative und denotative Eigenschaften haben, die mit diesem
Selbstbild weitgehend deckungsgleich sind.

In ähnlicher Weise verhält sich die *Wertausdrucksfunktion* der Images. Durch den
Kauf bzw. Besitz bestimmter Produkte und Marken kommuniziert der Konsument
seiner Umwelt, in einer gewissen Selbstdarstellung, „was er sich Wert ist". Damit
ist der Wunsch nach sozialer Geltung (Prestigedenken) verbunden. So kann sich
der Käufer eines *Jaguars* beispielsweise als erfolgreich, gebildet und wohlhabend
darstellen, da diese Eigenschaften der Marke auf ihn projiziert werden.

2.9.1.5 Die Anpassungs- und Gruppenzugehörigkeitsfunktion

Wird ein Produkt über die funktionale Bedürfnisbefriedigung hinaus zum Ausdruck der eigenen Persönlichkeit und des eigenen Lebensgefühls und überträgt
der Nachfrager Attribute des Images von Produkten, Marken oder Firmen auf sich
selbst, aufgrund dessen er sein Eigenbild definiert, so wird von einer *identitäts-
stiftenden Funktion* gesprochen. Durch sie kann eine soziale oder gesellschaftliche Gruppenzugehörigkeit zum Ausdruck gebracht werden. Dies kann besonders häufig im Bereich hochwertiger Luxusmarken beobachtet werden.

Durch die *Anpassungsfunktion* besteht für den Menschen die Chance, sich in
einer bestimmten sozialen Gruppe zu integrieren und von dem jeweiligen sozialen
Umfeld akzeptiert zu werden. So kann durch den Besitz bestimmter Produkte mit
den entsprechenden Images eine Akzeptanz innerhalb einer bestimmten Gruppe
hergestellt oder ein Zugehörigkeitsgefühl erzeugt werden. Dem Konsument ermöglicht dies sich als Angehöriger einer speziellen Gruppe oder Verbrauchs-
bzw. Einkommensklasse auszuweisen. Beispielsweise kann mit dem Besitz eines
Ferraris für manche Menschen der Wunsch in Erfüllung gehen, Mitglied in einer
originellen Gruppe zu sein, die einer höheren sozialen Klasse angehört.[66]

2.9.1.6 Die Vertrauensfunktion

Aufgrund seiner Bekanntheit, Kompetenz und Identität wird einem guten Image
Vertrauen und Sympathie entgegengebracht. Wird dieses Vertrauen durch eigene
Erfahrungen positiv verstärkt, ist der Kunde bestrebt, das Produkt immer wieder
zu kaufen, um sich nicht erneut nach Alternativen umsehen zu müssen.

---

[66] Vgl. Schulz, B.: Strategische Planung und PR, 1992, S.36 und vgl. Boonstin, D.: The Americans:
The Democratic Experience, 1974, S.147f und vgl. Johannsen, U.: Das Marken- und Firmenimage, 1971, S.85

2.9.2   Imagefunktionen und Imagevorteile aus Unternehmenssicht

2.9.2.1   Beseitigung der Anonymität und Gewinnung des öffentlichen Vertrauens

Um von potenziellen Kunden überhaupt wahrgenommen zu werden, ist es wichtig, die Anonymität zwischen Unternehmen und Verbraucher zu beseitigen. Das Image nimmt diese Vermittler-Rolle ein und schlägt eine „Brücke" zwischen Unternehmen (Marke) einerseits und Öffentlichkeit andererseits. Damit hilft das Image, die Distanz und die Entfremdung von Unternehmen und Öffentlichkeit, zu überwinden.[67] Diese Brücke ist Voraussetzung für die Schaffung von Vertrauen. Denn das Vertrauen der Konsumenten zu besitzen, ist ein herausragender Wettbewerbsvorteil für das herstellende Unternehmen. Es profitiert von Kunden, die Produkte positiv wahrnehmen, diese wieder kaufen und vor allem an andere potenzielle Kunden weiter empfehlen. Hier kann man von Mundpropaganda als Umsatzfaktor sprechen.[68]

2.9.2.2   Individualisierung und Differenzierung

Die Zahl der angebotenen Produkte und Marken ist in den letzten Jahren über alle Branchen hinweg stark angestiegen. Als Beispiel sei nur der Zahnpasta-Markt genannt: Gab es im Jahr 1950 in einem Verbraucher-Markt maximal 14 Zahncrememarken, sind es heute bereits 93. Bei einer solchen Angebotsfülle wird es für Produzenten immer schwieriger, die angebotenen Güter über ihre sachlichen Produkteigenschaften zu differenzieren und damit für den Konsumenten überhaupt wahrnehmbar zu machen. Zusätzlich ist das Differenzierungsmerkmal Qualität im Laufe der Zeit in den Hintergrund getreten bzw. verschwunden. Qualität ist zwar immer noch wichtig, wird aber vom Konsumenten vorausgesetzt und hat sich objektiv vereinheitlicht (gleiche Produktionsmethoden und -kriterien). Erst ein klar profiliertes, eigenständiges und unverwechselbares Image kann ähnliche oder sogar gleiche Unternehmen, Marken, Produkte und Dienstleistungen voneinander abheben. Das Image individualisiert sie und gibt ihnen eine eigene Persönlichkeit, zu der der Verbraucher eine positive Beziehung entwickeln kann.

„Erst das Image macht ein Produkt von einem quasi namen- und gesichtslosen Artikel zu einem echten Markenartikel, macht einen anonymen Hersteller zu einem Markenartikelhersteller, zu dem und zu dessen Erzeugnissen der Ver-

---

[67] Vgl. Johannsen, U.: Das Marken- und Firmenimage, 1971, S.86
[68] Vgl. Dye, R.; Mundpropaganda, in: Harvard Business Manager 03/01, S.9ff

braucher Vertrauen haben kann."[69] Diese Differenzierung geschieht gerade nicht über objektive Produktkennzeichen, sondern über die subjektive Wahrnehmung des Produktnutzens für den Konsumenten.[70] Auch in Fällen, in denen Nachfrager nicht hinreichend über das Produkt informiert sind, kann eine derartige „psychologische Differenzierung" Käuferpräferenzen beeinflussen.[71]

Damit stellt die Differenzierung zu Wettbewerbern über das Image ein wichtiges Instrument im Konkurrenzkampf dar. Das Konzept scheint einfach zu sein, das Umsetzen in der Praxis gestaltet sich jedoch eher diffizil. Denn selbst Vorstände und Geschäftsführer können oft nicht schlüssig definieren, wodurch sich die eigene Marke und die eigenen Produkte, ja sogar das Unternehmen selbst, von jenen der Wettbewerber abgrenzt. Die Folge sind austauschbare Marken und Produkte.[72]

So fehlt etwa japanischen Autoherstellern bis heute eine eindeutige Positionierung und ein klares Markenimage. Allzu häufige Modellwechsel verhindern, dass deren Produkte ein klares und unverwechselbares Profil gewinnen. Ein anderes Beispiel ist die deutsche Finanzwirtschaft. Es existiert kaum eine Bank oder Versicherung, die mit einem unverwechselbaren und individuellen Markenprofil dauerhaft und konsequent in Erscheinung tritt und sich gegenüber ihren Wettbewerbern eindeutig positioniert und unterscheidet. Nur wenige nutzen diese Chance. Die Bank „mit dem grünen Band der Sympathie" (*Dresdner Bank*) ist ein positives Beispiele für ein erfolgreich aufgebautes und gepflegtes Markenimage. Unternehmen wie der Schreibgerätefabrikant *Lamy*, der Gartengerätehersteller *Gardena*, der Küchenbauer *Bulthaup* oder der Schokoladenproduzent *Ritter Sport* beweisen, dass der Aufbau einer international bekannten Marke auch Mittelständlern gelingen kann.[73]

2.9.2.3 Die Bewertungsgrundlage für Unternehmen

„Nur wer klangvolle Namen in seiner Produktpalette hat und auch mit diesen Marken in Verbindung gebracht wird, hat gute Wachstumsperspektiven."[74]

Der Markenwert taucht zwar in keiner Bilanz auf, wirkt sich jedoch auf den Aktienkurs eines Unternehmens aus. Laut einer Studie der Universität Harvard werden Kaufentscheidungen zu 75 Prozent durch das Image ausgelöst.[75] Der

[69] Johannsen, U.: Das Marken- und Firmenimage, 1971, S.87f

[70] Vgl. Pepels, W.: Produktmanagement, 1998, S.171

[71] Vgl. Nowak, H.; Spiegel, B.: Marketing Enzyklopädie, 1974, S.972f und vgl. Bloos, J.: Marketing, 1989, S.24 und vgl. Meffert, H.: Marketing-Management, 1994, S.134

[72] Vgl. Schlote, S.: Die Markenmacht, in managermagazin 02/98, S.64

[73] Vgl. ebenda

[74] Katzensteiner, T.: Anleger suchen Markenartikler mit gutem Namen, in Handelsblatt, 24.06.2001

[75] Vgl. Buß, E.; Fink-Heuberger, U.: Image Management, 2000, S.38

Markenwert spiegelt die Wertschätzung einer Marke wieder und stellt einen immateriellen Wert dar. Ein hoher Markenwert ermöglicht einem Unternehmen eine bessere Wettbewerbsposition am Markt. Der Markenwert ist losgelöst vom eigentlichen Produkt- und Unternehmenswert bzw. dem in einer Bilanz ausgewiesenen Wert. Wie wichtig das Markenimage für die Unternehmensbewertung geworden ist, wird unter anderem auch bei Firmenübernahmen deutlich. Die Kaufpreise namhafter Unternehmen bzw. Marken sind weitaus höher, als die in der Bilanz ausgewiesenen Werte. Manchmal lässt sich die Werterhöhung durch Imagemaßnahmen messen, insbesondere die Umsatzsteigerung durch eine Imageverbesserung wie es zum Beispiel bei *Puma* der Fall ist.[76]

2.9.2.4 Zugangserleichterung zu Absatz- und Kapitalmärkten

Unternehmen, deren Produkt-, Marken- und Firmenimages in der Öffentlichkeit ein positives Ansehen genießen, besitzen bessere Chancen ein neues Produkt einzuführen. Die bereits vorhandenen Wertvorstellungen werden auf das neue Produkt übertragen. Ein Beispiel dafür ist das Unternehmen *adidas*, welches zuerst Turnschuhe auf den Markt brachte und mittlerweile die Produktpalette auf Sport- und Freizeitmode ausgedehnt hat.

Ein positives Image erleichtert auch die Kapitalbeschaffung am Kapitalmarkt und erhöht die Kreditwürdigkeit eines Unternehmens. Denn der Name und der gute Ruf eines Unternehmens führt bei Aktionären, Kreditgebern, Investoren, Wertpapierberatern und Finanzvorständen zu einer positiven Reaktion und damit zu einer Fülle finanzieller Vorteile gegenüber der Konkurrenz. Der Kapitalmarkt bringt einem Unternehmen mit einem guten Ruf größeres Vertrauen entgegen als einer Firma mit einem neutralen oder sogar negativen Image. Angenommen *Coca Cola* würde bei einem Großbrand alle Fabriken und Büros verlieren, „Coca Cola", so glauben die Mitarbeiter der Zentrale in Atlanta, übersteht fast jeden Schlag. Schon am nächsten Tag würde das Unternehmen einen 100-Milliarden-Dollar-Kredit für den Wiederaufbau erhalten."[77] Die Wachstumsperspektive des Unternehmens ist aufgrund des positiven Images enorm groß, während der Hauptkonkurrent *Pepsi* unter vergleichbaren Umständen wohl eher zugrunde gehen würde.

Bei stabilen Imagewerten erhöhen sich die Erfolgsaussichten eines möglichen Börsenganges und somit besteht auch die Chance für eine höhere Bewertung. Ein gutes Image schafft Vertrauen in den relevanten Märkten. Aber „ohne Gewinne,

---

[76] Vgl. o.V.: Puma rechnet mit gut 20 Prozent Plus, in: FAZ vom 01.03.2003, S.14

[77] Schlote, S.: Die Markenmacht, in managermagazin 02/98, S.59

ohne Stehvermögen an der Börse verfliegt das Ansehen so schnell, wie es gekommen ist"[78].

Für die Aktionäre wird eine Anlageentscheidung zugunsten eines Unternehmens
mit guter Reputation besser kalkulierbar. Das Risiko wird durch Imageparameter
optimistischer eingeschätzt. Zwar bewerten institutionelle Investoren und Ver-
mögensverwalter Images auf fachlicher Ebene wesentlich objektiver. Doch auch
hier müssen grundsätzliche Assoziationen und Einstellungen zum jeweiligen
Unternehmen berücksichtigt werden: Sie sind vielleicht schwerer beeinflussbar,
jedoch ebenfalls empfänglich für bestimmte Image-Dimensionen.[79]

Die Vorteile eines positiven Images können sich bei der Entscheidung über eine
Geldanlage direkt auswirken: Die Aufgabe des Brokers wird einfacher, wenn er
es mit einem Kunden zu tun hat, der das Unternehmen und seine Aktivitäten
bereits zu einem gewissen Grad kennt.

Die Nutzung eines positiven Images wirkt sich auch in Bezug auf die Qualität als
Kreditnehmer förderlich aus. Die Bereitstellung von Kapital hängt in vielen
Fällen von dem Bekanntheitsgrad sowie von den Informationen ab, die den Geld-
gebern (Kreditinstitute, Aktionäre) zur Verfügung gestellt werden.[80] Das gilt ganz
besonders für die vielen, oft nur wenig bekannten Mittelständler, die sich in den
kommenden Jahren über einen Börsengang neues Kapital beschaffen möchten.
Ohne eine entsprechende Bekanntheit und ohne das zugkräftige Image des Unternehmens oder seiner Marken und Produkte ist dies nur schwer möglich.[81]

1986 und 1988 führte die New Yorker Brouillard Communication Studien zu den
erfassbaren Wirkungen eines Unternehmensimages auf den Unternehmenserfolg
durch. Eine fiktive Unternehmung mit einem idealtypischen, exzellenten Image in
allen Bereichen wurde unter dem Charakteristikum „Winner" kategorisiert. Daraufhin wurde eine Liste bekannter Unternehmen erstellt, die dieser Kategorie
weitgehend entsprachen. Es wurden schließlich über 1.000 Interviews mit wohl-
habenden Konsumenten, leitenden Angestellten, Direktoren und Managern verschiedener Branchen, vor allem aus dem Bereich Finanzdienstleistung geführt.
Was ein guter Ruf eines Unternehmens tatsächlich bewirkt und welche finanzielle
Auswirkung dies hat, war die übergeordnete Fragestellung der Studie. Alle befragten Zielgruppen würden die Unternehmen weiter empfehlen, die als „Winner"
am Markt agieren. Diese Studie bestätigt, dass Unternehmen mit exzellentem

---

[78] Machatschke, M.: Imageprofile 2002, in: managermagazin 02/02, S.64
[79] Vgl. Klage, J.: Vom Image zum Unternehmenserfolg, in: Markenartikel 02/95, S.67
[80] Vgl. Glöckler, T.: Strategische Erfolgspotentiale durch Corporate Identity, 1995, S.185
[81] Vgl. Tietz, B.: Marketing, 1993, S.303

Image klare Vorteile gegenüber den weniger gut reputierten Kapitalgesellschaften haben.[82]

Auch das *managermagazin* führt alle zwei Jahre eine Studie durch, die ein repräsentatives Meinungsbild der deutschen Wirtschaft gegenüber den untersuchten Unternehmen widerspiegeln soll. Dazu werden Vorstände, Geschäftsführer und Führungskräfte aus Unternehmen verschiedenster Unternehmensgrößen und Umsatzgrößenklassen befragt. Untersuchungsobjekt waren in der aktuellen Umfrage 172 Unternehmen aus den Bereichen Industrie, Dienstleistung, Finanzwirtschaft und Handel. In der Auswahl an Unternehmen waren die 100 umsatzstärksten Unternehmen Deutschlands, alle im Dax geführten Unternehmen sowie weitere führende Firmen und Markenklassiker vertreten. In der Tabelle 2.2 sind die 20 am höchsten bewerteten Unternehmen aufgeführt.[83]

Tab. 2.2: Die Top 20 Unternehmen aus Sicht von Managern 2002

Rang	Unternehmen	Branche
1	*Porsche*	Automobil
2	*BMW*	Automobil
3	*Audi*	Automobil
4	*Coca-Cola*	Nahrungsm.
5	*DaimlerChrysler*	Automobil
6	*Volkswagen*	Automobil
7	*Nokia*	Elektronik
8	*Siemens*	Elektronik
9	*Sony*	Elektronik
10	*FAZ-Gruppe*	Medien
11	*Miele*	Elektronik
12	*Lufthansa*	Tour./Transp.
13	*Aldi*	Handel
14	*Boss*	Konsumg.
15	*SAP*	Computer
16	*Bosch*	Autozuliefer.
17	*Airbus Ind.*	Tour./Transp.
18	*IBM*	Computer
19	*Dr. Oetker*	Nahrungsm.
20	*Nestlé*	Nahrungsm.

Quelle: Machatschke, M.: Imageprofile 2002, in: managermagazin 02/02, S.58

---

[82]   Vgl. Klage, J.: Vom Image zum Unternehmenserfolg, in: Markenartikel 02/95, S.67
[83]   Vgl. Machatschke, M.: Imageprofile 2002, in: managermagazin 02/02, S.52ff

2.9.2.5 Der Schutzeffekt vor Krisen und Übernahmen

Innovative Produkteigenschaften sind, sofern sie nicht über einen Patentschutz verfügen, von den Wettbewerbern meist schon nach wenigen Wochen imitiert. Der Produkt-Lebens-Zyklus wird immer kürzer und der Wettbewerb immer härter. Am schwierigsten zu kopieren ist das Image, denn der Aufbau eines guten Images benötigt viel Zeit und Pflege. Es schützt damit das Unternehmen vor An- und Übergriffen. Selbst wenn es dem Wettbewerb gelingen sollte, in dem gleichen Bereich ähnlich aufzutreten, so wird am starken Markenführer unbewusst immer das Wort „Original" haften. Wer an Laserdrucker denkt, denkt automatisch an *Hewlett-Packard*. Nur Wenigen kommt dabei eine Marke wie *Oki* in den Sinn. Dadurch ist das Image ein wesentlicher Faktor der heutigen Marktgeltung.[84]

Ein positives Image kann sogar dazu führen, dass ein Produkt trotz (kleiner) Mängel und Schwächen für den Käufer attraktiv bleibt. Der Käufer zieht es dennoch den Produkten der Konkurrenz vor. Bewertungen und Urteile werden durch das positive Image, das zur Markentreue beim Kunden führt, überlagert (Bsp. *Citroën* wegen der Innovationskraft seiner Ingenieure). Eine Konsequenz ist, dass Schwachpunkte eines Produkts (etwa die geringere Lebensdauer der Fahrzeuge) bei der Bewertung in den Hintergrund und die Stärken in den Vordergrund treten.[85] Produkte, Marken oder Unternehmen mit einem guten Image erhalten eine zweite Chance. Die anfänglichen Probleme der *A-Klasse* konnten beispielsweise dem starken Image von *Mercedes-Benz* keinen langfristigen Schaden zufügen, da das Unternehmen aufgrund seines guten Images Gegenmaßnahmen glaubwürdig kommunizieren und umsetzen konnte.

Wird ein Unternehmen öffentlichen Angriffen ausgesetzt, ist ein hervorragendes Unternehmensimage eine gute Grundlage diesen Angriffen standzuhalten. Ein Unternehmen, das „glaubwürdig" ist und sich regelmäßig für öffentliche Belange oder soziale Sachverhalte, z.B. für den Umweltschutz einsetzt, wird es heutzutage leichter haben, sich im Falle von Krisen gegen Angriffe der Öffentlichkeit zu verteidigen.[86] Genauso wenig wie sich ein Image sofort und in kurzer Zeit aufbauen lässt, kann im Gegenzug ein positiv aufgebautes Unternehmensimage nicht „über Nacht" zerstört werden. Es hilft kurzfristige problematische Unternehmens-

---

[84] Vgl. Brandtner, M.: Branding, in: Marketing Journal 05/01, S.262 und vgl. Weissman, A.: Marketing-Strategie, 1990, S.38 und vgl. Simon, H.: Die heimlichen Gewinner, 2000, S.171f

[85] Vgl. Moeller, G., online: Corporate Identity, 07.12.2002

[86] Vgl. Longin, B.: Image, Dipl.-Arb. 1991, S.83f.

situationen zu überstehen.[87] In guten Zeiten macht es die Hälfte des Erfolgs aus, in schlechten kann es ein Unternehmen vor dem Ruin bewahren.

2.9.2.6 Die Marktstärke

Ein tadelloses Image bringt dem Unternehmen aber auch eine gewisse Marktstärke nicht nur bezüglich Konkurrenten sondern vor allem gegenüber Lieferanten und Abnehmern. Mit den Lieferanten können günstige Konditionen ausgehandelt werden, weil die Lieferanten zu weitgehenden Zugeständnissen bereit sind, damit sie den Auftrag erhalten und so das imageträchtige Unternehmen auf ihrer Referenzliste führen können. Ähnlich ist es mit den Abnehmern, dem Handel. Ihm können gewisse Konditionen vorgeschrieben werden. Die Drogeriemarktkette *Schlecker* weigerte sich beispielsweise, die Konditionen des Babynahrungsherstellers *Hipp* zu akzeptieren und listete diesen aus. Da sich aber die Mehrzahl der jungen Mütter wegen des immanenten Risikos bei Babynahrung weigerten, zu einem anderen Hersteller zu wechseln, kauften sie in der Folge nicht nur Babynahrung sondern auch alle anderen Drogeriemarktartikel wie Windeln, Shampoo, etc. bei anderen Handelsunternehmen. Nach einem starken Umsatzrückgang akzeptierte *Schlecker* schließlich alle Konditionen.

Aus kartellrechtlicher Sicht liegt hier jedoch auch ein Gefahrenpotenzial. Aus diesem Grund geriet *Coca-Cola* 1999 in die Schlagzeilen. Dem Unternehmen wurde vorgeworfen, seine Marktstärke über Exklusivverträge auszunutzen, um Abnehmer zu zwingen keine Konkurrenzprodukte mehr zu verkaufen. Dies wurde gleichzeitig mit Preisminderungen „versüßt".[88] Das bedeutet, dass man mit seinem Image Macht ausüben kann, da sich die Geschäftspartner des Unternehmens von der Kooperation einen positiven Imagetransfer versprechen. Sie wollen von dem starken Image des Auftraggebers profitieren und sind deshalb zu Konzessionen bereit.

2.9.2.7 Die Absatzförderung

In der Wirtschaft gilt: keine Leistung ohne Gegenleistung. Man beschäftigt sich nur deshalb mit dem Imagebegriff so intensiv, weil der Markterfolg diesen Aufwand rechtfertigt. Das bedeutet, dass das Image zweckbestimmt ist. Zwar verkauft sich die Ware nicht allein durch ein gutes Image, es stellt aber einen wichtigen Kauffaktor im Sinne der Absatzförderung dar.[89] „Das Image ist heute häufig Determinante, Disposition und so psychologische Begründung des Kauf-

---

[87] Vgl. Glöckler, T.: Strategische Erfolgspotentiale durch Corporate Identity, 1995, S.165

[88] Vgl. o.V., Spiegel online: In Italien droht eine Milliardenbuße, 07.12.2002

[89] Vgl. Johannsen, U.: Das Marken- und Firmenimage, 1971, S.89f und vgl. Märtin, D.: Imagedesign, 2000, S.9

und Konsumentenverhaltens. Das Image ist damit oft der erste und somit entscheidende Schritt zum Konsumenten."[90]

2.9.2.8 Die Gewinnung zukünftiger Mitarbeiter

Unternehmen brauchen nicht nur Kunden und Kapital sondern auch neue gut qualifizierte und ideenreiche Mitarbeiter. Die Gewinnung qualifizierter Mitarbeiter bereitet, unabhängig von der allgemeinen Lage des Arbeitsmarktes, oft erhebliche Schwierigkeiten. Eine langfristige Sicherung der Unternehmensleistung wird jedoch nur durch geeignetes Personal gewährleistet. Im Kampf um die besten Köpfe spielt ein attraktives Unternehmensimage eine entscheidende Rolle, denn hinter einem guten Ruf werden gute Arbeitsbedingungen vermutet.[91]

Das Bild eines Unternehmens hilft einem Bewerber bei der Auswahlentscheidung für ein Unternehmen (Entscheidungsfunktion). Entscheidend ist nicht alleine das Unternehmensimage, auch das mit ihm verbundene Marken- und Produktimage ist für viele Bewerber wichtig. Die Wahl des Arbeitsplatzes ist also stark imagegesteuert. Ein positives, interessantes Unternehmensimage führt zu einem größeren Angebot und auch zu besseren Auswahlmöglichkeiten an qualifizierten Bewerbern. Dies stellt einen erheblichen Vorteil bei zunehmender Konkurrenz auf dem Arbeitsmarkt, insbesondere bei stark nachgefragten Berufsgruppen, wie z. B. im IT-Bereich, dar.[92] Wer, wie etwa die großen Unternehmensberatungen, seine Unternehmensmarke richtig „aufgeladen" hat, besitzt einen Magnet für den besten Nachwuchs. Den andern bleibt nur die zweite Wahl.[93]

2.9.2.9 Die Bindung von Mitarbeitern

Ein positives Image hat nicht nur externe sondern auch interne Auswirkungen auf das Unternehmen. Mitarbeiter möchten stolz auf Ihr Unternehmen sein – dann identifizieren sie sich mit ihrer Arbeit. Ein positives Firmenimage fördert diesen Prozess, vorausgesetzt zwischen Firmenimage und gelebter Firmenwirklichkeit bestehen keine groben Divergenzen. Motivierte Mitarbeiter mit Firmenkenntnis sind nur sehr schwer und mit hohen Kosten zu ersetzen. Das Image beeinflusst durch die höhere Identifikation mit den Produkten bzw. Marken auch die Arbeitsmotivation positiv. Das hat z.B. auch der Schraubenhersteller *Würth* erkannt, der sich durch herausragende Qualität, ungewöhnliches Kultursponsoring und architektonisch beeindruckende Firmengebäude ein positives Image aufgebaut hat. *Würth*-Mitarbeiter identifizieren sich daher ausgesprochen stark mit

---

[90] Johannsen, U.: Das Marken- und Firmenimage, 1971, S.89
[91] Vgl. Schlote, S.: Die Markenmacht, in managermagazin 02/98, S.70
[92] Vgl. Huber, K.: Image, 1990, S.484
[93] Vgl. Schlote, S.: Die Markenmacht, in managermagazin 02/98, S.70

dem Unternehmen und werden oftmals von Dritten um ihren tollen Arbeitsplatz beneidet. Dass Mitarbeiter, die um ihren Job beneidet werden, motivierter sind und nicht so schnell das Unternehmen wechseln, liegt auf der Hand.[94]

Durch zufriedene Mitarbeiter kann ein Unternehmen einen Imagegewinn erzielen. Die motivierten Mitarbeiter transportieren das Image in die Umwelt des Unternehmens, wenn sie im privaten Bereich Dritten, also potenziellen Kunden, von ihrer Arbeit und ihrem Arbeitgeber erzählen; eine hochwirksame Mundpropaganda.

2.10 Das Imagekapital

Welchen Einfluss hat das Image auf den Erfolg eines Unternehmens und auf seine Marktbehauptung?

Moderne Märkte sind durch einen intensiven Wettbewerb gekennzeichnet. Folglich gibt es immer mehrere Wettbewerber, die vergleichbar gute Leistungen zu wettbewerbsfähigen Preisen anbieten. Vereinfacht lässt sich dies durch das Wettbewerbsdreieck darstellen.

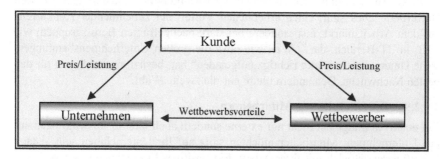

Abb. 2.3: Wettbewerbsdreieck
Quelle: Simon, H.: Die heimlichen Gewinner 2000, S.165

Die Eckpunkte dieses Dreiecks bezeichnen die Spieler im Wettbewerb. Die Beziehung zwischen diesen Spielern entscheidet über Erfolg und Misserfolg. Das Unternehmen muss sich in den Augen des Kunden gegenüber dem Wettbewerb profilieren. Damit kommt der Beziehung „Unternehmen – Wettbewerber" erfolgsentscheidende Bedeutung zu. Dem Kunden eine gute Leistung zu einem guten Preis anzubieten, reicht nicht mehr aus. Entscheidend ist, wenigstens in einer Leistungskomponente und/oder dem Preis besser zu sein, d.h. einen Wett-

---

[94]   Vgl. Tietz, B.: Marketing, 1993, S.303

bewerbsvorteil zu besitzen. Ein Unternehmen wird nur überleben, wenn es wenigstens eine Aktivität besser beherrscht als die Konkurrenz. Denn Wettbewerb ist ein fortlaufender Kampf ums Überleben.[95]

Welche Parameter bieten überhaupt die Chance für einen Wettbewerbsvorteil? Im Prinzip jeder wichtige Wettbewerbsparameter: Eine überlegene Leistung kann nicht nur im Kernprodukt (Qualität, Technologie, etc.) sondern auch durch Faktoren wie z.b. Kundendienst, Information, Verkauf, Distribution, Lieferfähigkeit, Kundenbeziehung, Ausbildung und Image erzielt werden. Somit kann auch das Image einen Wettbewerbsvorteil begründen. Eine entscheidende Chance, aber zugleich auch eine Gefahr, wenn das Image vernachlässigt wird.[96]

Bereits Mitte der 70er Jahre lieferten erste Studien zum betriebswirtschaftlichen Wert eines Unternehmensimages interessante Ergebnisse. Demnach hängen etwa 40 % des Aktienwertes eines Unternehmens von kommunikativen, sog. „weichen" Faktoren ab (wie Unternehmensklima, Unternehmenskommunikation, Image, u.a.). Neueren Studien der "Universität Harvard zufolge werden Kaufentscheidungen sogar zu 75 % durch das Image (...) ausgelöst"[97].

Imagekapital ist nicht weniger relevant als Stammkapital. Bei heutigen Investitionsentscheidungen gehen in die Methoden der Unternehmens- und Markenwertberechnung zunehmend auch der Imagewert des betrachteten Objektes ein. Mitarbeiterpotenzial, Managementqualität, Strategieplausibilität und Forschungs-Know-how verkörpern die Zukunftssubstanz von Unternehmen.[98] Die „öffentliche Akzeptanz ist demnach mehr als ein schlichter Wettbewerbsfaktor, sie ist auch mehr als eine betriebswirtschaftliche Ressource – sie bestimmt Unternehmenswert und Wachstumsperspektiven, mehr als jede andere Vermögensposition im Jahresabschluss"[99].

Images erleichtern nicht nur den Zugang zu Absatzmärkten, Beschaffungsmärkten, Kapitalmärkten und Arbeitsmärkten. Sie erleichtern auch die Durchsetzung höherer Preise und eröffnen dem Unternehmen Handlungsfreiräume für Non-Konformität, Innovation und Originalität. Ein positives Unternehmensimage beeinflusst die Arbeitszufriedenheit und Motivation der Mitarbeiter, die sich mit dem vorhandenen Erscheinungsbild identifizieren. Images binden Kunden und schaffen Immunität gegenüber kurzfristigen Konkurrenzaktivitäten und Markt-

---

[95] Vgl. Simon, H.: Die heimlichen Gewinner, 2000, S.164ff und vgl. Koppelmann, U.: Produktmarketing, 2001, S.7f
[96] Vgl. Simon, H.: Die heimlichen Gewinner, 2000, S.169
[97] Buß, E.; Fink-Heuberger, U.: Image Management, 2000, S.38
[98] Vgl. Buß, E.; Fink-Heuberger, U.: Image Management, 2000, S.29f
[99] Buß, E.; Fink-Heuberger, U.: Image Management, 2000, S.13

trends. All diese Argumente lassen den Schluss zu, dass Images als unternehmerische Ressourcen und Schlüsselfaktoren des Unternehmenserfolgs zu behandeln sind, in die investiert werden muss.[100]

Alle imagebildenden Kommunikationsmaßnahmen und Inszenierungskosten eines Unternehmens bilden Investitionen in die Wertschöpfung zum Zwecke der nachhaltigen Wertsteigerung. Betrachtet man beispielsweise den Aktienmarkt, an dem ohne reale, zurechenbare Gegengrößen immense Wertsteigerungen oder -verluste aufgrund von Erwartungen, Phantasien, Meinungen, Einschätzungen und Vorstellungen stattfinden, muss man zur Einsicht gelangen, dass nicht nur das Leistungsergebnis, sondern vor allem Images den Unternehmenswert bestimmen. Der Unterschied zu Investitionen in Sachanlagen liegt darin, dass es sich bei Investitionsentscheidungen in das Image eines Unternehmens oder einer Marke um Investitionen in Meinungen, in Bindungen, in Wertschätzungen, in Ansehen und in Präferenzen, also immaterielle Güter, handelt. Der Gegenwert dieser Investitionen kommt erst in der Marktstellung, im Krisenfall oder, bei der Veräußerung einer Marke bzw. eines Unternehmens, zum Tragen.

Das Image hat folglich einen großen Einfluss. Einerseits dient es als Mittel zum Erfolg, andererseits kann ein negatives Image auch dem Erfolg für lange Zeit im Wege stehen. Der Wert eines guten Images wird vor allem dann sichtbar, wenn man sich den möglichen negativen Einfluss auf Unternehmenswert und Umsatzrendite vor Augen führt. Erscheinen negative Schlagzeilen über ein Unternehmen, so wird der Imageschaden, obwohl das Preis-Leistungsverhältnis der Waren unverändert bleibt, dennoch zu finanziellen Verlusten führen, weil Kunden weniger nachfragen. So können erhebliche Opportunitätskosten durch verpasste Reputationschancen angenommen werden, bemerkenswerte Transaktionskosten durch verspätete, lediglich reagierende Krisenkommunikation zu Buche stehen oder nicht vorhandene Kunden- und Vertrauensbindungen zu überdurchschnittlichen Interaktionskosten führen.[101]

Es gilt das Image zu pflegen. Das bedeutet fortlaufend den Anforderungen des Images gerecht zu werden. Dabei ist es wichtig die Wirtschaftlichkeit nicht aus den Augen zu verlieren. Ein ausgezeichnetes Image verliert dann seinen Sinn, wenn die Kosten für die Investitionen in das Image so hoch sind, dass kein adäquater Gewinn mehr erwirtschaftet werden kann.

Die Automobil- und Konsumgüterindustrie kennt am Besten den Stellenwert der Marken und Images. In den weniger „glamourösen" Branchen wie der Investi-

---

[100]   Vgl. Buß, E.; Fink-Heuberger, U.: Image Management, 2000, S.38ff
[101]   Vgl. Buß, E.; Piwinger, M., online: Welchen Wert hat Image?, 12.12.2002

tionsgüterindustrie hingegen ist man nach wie vor der Meinung, dass diese Themen eine geringe Bedeutung haben. Hier dominiert der Glaube, dass nüchterne Zahlen und technische Qualität das Geschäft bestimmen. Das stimmt so nicht. Denn in den vermeintlich rationalen Beschaffungsentscheidungen spielen emotionale Botschaften mindestens eine ebenso wichtige Rolle.[102]

Das Image ist auch bei technischen Produkten überaus wichtig. Denn auch aus diesen Produkten können lebendige Marken werden. Das haben höchst erfolgreiche Mittelständler wie *Grohe*, *Viessmann* oder *Kärcher* bewiesen. *Grohe* machte Sanitätseinrichtungen zur Marke, *Viessmann* Heizgeräte, und *Kärcher* gewinnt mit seinen zum Markenprodukt ausgebauten Dampfstrahlern u.v.m. erfolgreich Privatkunden.[103]

Auch die Zulieferer, die für den Endverbraucher kaum sichtbar sind, müssen sich mit Imagefragen beschäftigen. Tun sie es nicht, laufen sie Gefahr, von den Einkäufern der Industrie existenzbedrohend unter Druck gesetzt zu werden. Unternehmen wie dem Chiphersteller *Intel* oder dem Textilhersteller *Gore* gelang es, sich als Zulieferer im Bewusstsein der Kunden zu positionieren und damit Unabhängigkeit von bestimmten Herstellern zu gewinnen. *Intel* und *Gore*-Tex sind heute starke Lieferantenmarken, so stark, dass renommierte Hersteller mit ihnen werben, um von ihrem Image mit zu profitieren.[104]

2.11 Identitätsarten – der Zusammenhang zwischen Unternehmens- und Markenimage

Besonders Markenartikel im Konsumgüterbereich haben (gewollt oder ungewollt) ein so ausgeprägtes Image, dass es das Unternehmensimage überstrahlt. So wissen nur wenige, dass die Marke *Tesa* von der Firma *Beiersdorf* und der *Pritt-Klebestift* aus dem Hause *Henkel* kommen. Das Unternehmen ist in der Öffentlichkeit weitgehend unbekannt, da seine Identität am Markt nicht präsent ist und somit nur die Produkte bekannt sind, nicht aber das herstellende Unternehmen. Die Annahme dieses Zustandes wird auch als Konzept *„markenorientierter Identität"* bezeichnet.[105]

---

[102] Vgl. Godefroid, P.: Business-to-Business-Marketing, S.333 und vgl. Schlote, S.: Die Markenmacht, in managermagazin 02/98, S.67

[103] Vgl. Schlote, S.: Die Markenmacht, in managermagazin 02/98, S.67

[104] Vgl. Esch, F; Wicke, A.: Herausforderungen und Aufgaben des Markenmanagements, 1999, S.54 und vgl. Schlote, S.: Die Markenmacht, in managermagazin 02/98, S.70

[105] Vgl. Johannsen, U.: Das Marken- und Firmenimage, 1971, S.131ff und vgl. Schmitt, B.; Simonson, A.: Marketing-Ästhetik, 1998, S.96ff

Dabei werden für Marken zahlreiche Identitätselemente eingesetzt (z.B. in Form attraktiver Verpackungen, Labels, Verkaufsförderungsmaterialien, konsequente Anwendung bestimmter Farben, etc.). Im Hinblick auf das herstellende Unternehmen kommen diese Elemente kaum zum Einsatz. Eine markenorientierte Identität kann bewusst geschaffen werden (z.b. im Falle des Markenmanagementsystems von *Procter & Gamble*) oder implizit durch die Übernahme von bedeutenden Marken mit hohem Markenwert entstehen. Der Aufbau einer eigenständigen Marke ist für ein Unternehmen vorteilhaft, wenn das Markenimage nicht von einer Verbindung zum Unternehmen profitiert oder andere Marktsegmente anspricht (z.b. *Red Dog* von *Miller Breweries* oder *Estée Lauders Origin, Clinique, Aramis* oder die *MAC*-Marken).[106]

Den Gegensatz hierzu bildet die *ratiopharm Gmbh.* Die Arzneimittel dieses Unternehmens haben kein eigenständiges Image. Bei diesem Konzept entsteht eine *„monolithische Identität"*, in der das Unternehmen die Marke ist.[107] Dieses Identitätskonzept findet sich besonders bei Industriekonzernen oder Geschäftsdienstleistern. Sie besitzen oftmals Divisionen in verwandten Geschäftsbereichen, häufig infolge von Unternehmenszukäufen. Ein entscheidender Vorteil für übernommene Unternehmen ist, dass sie dabei die meist renommierte Identität der Muttergesellschaft annehmen. Die Gefahr besteht darin, dass die Identität mit der Zeit formlose Züge annimmt und das Unternehmen für alles und nichts steht, oder dass Negativschlagzeilen wegen eines Produkts direkt auf das Unternehmen durchschlagen.[108]

Darüber hinaus gibt es die Mischform, in der ein Unternehmen seine Marken mit Hinweisen auf seine eigene Identität unterstützt. In diesem Fall spricht man von einer *„unterstützenden Identitätsstruktur"*. Bei diesem Konzept werden häufig die Vorteile der beiden anderen Identitätsformen miteinander verknüpft. Dabei besteht eine Wechselbeziehung, sodass das Image einer Marke dem Unternehmensimage einen positiven aber u.U. auch einen negativen Akzent gibt.[109] Unterstützte Identitäten sind z.B. in der Modebranche verstärkt zu beobachten. Das *Armani*-Label hat beispielsweise vier verbal und visuell miteinander verbundene Linien. Alle vier haben eine gewisse charakteristische Einheitlichkeit. Nur über die Abweichungen heben sich die Marken voneinander ab und sind unterscheid-

---

[106] Vgl. Schmitt, B.; Simonson, A.: Marketing-Ästhetik, 1998, S.97
[107] Vgl. Johannsen, U.: Das Marken- und Firmenimage, 1971, S.131ff und vgl. Schmitt, B.; Simonson, A.: Marketing-Ästhetik, 1998, S.96ff
[108] Vgl. Schmitt, B.; Simonson, A.: Marketing-Ästhetik, 1998, S.96
[109] Vgl. Johannsen, U.: Das Marken- und Firmenimage, 1971, S.131ff und vgl. Schmitt, B.; Simonson, A.: Marketing-Ästhetik, 1998, S.96ff

bar: *Giorgio Armani* ist förmlich, *Emporio Armani* vertreibt Freizeitkleidung im gehobenen Segment, *Mani* (eine über Kaufhäuser vertriebene Marke) offeriert Kleidung für den Berufsalltag im Büro, und *Armani Exchange* (auch AX by *Armani* genannt) ist sehr léger. Andere Designer verfolgen dasselbe Konzept: So gibt es *Hugo Boss, Boss, Baldessarini* und *Boss Woman*; *Donna Karan* und *DKNY*; *Ralph Lauren, Polo, Polo Sport* und viele andere.[110]

---

[110] Vgl. Schmitt, B.; Simonson, A.: Marketing-Ästhetik, 1998, S.98

3 Das Unternehmensbild

3.1 Der Zusammenhang zwischen Corporate Image und Corporate Identity

Corporate Identity und Corporate Image werden in der Praxis häufig synonym verwendet. Es gibt zwar eine Verbindung dieser beiden Begriffe, sie bezeichnen jedoch gegensätzliche Betrachtungsweisen eines Unternehmensbildes. Daher ist eine begriffliche Trennung unbedingt notwendig, um den unternehmenspolitisch notwendigen und möglichen Einfluss auf die öffentliche Meinung hinreichend zu erkennen und zu nutzen.[111] Corporate Identity beschreibt das Selbstbild des Unternehmens. Das Image hingegen drückt das Fremdbild aus.[112] Mit Hilfe der Corporate Identity und ihren Instrumenten (Corporate Design, Corporate Communications, Corporate Behaviour) wird versucht das angestrebte Unternehmensbild zu gestalten. Dieser Sachverhalt wird in Abbildung 3.1 verdeutlicht.

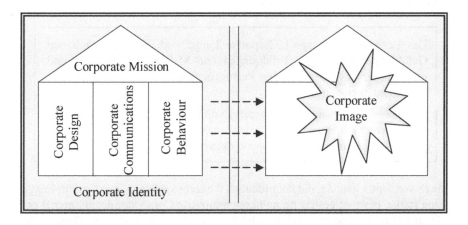

Abb. 3.1: Corporate Image als Summe der Wirkungen der Corporate Identity
Quelle: die Verfasserin

---

[111] Vgl. Trux, W.: Unternehmensidentität, 1998, S.67
[112] Vgl. Birkigt, K.; Stadler, M.: Corporate Identity, 1998, S.23 und vgl. Regenthal, G.: Identität und Image, 1992, S.11 und vgl. Herbst, D.: Corporate Identity, 1998, S.20 vgl. Achterholt, G.: Corporate Identity, 1991, S.22

Im Idealfall stimmen Corporate Identity und Corporate Image hundertprozentig überein. Die Zielsetzung der Corporate Identity ist in diesem Falle erreicht.[113] Da das Image beim Betrachter entsteht und sich damit einer vollständigen Kontrolle durch das Unternehmen entzieht, kann es dem Idealbild zwar sehr nahe kommen, jedoch nie ein vollkommenes Abbild wiedergeben. Der Unterschied zwischen Kopie und Original kommt diesem Vergleich nahe, auch hier wird es immer zu Differenzen kommen. Genauso ist es bei der wahren Identität und dem nach außen erscheinenden Abbild eines Unternehmens. Der Grad der Übereinstimmung wird als Maßstab für eine erfolgreiche Umsetzung der Corporate Identity herangezogen.[114] In der Öffentlichkeit bildet sich ein Unternehmensimage ausschließlich über öffentlich zugängliche Informationen. Somit wird das Image subjektiv interpretiert und kann als Folge sowohl positiv als auch negativ verfälscht sein.[115]

3.2   Definition des Corporate Image

In Anlehnung an die allgemeine Imagedefinition (s. 2.4 Imagedefinition) ist unter Unternehmensimage folgendes zu verstehen:

> Das Unternehmensimage („Corporate Image") ist die Gesamtheit von Gefühlen, Einstellungen, Erfahrungen und Meinungen bewusster und unbewusster Art, die sich eine Person bzw. eine Personengruppe von einem Unternehmen macht.
>
> Das Unternehmensimage wird geprägt von kulturellen, sozialen und subjektiven Momenten (auch Vorurteilen) und stellt eine stereotypisierende Vereinfachung eines objektiven Sachverhalts dar.

Auch von Unternehmen, die kein Identitätskonzept verfolgen, existiert ein Image. Eine starke, bewusst gesteuerte und kommunizierte Corporate Identity grenzt den „Beliebigkeitsspielraum", welcher der Imagebildung anhaftet, ein. Dieser „Beliebigkeitsspielraum" entsteht, da das Image nur zu einem Teil aus objektivem Wissen besteht.[116] Die Corporate Identity übernimmt die Aufgabe, diesen Spiel-

---

[113] Vgl. Achterholt, G.: Corporate Identity, 1991, S.22

[114] Vgl. Trux, W.: Unternehmensidentität, 1998, S.68

[115] Vgl. ebenda

[116] Vgl. Achterholt, G.: Corporate Identity, 1991, S.44

raum so weit wie möglich einzugrenzen und mit Hilfe ihrer Instrumente nach Möglichkeit genau das Image zu erzeugen, welches das Unternehmen anstrebt.[117]

Der „Drei-Komponenten-Theorie" des allgemeinen Imagebegriffes entsprechend, gibt es folgende drei wesentliche Bestandteile des Unternehmensimages:

- das tatsächliche Wissen (*kognitiv*) eines Individuums über ein bestimmtes Unternehmen,

- die Erwartungen und Gefühle (*affektiv*) eines Individuums, die mit einem konkreten Unternehmen in Verbindung gebracht werden, sowie

- die Verhaltensabsicht (*konnativ*) des Individuums, die zum Beispiel zu einem Kauf oder Nichtkauf von Aktien des Unternehmens führt.[118]

Das Image eines Unternehmens ist nur zum Teil mit der Unternehmensidentität gleichzusetzen, denn das Wissen einer Person um die realen Mitteilungen und Handlungen des Unternehmens wird durch die affektive Imagekomponente abgeändert oder ergänzt. Die Kenntnisse über ein Unternehmen basieren bei den meisten Konsumenten im Wesentlichen auf den Kenntnissen des Leistungsangebots, über das sie aber nicht komplett informiert sind.[119]

3.3   Die Corporate-Identity-Politik

Um konkurrenzfähig zu bleiben, ist es für Unternehmen wichtig bekannt zu sein, einen guten Ruf und eine führende Position am Markt, im Unternehmensumfeld und in der Gesellschaft aufzubauen und abzusichern. Das Selbstbild des Unternehmens aus Sicht des Managements weicht mehr oder weniger stark vom Eindruck der Mitarbeiter, oder der interessierten Öffentlichkeit ab. Diese unerwünschten Diskrepanzen machen den Aufbau eines einheitlichen, eindeutigen und unverwechselbaren Gesamterscheinungsbildes nach innen und außen notwendig. Die Unternehmensidentität hebt ein Unternehmen von anderen Unternehmen der Branche ab.[120] Die Voraussetzung dafür ist jedoch eine gezielte, professionelle Selbstdarstellung.[121]

---

[117] Vgl. Achterholt, G.: Corporate Identity, 1991, S.44

[118] Vgl. Schneider, F.: CI–orientierte Unternehmenspolitik, Diss. 1991, S.21

[119] Vgl. ebenda

[120] Vgl. Trux, W.: Unternehmensidentität, 1998, S.67

[121] Vgl. Regenthal, G.: Identität und Image, 1992, S.9 und vgl. Nieschlag, R.; Dichtl, E.; Hörschgen, H.: Marketing, 1997, S.609f und vgl. Weis, H.: Marketing, 2001, S.528 und vgl. Trux, W.: Unternehmensidentität, 1998, S.67

3.3.1 Definition Corporate-Identity-Politik

Über die Corporate Identity wird indirekt das Corporate Image gestaltet. „Corporate" kommt aus dem Englischen und bedeutet Unternehmen, Kooperation, Verein, Gruppe, Zusammenschluss. „Identity" (Identität) bezeichnet das Selbstverständnis eines Unternehmens.[122] In diesem Kapitel soll besonders das Strategiekonzept des Corporate Identity herausgehoben werden, es wird im Folgenden als Corporate-Identity-Politik bezeichnet.

> Die Corporate-Identity-Politik (Corporate Identity Policy) wird im Folgenden als übergeordnetes, ganzheitliches Strategiekonzept verstanden, als geplante und operativ eingesetzte einheitliche Selbstdarstellung. Sie steuert alle nach außen und innen gerichteten Interaktionsprozesse und integriert sämtliche Kommunikationsziele, -strategien und -aktionen eines Unternehmens unter einem einheitlichen Dach.[123] Die Corporate-Identity-Politik ist eine strategische Klammer, die sämtliche Unternehmensaktivitäten bündelt, um einen optimalen Gesamteffekt zu erzielen.[124]

3.3.2 Die Zielgruppen der Corporate-Identity-Politik

Im Gegensatz zu vielen Arten der Kommunikationspolitik beschränkt sich die Corporate-Identity-Politik nicht nur auf externe Zielgruppen, sondern umfasst vielmehr auch interne Zielgruppen. In der nachfolgenden Tabelle werden die Zielgruppen der Corporate-Identity-Politik aufgelistet.

---

[122] Vgl. Herbst, D.: Corporate Identity, 1998, S.13

[123] Vgl. Meffert, H.: Marketing, 1998, S.686 und vgl. Herbst, D.: Corporate Identity, 1998, S.13 und vgl. Berndt, R.: Marketing 2, 1995, S.274 und vgl. Birkigt, K.; Stadler, M.: Corporate Identity, 1998, S.18

[124] Vgl. Meffert, H.: Marketing, 1998, S.689

Tab. 3.1: Zielgruppen der Corporate-Identity-Politik

Interne Zielgruppen		• Mitarbeiter • Eigentümer • Gesellschafter • Pensionäre
Externe Zielgruppen	Beschaffungs-markt	• Lieferanten • Banken • potenzielle Mitarbeiter • Dienstleistungsanbieter
	Absatz-markt	• Handel • Kunden (Konsumenten, Einkaufs-organisationen) • Konkurrenz (auch auf anderen Märkten) • Absatzmittler (z.B. Handelsvertreter) • Berater
	Kapital-markt	• Banken • Aktionäre (siehe auch Eigentümer) • sonstige Investoren • Beeinflusser (Vermögensverwalter, Berater usw.)
	Sonstiges Umfeld	• Angehörige der Mitarbeiter • politische Gruppen • publizistische Gruppen • Medienvertreter • Staat • Vereine, Verbände, Organisationen i.w.S., Schulen, Hochschulen usw. • Gewerkschaften • interessierte Öffentlichkeit • „Sondergruppen mit gesellschaftlichem Einfluss" (z.B. Schriftsteller, Sportler)

Quelle: Weis, H.: Marketing, 2001, S.525

3.3.3 Die Ziele und Aufgaben der Corporate-Identity-Politik

Die Corporate-Identity-Politik hat die Aufgabe, die unterschiedlichen Kommunikationsmöglichkeiten so zu koordinieren und zu integrieren, dass eine bestimmte, unternehmensspezifische und einheitliche Unternehmensidentität erzielt wird.[125] Corporate Identity hat damit grundsätzlich eine Kommunikationswirkung und eine Kommunikationsfunktion.[126] Corporate Identity erzeugt eine Basis, welche die Schaffung von Harmonie, Akzeptanz und Vertrauen überhaupt ermöglicht: Die Harmonie zwischen der Unternehmenswirklichkeit, die sich im Selbstbild verankert, und der Unternehmenskommunikation, die ein adäquates Fremdbild erzeugt.[127] Eine erfolgreiche Corporate-Identity-Politik verfolgt den Zweck das Unternehmensimage zu verbessern und ein einheitliches Erscheinungsbild nach außen zu erzeugen.[128]

Da sich die Corporate-Identity-Politik sowohl an interne, als auch an externe Zielgruppen richtet, ist es zweckmäßig, auch die Aufgaben und angestrebten Ziele entsprechend den beiden Zielgruppen zu differenzieren.

3.3.3.1 Die Aufgaben und Ziele nach innen

Durch die Darstellung eines einheitlichen Erscheinungsbildes soll bei den Mitarbeitern ein geschlossenes Bild des gesamten Unternehmens erzeugt und damit die Identifikation mit dem Unternehmen verbessert werden. Das dadurch entstehende „Wir-Bewusstsein" erhöht die Arbeitszufriedenheit und Motivation der Mitarbeiter und führt in der Konsequenz zur Steigerung ihrer Leistung.[129]

3.3.3.2 Die Aufgaben und Ziele nach außen

Die Hauptaufgabe der Corporate Identity besteht darin, das Unternehmen eindeutig zu positionieren und möglichst klar, konsistent und sympathisch darzustellen.[130] Mit Hilfe des einheitlichen Erscheinungsbildes soll das Unternehmen von außen her eindeutig identifizierbar sein und die Wiedererkennung des Unternehmens erhöht werden.[131]

---

[125] Vgl. Weis, H.: Marketing, 2001, S.525
[126] Vgl. Birkigt, K.; Stadler, M.: Corporate Identity, 1998, S.20
[127] Vgl. Achterholt, G.: Corporate Identity, 1991, S.22
[128] Vgl. Meffert, H.: Marketing, 1998, S.686
[129] Vgl. Herbst, D.: Corporate Identity, 1998, S.18 und vgl. Schneider, F.: CI–orientierte Unternehmenspolitik, Diss. 1991, S.12 und vgl. Meffert, H.: Marketing, 1998, S.686f
[130] Vgl. Weis, H.: Marketing, 2001, S.525 und vgl. Schneider, F.: CI–orientierte Unternehmenspolitik, Diss. 1991, S.12
[131] Vgl. Meffert, H.: Marketing, 1998, S.686f und vgl. Schneider, F.: CI–orientierte Unternehmenspolitik, Diss. 1991, S.12

Ein weiteres Ziel ist, die Divergenz zwischen der Unternehmenswirklichkeit und dem Bild des Unternehmens bei externen Zielgruppen abzubauen. Dadurch soll das Vertrauen der Zielgruppen in das Unternehmen gesteigert werden und Sympathie und Verständnisbereitschaft geweckt werden.[132]

Die Ziele werden mit Hilfe der Corporate Identity Bestandteile erreicht, die nachfolgend dargestellt werden.

3.4 Die Bestandteile der Corporate Identity

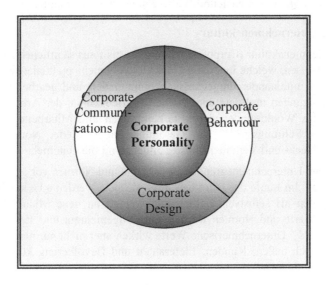

Abb. 3.2: Corporate Identity
Quelle: Nach Birkigt, K.; Stadler, M.: Corporate Identity, 1998, S.23

Wie Abbildung 3.2 zeigt, stellt die Corporate Personality (Unternehmenspersönlichkeit) den Kern und die Basis der Corporate Identity dar. Die Unternehmenspersönlichkeit wird als das „manifestierte Selbstverständnis" des Unternehmens definiert.[133] Manifestiertes Selbstverständnis bedeutet in diesem Zusammenhang, dass „ein Unternehmen sich selbst versteht, und zwar in seinem (mikroöko-

---

[132] Vgl. Meffert, H.: Marketing, 1998, S.686f
[133] Vgl. Birkigt, K.; Stadler, M.: Corporate Identity, 1998, S.19

nomischen) Bestand, seinen Zielen, seinen Zwecken, und in seiner makroöko-
nomischen Funktion und in seiner sozialen Rolle".[134]

Die Corporate Culture (Unternehmenskultur) ist ein Bestandteil der Corporate
Personality. Dabei erfasst die Unternehmenskultur jedoch primär Werte, im
Gegensatz zur Unternehmenspersönlichkeit, die zusätzlich von ökonomischen
Faktoren geprägt wird (beispielsweise von dem Marktverhalten, der Stellung
innerhalb des Wettbewerbs, der Qualität des Produktangebotes).[135] Da die Unternehmenspersönlichkeit schwer greifbar ist, wird sie in der sog. „Unternehmensphilosophie" (Unternehmensleitbild) festgehalten und kommuniziert.[136]

3.4.1 Die Unternehmenskultur

Die Unternehmenskultur (Corporate Culture) besteht aus sämtlichen Arbeits- und
Verhaltensweisen, welche innerhalb eines Unternehmens praktiziert werden. Aus
der Art, wie miteinander umgegangen, kommuniziert und gearbeitet wird, den
Arbeitsbedingungen und dem spezifischen Betriebsklima, der Arbeitszufriedenheit und dem Wohlbefinden der Mitarbeiterinnen und Mitarbeiter sowie dem
praktizierten Führungsstil.[137] Die Gesamtheit aller Werte, Normen, Grund-
annahmen, Denk- und Verhaltensmuster bildet somit die Unternehmenskultur.

Häufig geben Unternehmensgründer diese Werte und Normen vor und prägen das
Unternehmen. Im Laufe der Jahre bewähren sie sich, werden u.U. korrigiert bzw.
ergänzt, gelten als selbstverständlich und werden an neue Mitarbeiter weitergegeben – Werte und Normen werden zum Allgemeingut und stabilisieren das
Unternehmen.[138] Unternehmerische Werte wirken aber nicht nur nach innen, sondern auch nach außen: Kunden, Lieferanten und Bevölkerung können auf das
künftige Verhalten eines Unternehmens schließen.

Jedes Unternehmen ist einzigartig, es hat seine eigene unverwechselbare
Geschichte und Entwicklung. Menschen mit jeweils unterschiedlichen Erfahrungen und Charakteren arbeiten in den Unternehmen und Werte bzw.
Normen entwickeln sich in unterschiedlichem Maß. Die Corporate Identity muss
diese Einzigartigkeit berücksichtigen: Eine Identität kann also nicht beliebig

---

[134] Vgl. Birkigt, K.; Stadler, M.: Corporate Identity, 1998, S.19
[135] Vgl. Achterholt, G.: Corporate Identity, 1991, S.43
[136] Vgl. Achterholt, G.: Corporate Identity, 1991, S.42f und vgl. Kreutzer, R.; Jugel, S.; Wiedmann,
K.: Unternehmensphilosophie und CI, 1989, S.12 und vgl. Hopfenbeck, W.: Allgemeine Betriebs-
wirtschafts- und Managementlehre, 1998, S.747
[137] Vgl. Regenthal, G.: Identität und Image, 1992, S.92
[138] Vgl. Herbst, D.: Corporate Identity, 1998, S.24 und vgl. Regenthal, G.: Identität und Image, 1992,
S.93

konstruiert werden, sondern muss auf den vorhandenen Werten und Normen aufbauen.[139] *McDonald's* legt z.B. großen Wert darauf, dass sich neben den Kunden,
vor allem die eigenen Mitarbeiter mit dem Unternehmen identifizieren.
McDonald's erkannte schnell, dass die dadurch erreichte Mitarbeitermotivation
der Schlüssel zum Erfolg ist. Denn je höher die Identifikation mit dem Unternehmen ist, umso höher ist auch ihre Leistungsbereitschaft und damit der ökonomische Erfolg des Unternehmens. Eine hohe Identifikation führt zu einer über-
durchschnittlich guten Integration der Mitarbeiter, die eine spürbar positive
Außenwirkung erzeugt, wie *McDonald's* Deutschland selbst erkennt: „Die
Leistungen der *McDonald's* Mitarbeiter sind heute in Deutschland der Inbegriff
von Service. Ihnen verdankt die Marke einen Großteil ihrer Popularität und
Sympathie."[140]

Deutlich ist zu erkennen, dass zwischen Unternehmensidentität und Unternehmenskultur ein enges Verhältnis besteht. Die Unternehmensidentität wird im
Wesentlichen durch „kulturelle Phänomene" innerhalb des Unternehmens geprägt. Es bestehen entscheidende Wechselwirkungen zwischen der Unternehmensidentität und dem Verhalten der Unternehmensmitglieder. Einerseits kann
ein einheitliches Verhalten der Unternehmensangehörigen die Unternehmensidentität spezifisch prägen, andererseits werden Corporate-Identity-Maßnahmen
nicht ohne Auswirkungen auf die Unternehmenskultur bleiben.[141] Die Unternehmenskultur darf auf keinen Fall aus Worthülsen bestehen. Nur wenn die
grundsätzlichen Werte- und Sinnaussagen durch Konzepte konkretisiert und das
Verhalten in der Praxis umgesetzt und gelebt wird, kann eine gute Unternehmenskultur glaubhaft werden und Erfolge erzielen.[142]

3.4.2 Die Unternehmensphilosophie

Die Unternehmensphilosophie, auch *Leitbild* oder *Vision* genannt, formuliert die
angestrebte Corporate Identity. Sie bestimmt den allgemeinen Kurs des Unternehmens, in dem sie den Rahmen für künftiges Handeln durch einen Katalog von
Kriterien absteckt. Dieser enthält Werte und Bekenntnisse der Unternehmens-
führung zum unternehmerischen Handeln und setzt Normen für das Verhalten
aller im Unternehmen tätigen Personen. Damit das Unternehmen als Ganzes
stärker wirkt, müssen gemeinsame „Spielregeln" aufgestellt werden, die allen

---

[139] Vgl. Herbst, D.: Corporate Identity, 1998, S.25
[140] McDonald's: Geschäftsbericht 2001, 2002, S.11
[141] Vgl. Schneider, F.: CI-orientierte Unternehmenspolitik, Diss. 1991, S.25
[142] Vgl. Regenthal, G.: Identität und Image, 1992, S.96

bekannt sind und eingehalten werden. Hierfür gibt das Leitbild den Orientierungsrahmen vor.[143]

Das Leitbild besteht aus der *Leitidee*, den *Leitsätzen* und dem *Motto*. Die Leitidee nennt den Sinn des Unternehmens und vermittelt eine Vision, wie im Unternehmen gegenwärtige und zukünftige Probleme angegangen und gelöst werden. Leitideen sind pauschal und allgemein formuliert und benötigen eine Konkretisierung in den Unternehmensleitsätzen. Sie sind jedoch so allgemein zu formulieren, dass sie für alle Bereiche des Unternehmens langfristig gelten, und sie sollten verständlich und allgemein zugänglich sein.[144]

Die Leitsätze sind Kernaussagen eines Unternehmens, die die grundlegenden Werte, Ziele und Erfolgskriterien festlegen. Sie geben Aufschluss über die Kernkompetenz des Unternehmens, seine Stärken und Vorteile gegenüber dem Wettbewerb sowie über seine Leistungsfähigkeit. Die Leitsätze stellen somit eine Orientierungshilfe und einen Wegweiser zum richtigen Handeln dar, indem sie das Verhalten des Unternehmens zu Bezugsgruppen (wie Mitarbeiter, Kunden, Aktionäre oder Medien) bestimmen.[145]

Das Motto bringt das Leitbild auf den Punkt. Es ist kurz und prägnant und ist die Kurzform der Unternehmensphilosophie. Leitidee und Leitsätze sind zu ausführlich, um im Gedächtnis zu bleiben. Das Motto von *BMW* lautet beispielsweise: „Freude am Fahren" oder das von *Philips*: „Let's make things better".[146]

Die Formulierung einer optimal durchdachten Unternehmensphilosophie ist der erste Schritt für den Aufbau eines konsequenten ganzheitlichen Identitätsprozesses, worauf alle Maßnahmen nach innen wie nach außen gerichtet sind. Auf diese Weise werden alle kommunikationswirksamen Handlungen unter ein gemeinsames strategisches Dach gestellt. Nur so kann eine Identität und ein einzigartiges Image konsequent und systematisch aufgebaut werden.[147] Die schriftliche Fixierung der Unternehmensphilosophie weist sowohl Vorteile als auch Nachteile auf. Vorteilhaft ist die leichtere Kommunikation, die höhere Verbindlichkeit und Beständigkeit. Nachteilig kann hingegen die dadurch eingeschränkte Flexibilität bei abweichenden Entwicklungen sein, sowie die Tendenz zu starker Formalisierung.

---

[143] Vgl. Herbst, D.: Corporate Identity, 1998, S.29f
[144] Vgl. Herbst, D.: Corporate Identity, 1998, S.31ff
[145] Vgl. Herbst, D.: Corporate Identity, 1998, S.34f
[146] Vgl. Herbst, D.: Corporate Identity, 1998, S.36f
[147] Vgl. Regenthal, G.: Identität und Image, 1992, S.94

3.5 Die Instrumente der Corporate Identity

Der Kern der Corporate Identity und der Ausgangspunkt des Instrumentariums ist die *Corporate Personality*. Die teils formulierte, teils gewachsene Unternehmenspersönlichkeit muss nach innen wie nach außen realisiert werden. Für die Umsetzung bedient man sich des Corporate-Identity-Instrumentariums (sog. „Identitäts-Mix").

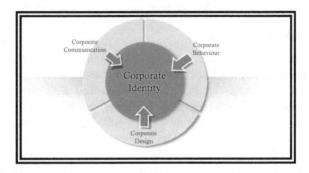

Abb. 3.3: Die Instrumente der Corporate Identity
Quelle: http://www.modern-eyes.dewebdesigncorporate-identity.html, 27.02.2010

Es besteht aus:[148]

- Corporate Design – dem Erscheinungsbild des Unternehmens,

- Corporate Communication – der unternehmensbezogenen Kommunikation, sowie

- Corporate Behaviour – dem Verhalten des Unternehmens bzw. seiner Mitarbeiter.

Vergleichbar dem Marketing-Mix entsteht durch die Verbindung dieser drei Elemente der Identitäts-Mix. Er stellt das Objekt in Form des Unternehmens in den Mittelpunkt. Die drei Bestandteile sind zugleich Elemente der Unternehmensidentität und fungieren als Instrumente, die es ermöglichen das Unternehmensbild zu formen.[149]

---

[148] Vgl. Schneck, O.: Lexikon der Betriebswirtschaft, S.151f und vgl. Weis, H.: Marketing, 2001, S.526f und vgl. Meffert, H.: Marketing, 1998, S.670f und vgl. Herbst, D.: Corporate Identity, 1998, S.37
[149] Vgl. Birkigt, K.; Stadler, M.: Corporate Identity, 1998, S.19

Die Idee der Corporate Identity zielt auf die Koordination und Integration aller für ein Unternehmen wichtigen kommunikativen Maßnahmen, um dadurch einen zusätzlichen Synergieeffekt zu erzielen. Dazu erfordert die Corporate-Identity-Strategie eine Abstimmung der jeweiligen Organisationsbereiche der Corporate Identity – also der Darstellungsweise von Kommunikation, Kultur und Design. Die harmonische und konsequente Verbindung dieser Bereiche miteinander soll Gegensätzlichkeiten ausschließen und die Entwicklung der einzelnen Bereiche verstärken. Im Folgenden werden die Instrumentarien näher charakterisiert.[150]

3.5.1 Das Corporate Design

Das Corporate Design ist eins von drei Instrumenten der Corporate-Identity-Politik. Im Hinblick auf die Entwicklungsgeschichte der Corporate Identity wird ihm eine Sonderrolle zugeschrieben.[151] Der Gegenstand des Corporate Design ist die unverwechselbare Gestaltung aller Elemente des Erscheinungsbildes eines Unternehmens. Durch das Corporate Design soll das Unternehmen nach innen und außen als Einheit erscheinen. Das Corporate Design hat die Aufgabe ein symbolhaftes Bild der gewünschten Identität des Unternehmens zu vermitteln. Dabei wird die Unternehmensphilosophie durch eine einheitliche Gestaltung aller zur Verfügung stehenden Kommunikationsmittel umgesetzt. Hierzu sind sämtliche Gestaltungskomponenten zu standardisieren, angefangen vom Firmen- und Produktlogo über die Produktgestaltungselemente, die Hausfarbe, die Architektur, das Briefpapier, die Visitenkarten, bis zu den Lastwagenplanen und den Verpackungen.[152]

Das Corporate Design vermittelt die Unternehmensidentität, die je nach Unternehmen unterschiedlich ist. Oft wird der Begriff Corporate Design mit dem Begriff Corporate Identity gleichgesetzt. Dies ist falsch, auch wenn sich viele Aktivitäten der Corporate Identity auf das Corporate Design konzentrieren.[153] „Corporate Design transportiert die Unternehmensidentität, aber sie schafft sie nicht. Das Corporate Design ist Form, aber kein Inhalt."[154] Beispielsweise ist eine Nationalflagge lediglich das Symbol einer Landesidentität, nicht aber die Identität selbst.[155] Mit einem isolierten Corporate Design ist es nicht möglich, eine um-

---

[150] Vgl. Regenthal, G.: Identität und Image, 1992, S.11 und S.9
[151] Vgl. Achterholt, G.: Corporate Identity, 1991, S.46
[152] Vgl. Winkelmann, P.: Marketing und Vertrieb, 2002, S.408 und vgl. Hopf, J.: Die Marke als Traumbild, 1994, S.261 und vgl. Berndt, R.: Marketing 2, 1995, S.280 und vgl. Meffert, H.: Marketing, 1998, S.687
[153] Vgl. Herbst, D.: Corporate Identity, 1998, S.38
[154] Herbst, D.: Corporate Identity, 1998, S.39
[155] Vgl. ebenda

fassende Corporate Identity zu schaffen, denn mit einem Logo allein und etwas mehr Farbe kann kein Unternehmen Mitarbeiter motivieren oder Kunden ansprechen, insbesondere wenn die Wirkung anderer Maßnahmen die Design-Wirkungen aufheben.[156] Der ganzheitliche Corporate-Identity-Ansatz geht weit über die visuelle Gestaltung von Corporate Identity hinaus. Design-Werte dürfen deshalb nicht unabhängig von der Unternehmenskultur und Unternehmensphilosophie entstehen und auch nicht die alleinigen Corporate-Identity-Maßnahmen darstellen.[157]

Die Bestandteile und Maßnahmen des Corporate Design sind Ausdruck der spezifischen Corporate Identity und übertragen den individuellen, persönlichen Stil des Unternehmens.[158] Die konsequente und kontinuierliche Umsetzung der in entsprechenden Gestaltungsrichtlinien (Design-Manuals) festgelegten Gestaltungsgrundsätze stellt innerhalb des Corporate-Identity-Mix eine relativ leicht abzustimmende und vom Rezipienten schnell zu erfassende bzw. zu verarbeitende Form der Identitätsvermittlung dar.[159]

„Das Erscheinungsbild braucht Kontinuität, es bedarf aber auch eines kontinuierlichen Wandels, synchron mit einer sich wandelnden Identity."[160] Ein Erscheinungsbild sollte also relativ konstant sein, es soll sich in den Köpfen der internen und externen Bezugsgruppen verankern können, damit man es sofort mit dem Unternehmen selbst in Verbindung bringt, wenn es in Erscheinung tritt. Ändert sich jedoch die Unternehmenskultur (beispielsweise durch einen Unternehmenszusammenschluss) und entsteht so auch eine neue Firmenidentität, dann sollte sich auch das visuelle Erscheinungsbild, das Corporate Design, entsprechend anpassen. So entstand beim Firmenzusammenschluss von *Veba* und *VEW* die neue Unternehmensidentität *Eon*. Wird das visuelle Erscheinungsbild nicht angepasst, erscheint das Unternehmen nach innen und außen nicht mehr als eine Einheit, sondern vielmehr als eine Firma mit mehreren Identitäten.

Die Gestaltungselemente

Wie bereits erwähnt gehören Logo, Hausfarbe, Schrift, Kommunikationsdesign und Architektur zu den Gestaltungselementen des Corporate Design.

---

[156] Vgl. Regenthal, G.: Identität und Image, 1992, S.128
[157] Vgl. ebenda
[158] Vgl. Regenthal, G.: Identität und Image, 1992, S.128
[159] Vgl. Wache, T.; Brammer, D.: CI als ganzheitliche Strategie, 1993, S.99
[160] Birkigt, K.; Stadler, M.: Corporate Identity, 1998, S.21

Die Marke, das Logo

Die Marke ist das wichtigste Element des Unternehmensbildes. Da sie als Werbe-Konstante zeitlos zu wirken hat, kommt ihr besondere Wichtigkeit zu. Die Marke und ihr Logo sind visuelle Klammer, Signal und Markierung und stehen stellvertretend für die Unternehmensleistung. Gute Zeichen sind einfach, kurz und einprägsam. Marken sollen Aufmerksamkeit wecken, Signalwirkung haben, informieren und im Gedächtnis bleiben.[161]

Die Hausfarbe

Farben haben eine starke Wiedererkennungs- und Signalkraft und werden so zu einer wichtigen Komponente innerhalb der Werbung und der Öffentlichkeitsarbeit. So sind alle Produkte der Marke *Milka* beispielsweise lila, egal ob es sich dabei um Schokoladentafeln, Osterhasen oder Weihnachtsmänner handelt. Farben haben ganz bestimmte psychologische Wirkungen, sie wirken beispielsweise dynamisch, sachlich, aufdringlich, heiter usw. Die Verwendung einer bestimmten Farbe als Hausfarbe eines Unternehmens soll eine bestimmte Wirkung erzielen.[162] Das Unternehmen *Ferrari* will mit der Hausfarbe rot Leidenschaft und Temperament symbolisieren. Der IT-Unternehmen *IBM* will mit der Grundfarbe dunkelblau Kompetenz und Zuverlässigkeit ausstrahlen. Deshalb wird *IBM* auch salopp „Big Blue" genannt. Die Wirkung der anderen Gestaltungselemente wird durch Farben zusätzlich unterstützt.

Die Schrift

Schriften sollen im wesentlichen Inhalte vermitteln. Wichtigstes Kriterium für eine Schrift ist, die klare und leichte Lesbarkeit.[163] Die Hausschrift sollte möglichst zeitlos sein. Hausschriften drücken auch das Selbstverständnis eines Unternehmens aus. So wirken serifenlose Schriften (Arial, Meter und Thesis) moderner und innovativer, als Schriften mit Serifen (Times New Roman, Helvetika).[164] Die Schriftart muss folglich mit dem Selbstverständnis des Unternehmens übereinstimmen. Es würde keinen Sinn machen, wenn *Sony* eine altmodische Schriftart für sein Logo verwenden. Dann würden die elektronischen Produkte wohl kaum mit einem modernen Image assoziiert werden. Die *Frankfurter Allgemeine Zeitung* hat sich als konservative und seriöse Tageszeitung jedoch bewusst gegen eine moderne Schrift entschieden.

---

[161] Vgl. Stankowski, A.: Das visuelle Erscheinungsbild der CI, 1998, S.193ff
[162] Vgl. Wache, T.; Brammer, D.: CI als ganzheitliche Strategie, 1993, S.104
[163] Vgl. ebenda
[164] Vgl. Herbst, D.: Corporate Identity, 1998, S.46

Das Kommunikationsdesign

Zum Kommunikationsdesign gehört u.a. das Printmediendesign, das Messe-design, das Fotodesign, das Bekleidungsdesign, das Internet- und Intranetdesign, etc. Auch Berufskleidung kann zum einheitlichen Erscheinungsbild beitragen. Vor allem in Branchen mit großem Kundenkontakt können die Mitarbeiter und das Unternehmen schneller wieder erkannt werden, wie z.b. die „gelben Engel" des *ADAC* oder die Uniformen für Bordpersonal, von Fluggesellschaften. Aber auch Briefbögen und Visitenkarten mit Firmenlogo, Hausschrift und Hausfarbe zählen zur Kommunikation eines Unternehmens. Das Kommunikationsdesign bietet noch weitere vielfältige Möglichkeiten, das visuelle Erscheinungsbild eines Unternehmens dauerhaft in den Köpfen der Zielgruppe zu verankern.[165]

Die Architektur der Firmengebäude

Auch das Architekturdesign kann entscheidend zur Prägung eines Unternehmens-bildes beitragen. Sowohl die äußere Architektur als auch die Innenarchitektur wirken auf die Öffentlichkeit. Bei Verwaltungsgebäuden wird diese Wirkung leider oft nicht beachtet.[166]

Ein Beispiel dafür, dass das Corporate Design ein Firmenbild entscheidend prägt, ist das *BMW*-Verwaltungsgebäude in München. Es erinnert in abstrahierter Form an einen Vierzylinder-Motor und wurde mit karosserieartigen Fassaden-Elementen verkleidet. Dieses Konstrukt transferiert auch visuell die Botschaft des technologisch-innovativen Grundgedankens und den Mut zur eigenen Persönlich-keit.[167]

3.5.2 Die Corporate Communications

Zu einer ganzheitlichen Betrachtung gehört auch die Auseinandersetzung mit der Unternehmenskommunikation und dem Unternehmensverhalten. Denn was nützt ein perfektes Erscheinungsbild, wenn die unternehmensbezogene Kommunika-tion ein anderes Bild vermittelt? In diesem und in dem nachfolgenden Abschnitt sollen die beiden Unternehmensbildelemente und ihre instrumentelle Bedeutung erläutert werden.

In der Literatur gibt es keine Einigkeit darüber, was *Corporate Communication* ist und welche Instrumente ihr zuzurechnen sind. Grundsätzlich stellt die Corporate Identity ein übergeordnetes, ganzheitliches Strategiekonzept dar, das

[165] Vgl. Herbst, D.: Corporate Identity, 1998, S.49f
[166] Vgl. Stankowski, A.: Das visuelle Erscheinungsbild der CI, 1998, S.201
[167] Vgl. Achterholt, G.: Corporate Identity, 1991, S.46

sämtliche Kommunikationsziele, -strategien und -aktionen eines Unternehmens unter einem einheitlichen Dach integriert.[168] Unter Corporate Communications als Element und Instrument der Corporate Identity ist somit die unternehmensbezogene Kommunikationspolitik zu verstehen. Hierzu gehören:

- das Corporate Advertising
- die Public Relations (Öffentlichkeitsarbeit)
- das Sponsoring

Sämtliche anderen Kommunikations-Aktivitäten werden zwar unter dem einheitlichen Dach integriert, gehören aber nicht zur Corporate Communication. Ihre Aufgabe ist es, die Unternehmensidentität durch strategisch geplante, widerspruchsfreie Kommunikation konsequent nach innen und außen zu vermitteln. Negative Meinungen und Einstellungen entstehen oft aus Mangel an Informationen bzw. durch Fehlinformationen. Deshalb ist es wichtig sowohl interne als auch externe Zielgruppen über Vorgänge im Unternehmen zu informieren, ein positives, schützendes Bild vom Unternehmen zu prägen und Vertrauen aufzubauen. Dabei ist wie beim Corporate Design darauf zu achten, dass sämtliche Kommunikationsbotschaften zum Erscheinungsbild des Unternehmens passen.[169] Innerhalb des Identitäts-Mixes ist die Corporate Communication das Instrument mit der höchsten Flexibilität. Sie ermöglicht sowohl planungsgesteuerten, langfristig-strategischen als auch anlassbedingten, schnellen taktischen Einsatz.[170]

Die Unternehmens-Kommunikation orientiert sich im taktischen Einsatz mehr auf Anlass und Ansprache der aktuellen Zielgruppen. Dies kann zu einer Gefährdung ihrer unterstützenden Rolle für die Corporate Identity führen, weil die Corporate Identity auf einer linientreuen Darstellung der Identität basiert. Bei häufiger Abweichung von einer konsequent identitätsorientierten Kommunikation, die für den Aufbau und die Erhaltung einer Corporate Identity notwendig ist, kann der erwünschte Erfolg der Corporate-Identity-Maßnahmen ausbleiben.[171]

Eines der Hauptziele der Kommunikation jedes Markenartikelherstellers besteht darin, die Corporate Identity mit der Produktidentität so in Einklang zu bringen, dass sie sich nicht gegenseitig stören, sondern unterstützen und verstärken.

---

[168] Vgl. Meffert, H.: Marketing, 1998, S.686 und Herbst, D.: Corporate Identity, 1998, S.13 und vgl. Berndt, R.: Marketing 2, 1995, S.274 und vgl. Birkigt, K.; Stadler, M.: Corporate Identity, 1998, S.18

[169] Vgl. Weis, H.: Marketing, 2001, S.528 und vgl. Herbst, D.: Corporate Identity, 1998, S.55ff

[170] Vgl. Birkigt, K.; Stadler, M.: Corporate Identity, 1998, S.21

[171] Vgl. Birkigt, K.; Stadler, M.: Corporate Identity, 1998, S.22

3.5.2.1   Das Corporate Advertising

Beim Corporate Advertising steht nicht das Produkt oder die Produktgruppe im Mittelpunkt der Werbung sondern das Unternehmen. Um Widersprüche zu vermeiden, müssen Corporate Advertising und Produktwerbung aufeinander abgestimmt werden.[172] Aufgabe der Unternehmenswerbung ist es, das Image zu verbessern, den Bekanntheitsgrad zu erhöhen, das Unternehmen gegenüber Beschuldigungen zu verteidigen, falsche Einschätzungen zu korrigieren und Vertrauen zu schaffen.[173] Des Weiteren ist es ihre Aufgabe in den Köpfen der Menschen ein Bild vom Unternehmen zu kreieren, das auch tatsächlich mit dem Selbstbild des Unternehmens übereinstimmt.[174]

Charakteristisch für die Unternehmenswerbung ist der „Imageslogan" (bzw. der Unternehmensslogan oder das Motto), mit dessen Hilfe der Grundgedanke der erwünschten Corporate Identity ausgedrückt werden soll.[175]

---

[172] Vgl. Raffeé, H.; Wiedmann, K.: CI als strategische Basis d. Marketing-Kommunikation, 1993, S.51

[173] Vgl. Berndt, R.: Marketing 2, 1995, S.280 und vgl. Raffeé, H.; Wiedmann, K.: CI als strategische Basis d. Marketing-Kommunikation, 1993, S.51

[174] Vgl. Regenthal, G.: Identität und Image, 1992, S.138

[175] Vgl. Raffeé, H.; Wiedmann, K.: CI als strategische Basis d. Marketing-Kommunikation, 1993, S.51 und vgl. Berndt, R.: Marketing 2, 1995, S.280 und vgl. Weis, H.: Marketing, 2001, S.528

Tab. 3.2: Aussagen in der Unternehmenswerbung

Unternehmen	Aussage	Kommunikationsziel
Commerzbank	Die Bank an Ihrer Seite	Hilfe, Unterstützung
Bosch	Immer eine Lösung	Problemlöser, Helfer
Breitling	Instruments for Professionals	Experte für Experten
BMW	Freude am Fahren	Lebensgefühl, Selbstverwirklichung
Toshiba	In Touch with Tomorrow	Fortschritt, Zukunft
Toyota	Nichts ist unmöglich	Problemlöser, Kreativität
NEC	Eine Idee voraus	Zukunft, Fortschritt
Hewlett Packard	Expanding Possibilities	Fortschritt, Zukunft
Ford	Die tun was	Aktivität, Fortschritt
Fiat	Leidenschaft ist unser Antrieb	Lebensgefühl, Engagement
Audi	Vorsprung durch Technik	Fortschritt, Innovation
Renault	Créateur d'Automobiles	Geschmack, Stil
Schwäbisch Hall	Auf diese Steine können Sie bauen	Vertrauen, Glaubwürdigkeit
Swatch	Time is what you make of it	Selbstverwirklichung
Debitel	Kommunikation ist alles	Erfolg, Selbstverwirklichung
Bayer	Kompetenz und Verantwortung	Vertrauen, Können

Quelle: Weis, H.: Marketing, 2001, S.528 mit Ergänzungen der Verfasserin

3.5.2.2 Die Public Relations

Die Public Relations (Öffentlichkeitsarbeit) haben die Aufgabe, Vertrauen gegenüber einem Unternehmen und Verständnis für das Unternehmen zu schaffen, ein positives Unternehmensbild in den Augen der Betrachter entstehen zu lassen oder auch ein schlechtes Bild zu korrigieren, sowie eine langfristige Akzeptanz zu sichern.[176] Ziel ist es, ein positives Image bei den Zielgruppen zu erreichen.[177] Public Relations (PR) wenden sich wie die gesamte Corporate Identity sowohl an interne als auch an externe Zielgruppen. Instrumente zur Erreichung der internen Zielgruppen sind beispielsweise Mitarbeiterzeitungen, schwarzes Brett, Intranet, Betriebsversammlungen und Seminare.[178] Möglichkeiten zur Erreichung externer Zielgruppen sind allgemeine Informationen, Exklusivinformationen und Themenanregungen an Journalisten, Interviews, Vorträge, Pressekonferenzen, Bereitstellung von Bild- und Tonmaterialien, Filme, Broschüren, Redaktionsbesuche, Pressedienste, Betriebsbesichtigungen, Stiftungen und Preise.[179]

In Zeiten zunehmender gesellschaftlicher Probleme geraten Unternehmen verstärkt unter Beschuss einer kritischen Öffentlichkeit. Sie werden als Verursacher sozialer Probleme angeprangert, die ihrer Pflicht zur Problemlösung nur ungenügend nachkommen. Die Auseinandersetzungen sind von Misstrauen, Missverständnissen und Kommunikationsschwierigkeiten gekennzeichnet. Daher erlebt das Instrument der unternehmerischen Public Relations eine Renaissance: Es soll verlorenes Vertrauen zurück gewinnen, überzogene Erwartungen an die Unternehmen reduzieren und langfristig Unterstützungspotenziale aufbauen. Aufgrund ihrer Ziel- und Aufgabenstellung ist Corporate Public Relations ein wichtiges Instrument zur Gestaltung der Identität des Unternehmens. Die PR haben die Möglichkeit Botschaften zu vermitteln, die auf das Informationsbedürfnis der verschiedenen Zielgruppen genau abgestimmt sind. Es können dies Botschaften sein, die:[180]

- thematisch nicht an die Werbung anknüpfen;

- die in der Werbung gemachten Aussagen unterstützen oder belegen;

- als redaktioneller Beitrag objektiver und damit glaubwürdiger wirken;

---

[176] Vgl. Berndt, R.: Marketing 2, 1995, S.280 und vgl. Herbst, D.: Corporate Identity, 1998, S.61ff und vgl. Achterholt, G.: Corporate Identity, 1991, S.50

[177] Vgl. Berndt, R.: Marketing 2, 1995, S.280

[178] Vgl. Herbst, D.: Corporate Identity, 1998, S.57f

[179] Vgl. Berndt, R.: Marketing 2, 1995, S.280

[180] Vgl. Achterholt, G.: Corporate Identity, 1991, S.50f

- sich im Bereich der Human Relations unmittelbar und glaubwürdig an die Mitarbeiter des Unternehmens richten;

- insbesondere Personen ansprechen, die aufgrund ihres Alters und Informationsstandes gegenüber Werbeaussagen eine sehr kritische Meinung haben;

- ein bestehendes Informationsbedürfnis umfassender abdecken, als es durch Werbung geschehen kann.[181]

Die PR sind nicht wie das Corporate Advertising primär auf absatzpolitische Interessen ausgerichtet; sie wirken glaubwürdiger und objektiver als die Werbung.[182] Es schließt jedoch nicht aus, dass sich gewonnenes Vertrauen positiv auf den Verkauf auswirkt.[183]

3.5.2.3 Das Sponsoring

Sponsoring wird im Kapitel 5 näher betrachtet und soll an dieser Stelle nur angerissen werden.

Das Unternehmen stellt dem Empfänger als Sponsor Geld, Sachzuwendungen oder Dienstleistungen zur Verfügung. Als Gegenleistung beteiligt sich der Gesponserte an der Kommunikationsarbeit. Dies soll zu einer steigenden Bekanntheit des Unternehmens und zu einem positiven Imagetransfer führen. Man unterscheidet Sport-, Kultur-, Sozial- und mittlerweile auch Umweltsponsoring. Aktuelle Marktforschungen zeigen, dass klassische Werbemethoden wie Print, Funk und Fernsehen von den Konsumenten nicht mehr ausreichend akzeptiert werden. In der neueren Marketingentwicklung nimmt daher Sponsoring, mit seinen durchweg emotionalen Wirkungsfeldern, eine immer wichtigere Rolle ein.[184]

3.5.3 Das Corporate Behaviour

Wenn sich ein Unternehmen in der Öffentlichkeit als kundenorientiert und flexibel präsentiert, jedoch im Arbeitsalltag jeden Wunsch des Kunden, der nur etwas von der Norm abweicht, ablehnt, dann werden alle Bemühungen in der Kommunikation und im visuellen Erscheinungsbild ein bestimmtes Ziel zu erreichen, konterkariert. Das Corporate Behaviour (Unternehmensverhalten) umfasst sämtliche Verhaltensweisen der Unternehmensmitglieder im Innen- und Außenverhältnis. Dazu gehört das Verhalten der Mitarbeiter eines Unternehmens

---

[181] Vgl. Achterholt, G.: Corporate Identity, 1991, S.50f
[182] Vgl. Wache, T.; Brammer, D.: CI als ganzheitliche Strategie, 1993, S.97
[183] Vgl. Achterholt, G.: Corporate Identity, 1991, S.49
[184] Vgl. Soulas de Russel ; D'Ambrosio, Publicity kompakt 2009

untereinander und gegenüber seiner Umwelt (insbesondere gegenüber Konsumenten und Lieferanten). Gegenstand des Corporate Behaviour ist, sämtliche Verhaltensweisen gemäß der verfolgten Corporate Identity zu beeinflussen. Durch bestimmte Verhaltensweisen soll die Einzigartigkeit und Eigenart des Unternehmens nach außen transportiert und intern die Identifikation und Integration der Mitarbeiter gefördert werden.[185] Die internen Ziele der Corporate Behaviour dürfen dabei keineswegs vernachlässigt werden. Es kommt zu einem Identitätsverlust, wenn sich die Mitarbeiter nicht mehr mit ihrem Unternehmen identifizieren, wenn sie nicht mehr bereit sind, die Unternehmensziele zu rechtfertigen oder gar anderen gegenüber zu verteidigen. Denn nur aus der Identifikation der Mitarbeiter wächst die wirkliche Identität eines Unternehmens.[186] Positiv formuliert: Jeder Mitarbeiter ist ein Multiplikator des Unternehmensimages, d.h. die Überzeugungen der eigenen Angestellten werden zwangsläufig an die Außenwelt weitergegeben. Sie sind „billige" Botschafter des Unternehmens und verursachen Image-Effekte, die mit keinem PR-Etat aufgewogen werden können.[187]

Das Corporate Behaviour ist durch die Führungs- und Personalpolitik im Unternehmen beeinflussbar. Im Innenverhältnis kann das Verhalten durch geeignete Führungskonzepte, z.B. Management-by-Objectives (= Führung durch Zielvereinbarung), spezifisch geprägt werden.

Die Personalpolitik greift bereits im Vorfeld, wenn bei der Auswahl neuer Mitarbeiter darauf geachtet wird, dass sie nur ausgewählt und eingestellt werden, wenn sie auch mit ihren vermuteten Verhaltensweisen zum Unternehmen passen. Ebenso haben die Kriterien zur Förderung der Mitarbeiter, die Sozialleistungen sowie die Lohn- und Gehaltspolitik Einfluss auf das Verhalten der Mitarbeiter.[188]

Im Außenverhältnis zählt zum Verhalten gegenüber den Marktpartnern u.a. die Ausrichtung des Produktionsprogramms an den Kundenbedürfnissen, Preisgestaltung, Verkaufspraktiken, Garantie- und Serviceleistungen, Abwicklung von Reklamationen, Zuverlässigkeit und Termineinhaltung. Das Verhalten gegenüber Kapitalgebern und Aktionären äußert sich hauptsächlich in den Dividendenausschüttungen und in der Informationspolitik. Zuletzt zeigt sich das Verhalten ge-

---

[185] Vgl. Berndt, R.: Marketing 2, 1995, S.283 vgl. Meffert, H.: Marketing, 1998, S.687 und vgl. Wache, T.; Brammer, D.: CI als ganzheitliche Strategie, 1993, S.38

[186] Vgl. Hermanni, Horst: Das Unternehmen in der Öffentlichkeit, 1991, S.12

[187] Vgl. Antonoff, R.: Methoden d. Image-Gestaltung für Unternehmen u. Organisationen, 1975, S.76f

[188] Vgl. Berndt, R.: Marketing 2, 1995, S.283

genüber Öffentlichkeit, Staat und Umwelt in der Kommunikation des Unternehmens sowie der Berücksichtigung gesellschaftlicher und kultureller Interessen.[189]

3.6 Die Chancen und Risiken der Corporate Identity

Ein durch Corporate Identity entstandenes Image zeichnet sich durch die Reduzierung des Beliebigkeitsspielraums aus, d.h. es entspricht treffender dem Bild, welches das Unternehmen von sich selbst hat. Aus diesem Grund kann es die ihm zugeschriebenen Funktionen besser erfüllen als ein Fremdbild, das mit dem Selbstbild nicht übereinstimmt.

Trotz der Überzeugung, dass Unternehmen ohne starke Corporate Identity am Markt langfristig weniger erfolgreich sind, besteht in den meisten Organisationen eine große Lücke zwischen Unternehmenswirklichkeit und formulierten Leitbildern und Leitlinien. Die Geschäftsführungen in vielen Unternehmen nehmen den Corporate-Identity-Gedanken nicht wirklich ernst bzw. der Grundgedanke der Corporate Identity wird nicht richtig verstanden. Im Sinne von „nice to have" werden Corporate-Identity-Programme formal gestartet. Die Verantwortlichen sind jedoch nicht an Veränderungen interessiert. Sie suchen lediglich nach schnell und einfach umsetzbaren Lösungen. Hinzu kommt als größtes Hindernis der Faktor Zeit. Es wird zu spät begonnen, zu kurz geplant, zu schnell und häufig wenig fundiert entschieden. Oftmals konzentrieren sich alle Anstrengungen ausschließlich auf das Erscheinungsbild (Corporate Design), ohne die vielseitigen Wechselwirkungen einer unverwechselbaren Unternehmensidentität zu erkennen. Beschränken sich jedoch sämtliche Corporate-Identity-Aktivitäten auf Retuschen am visuellen Auftritt des Unternehmens, werden Identitätsprobleme nicht gelöst, sondern allenfalls kosmetisch behandelt.[190] Denn Showeffekte reichen nicht aus, um eine größtmögliche positive Wirkung auf das gesellschaftliche Umfeld zu erzielen.[191] Wenn sich die Mitarbeiter mit den Neuerungen nicht identifizieren können, besteht die Gefahr der Demotivation und Unzufriedenheit, was den Marktpartnern in der Regel nicht verborgen bleibt. In den Unternehmen sind häufig keine Instanzen installiert, die die Einhaltung der Unternehmensverfassungen von allen Beteiligten gleichermaßen einfordern. Sinnvoll wäre eine unabhängige Beschwerdeinstanz, die Abweichungen von vereinbarten Regeln überprüft. In nur wenigen Unternehmen ist eine solche jedoch vorhanden.[192]

---

[189] Vgl. Herbst, D.: Corporate Identity, 1998, S.60

[190] Vgl. Nieschlag, R.; Dichtl, E.; Hörschgen, H.: Marketing, 1997, S.610

[191] Vgl. Chajet, C.; Shachtman, T.: Image-Design, 1995, S.29f

[192] Vgl. Kiessling, W.; Spannagl, P.: Corporate Identity, 1996, S.79

Eine gesonderte Beurteilung von Einzelmaßnahmen kann nicht im Vordergrund stehen, denn erst die Kombination sämtlicher Maßnahmen aus allen Bereichen zusammen ergibt eine eindeutige Corporate Identity.[193] Jedes einzelne Element der Corporate Identity trägt die Identitätsbindung nach innen, verknüpft dabei die einzelnen Unternehmensbereiche und alle Maßnahmen miteinander und unterstützt die Kommunikation nach außen. Sie fördert und unterstützt dabei sämtliche Einzelbereiche und verstärkt die Gesamtwirkung. Alle drei Bereiche der Corporate Identity müssen folglich im Rahmen eines ganzheitlichen Identitätsprozesses so aufeinander abgestimmt sein, dass sie sich nicht gegenseitig in ihrer Wirkung behindern, sondern im Gegenteil einander unterstützen.[194]

3.7 Das Corporate Branding

Die Corporate Brands bzw. Unternehmensmarken sind „Markierungen" der Unternehmen. Sie erfüllen damit denselben Zweck wie Marken bei Produkten (s. Kapitel 4). Erst durch die Markierung, das „Branding", wird aus einem Produkt ein Markenartikel. In einer Zeit der Informationsüberflutung müssen sich Unternehmen, die Erfolg haben wollen, im Bewusstsein ihrer wichtigen Zielgruppen verankern. Das geschieht, indem sich Unternehmen wie Markenartikel verstehen.[195]

Wichtigstes Unterscheidungskriterium zwischen Produkt- und Unternehmensmarke ist die Tatsache, dass eine hohe emotionale Bindung, wie man sie von gängigen Markenartikeln kennt, wohl kaum eintreten wird. Dafür gelten andere Faktoren wie Vertrauenswürdigkeit, Glaubwürdigkeit, Erscheinungsbild und Leistung (Performance) sowie der Preis der Aktie in ganz ähnlicher Form. Das Corporate Branding ist deshalb so bedeutsam geworden, weil der mündige private Anleger seit Mitte der 90er Jahre eine wichtige neue Zielgruppe wurde. Der Aktienkäufer wandelt wie ein Kunde beim Einkauf im Supermarkt durch die Gänge des Aktiensupermarktes und kauft die Marken, die er kennt, mit denen er etwas verbindet und zu denen er Vertrauen hat.[196] Eine direkte Übertragung ist trotz der genannten Kriterien sicher nicht möglich. Trotzdem sollten die dem Produktmarketing zugrunde liegenden Grundsätze auch in das Marketing von Unternehmen einfließen: eine klare Strategie mit entsprechender Ziel- und Zielgruppendefinition, eine Standortbestimmung mit Hilfe der Marktforschung, ein Maßnahmenplan, ein adäquates Budget und ein seriöses Controlling der Resultate.

---

[193] Vgl. Berndt, R.: Marketing 2, 1995, S.325
[194] Vgl. Regenthal, G.: Identität und Image, 1992, S.45
[195] Vgl. Meffert, H.; Bierwirth, A.: Corporate Branding, 2002, S.182ff
[196] Vgl. ebenda

Auf der Ebene der Produktbetreuung gibt es für die Markenführung der einzelnen Produkte, also für die gezielte Steuerung der Wahrnehmung, sog. „Brand Manager", die den Kommunikationsmix eines Unternehmens gezielt und im Sinne der beabsichtigten Produkt-Wahrnehmung optimieren und beeinflussen. Zumeist sind diese „Brand Manager" organisatorisch den Marketingabteilungen zugeordnet. Auf der höher angesiedelten Ebene der „Unternehmensimageführung" fällt diese Aufgabe in den Bereich der Geschäftsführung, weil hier sämtliche Bereiche des Unternehmens koordiniert und gelenkt werden müssen. Da es sich dabei um eine grundsätzlich ähnliche Aufgabe wie bei der Markenführung handelt, kann das Top Management sehr viele bekannte Aspekte des Brand Managements übernehmen. Darüber hinaus muss es seine Aufmerksamkeit aber zusätzlich jeder weiteren potenziellen Kontaktstelle zwischen dem Unternehmen und seiner Umwelt widmen.[197]

In der englischen Sprache spricht man von „Awareness". Es ist die Kombination von Attention (Beachtung) und Recognition (Wiedererkennung). Sie wird in einem Zeitalter der Überinformation immer wichtiger. Wenn man sich vor Augen führt, dass alleine in Deutschland mehr als 3.500 Marken mit je 500.000 € beworben werden und es insgesamt 56.000 Marken gibt (1975 waren es gerade 25.000), kann man sich vorstellen, wie wichtig Awareness ist, um überhaupt von seinen Zielgruppen registriert zu werden. Korreliert man diese Zahlen mit dem durchschnittlichen aktiven Wortschatz der Deutschen von nur 2000 Wörtern, versteht man, wie groß die Herausforderung ist. Bezogen auf neu eingeführte Unternehmensmarken bedeutet das, dass nur diejenigen in das „Relevant Set" von Entscheidern kommen, die ihren Namen bzw. ihre Marke mit Maßnahmen der Marktkommunikation entsprechend bekannt machen. Eine Differenzierung im Wettbewerb kann langfristig am ehesten über die Markenbekanntheit und die Positionierung des Unternehmens oder des Produkts erfolgen. Der Grundstein für die Etablierung einer Marke ist eine eindeutige Positionierung. Ist diese gefunden, muss darauf geachtet werden, dass externe und interne Kommunikation konkret darauf abgestimmt ist und den gleichen Inhalt besitzt.

Der ehemalige Vorstandsvorsitzende der *Deutschen Bank* Breuer betont: „Die Stärke einer Unternehmensmarke wird wesentlich geprägt durch die Fähigkeit des Unternehmens, für Kunden und Aktionäre dauerhaft Werte zu schaffen."[198] Nicht mehr allein der Umsatz, die Ertrags- oder Finanzkraft eines Unternehmens bürgen für Vertrauen sondern auch die Bekanntheit des Managements, seine Innovationskraft und seine Glaubwürdigkeit.

---

[197] Vgl. Chajet, C.; Shachtman, T.: Image-Design, 1995, S.29
[198] Boldt, K.: Imageprofile 2000, in: managermagazin, Nr. 02/00, S.62

4 Das Markenbild

4.1 Die Marke und ihre Ursprünge

Die Ursprünge der Marke liegen im Bestreben des Herstellers, sein Produkt von anderen Produkten zu differenzieren und damit zu individualisieren. Schon auf sumerischen Schrifttafeln, bei minoischen Siegeln sowie auf ägyptischen, griechischen und römischen Tonkrügen (Amphoren) findet man erste Formen der Markierung.[199] Die Haus-, Meister-, Zunft- und Städtemarken sowie Tierbrandmarkierungen, Güte- und Garantiestempel des Mittelalters folgen mit der deutlichen Absicht einer Differenzierung gegenüber „Wettbewerbsprodukten".[200]

Die entscheidende Entfaltung des Markenwesens vollzieht sich in der zweiten Hälfte des 19. Jahrhunderts. Das anbrechende Industriezeitalter verändert die Arbeits- und Konsumbedingungen großer Bevölkerungsschichten in ungeahnter Weise. Massenproduktion im Wettbewerb mit anderen Herstellern führt zu einer Anonymisierung des einzelnen Produkts.

Zunächst etablierte sich der Handel als dritte Größe zwischen Hersteller und Endverbraucher. Er nimmt mittlerweile eine immer dominierendere Position ein.[201] Mit der Absicht, die so entstehende Kluft zwischen Produktion und Konsum zu schließen, suchen Hersteller zunehmend nach Wegen den Kontakt mit den Endverbrauchern wiederherzustellen.[202] Um der für Massengüter charakteristischen Uniformität und Anonymität entgegen zu wirken, scheinen Individualisierung und Profilierung des eigenen Produkts[203] eine adäquate Lösung zu sein. Eine solche Strategie impliziert das Bemühen, den Verbrauchern ein Produkt mit jederzeit identifizierbaren bzw. wieder erkennbaren Attributen anzubieten. Es entsteht erstmals die Vermarktung des „Markenversprechens", welches über die objektiv erhältlichen Eigenschaften, Qualität und praktischer Nutzen, hinausgeht (z.B. die „Freude am Fahren"). Damit ist etwa zu Beginn des 20. Jahrhunderts der Markenartikel in seiner grundlegenden Form entstanden.

---

[199] Vgl. Meldau, R.; Zeichen, Warenzeichen, Marken, 1967, S.17
[200] Vgl. Leitherer, E.: Geschichte der handels- und absatzwirtschaftlichen Literatur, 1961, S.45
[201] Vgl. Olbrich, R.: Abhängigkeitsverhältnis zwischen Markenartikelindustrie und Handel, in: Absatzwirtschaft - Science Factory, Nr. 02/01; S.1 und vgl. Huber, K.: Image, 1990, S.196
[202] Vgl. Dichtl, E.: Grundidee, Varianten und Funktionen der Markierung 1992, S.2ff
[203] In Anlehnung an den eingeführten Sprachgebrauch der wirtschaftswissenschaftlichen Literatur soll im Folgenden der Terminus „Produkt" synonym zu den Begriffen „Leistung" verwendet werden und sowohl Sach- als auch Dienstleistungen umfassen. Bei güterspezifischen Unterschieden wird die sprachliche Trennung aufrechterhalten.

4.2 Definition der Marke

Erschließt man das Wort Marke von seinem etymologischen Ursprung her, so findet man neben dem mittelhochdeutschen „marc" [= *Grenzlinie, Grenze*] den französischen Begriff „marque" [= *Marke, Zeichen, Sorte, Markierung*] bzw. in Englisch „mark" [= *Marke, Merkmal, Zeichen*].[204]

In den letzten hundert Jahren hat sich das Verständnis vom Wesen einer Marke durch einschneidende Veränderungen der Markt- und Umweltbedingungen grundlegend gewandelt. Die Marke selbst und das Markenverständnis haben sich Hand in Hand entwickelt. Wenn ein markiertes Produkt im Zeitablauf nicht mehr der jeweils gültigen Definition entsprach und subjektiv dennoch als Marke aufgefasst wurde, erfolgte eine Korrektur der Begriffsbestimmung oder es wurde ein neuer Erklärungsansatz entwickelt. Dies hat dazu geführt, dass es keine einheitliche Definition der Marke gibt. Es hat sich ein regelrechter „Begriffsdschungel" gebildet, in dem die Marke u.a. als Person, Beziehung, Mythos und Religion, Wertesystem oder als Herkunftszeichen aufgefasst wird.[205] Wenige Definitionen berücksichtigen jedoch die Perspektive des Konsumenten, der beim sog. nutzenorientierten Markenbegriff in den Mittelpunkt rückt.

> Es werden nur solche Produkte als Marke bezeichnet, die vom Konsumenten auch als solche wahrgenommen werden. Damit verkörpert die Marke die Idee des Verbrauchers über ein Produkt.[206]

Die systematische, *klassische Betrachtung* der Marke zeigt folgende produktbezogene Merkmale:[207]

- Markierung,

- gleich bleibende Aufmachung,

- gleich bleibende Qualität,

- gleich bleibende Menge,

- starke Verbraucherwerbung,

---

[204] Vgl. Linxweiler, R.: Marken-Design, 1999, S.51
[205] Vgl. Weis, M.; Huber, F.: Der Wert der Markenpersönlichkeit, 2000, S.29 und vgl. Hermann, A.; Huber, F.; Braunstein, C.: Gestaltung der Markenpersönlichkeit, 1999, S.107
[206] Vgl. Weis, M.; Huber, F.: Der Wert der Markenpersönlichkeit, 2000, S.32 und vgl. Hermann, A.; Huber, F.; Braunstein, C.: Gestaltung der Markenpersönlichkeit, 1999, S.108
[207] Vgl. Bruhn, M.: Begriffsabgrenzung und Erscheinungsformen von Marken, 1994, S.5f

- hohe Anerkennung im Markt bzw. hoher Bekanntheitsgrad und hohe Akzeptanz,

- hohe Verkehrsgeltung,

- flächendeckende Ubiquität.

Kritiker bemängeln, dass die klassischen Merkmale der Marke zu statisch angelegt sind.[208] So finden Dynamik, Vielfältigkeit und Bedeutungswandel der Merkmale ungenügende Berücksichtigung. Qualität, Menge und Aufmachung können und dürfen nicht gleich bleibend sein. Der technische Fortschritt, der Wandel der Bedürfnisse und der verstärkte Wettbewerbsdruck zwingen zu Veränderungen.[209]

Das *nutzenorientierte Konzept* umfasst sowohl die traditionellen Merkmale einer Marke als auch parallel dazu ein neues, an Bedeutung gewinnendes Kriteriensystem. Wesentlicher Bestandteil dieses Systems ist die selektive Ubiquität global verfügbarer Marken, d.h. die Ubiquität in Bezug auf das Marktgebiet, nicht aber hinsichtlich des Distributionskanals. Beispielsweise wird die Uhrenmarke *Rolex* weltweit distribuiert, der Kunde kann aber die Produkte nur in ca. 120 Fachgeschäften erwerben. Ein weiterer Bestandteil dieses Systems ist die Verkehrsgeltung der Marke, die nur in einer bestimmten Zielgruppe oder „Szene", nicht jedoch allgemein existiert.[210]

Auch im juristischen Bereich findet sich der Begriff der Marke. Der deutsche Gesetzgeber spricht von Marken mit dem Unterbegriff *Zeichen* (Wort-, Bild- und Wort-Bild-Zeichen). Die Marke stellt dabei ein Kennzeichen dar, das dem Markeninhaber oder Markenverwender zur Abhebung seines Produkts von der Konkurrenz dient. Die Rechtsgrundlage bildet das Deutsche Markengesetz, dessen Schutzgegenstand Marken (für Waren und Dienstleistungen), geschäftliche Beziehungen (Unternehmenskennzeichen und Werktitel) sowie geografische Herkunftsangaben sind. In § 3 Abs. 1 MarkenG wird die Marke wie folgt definiert: „Als Marke können alle Zeichen, insbesondere Wörter einschließlich Personennamen, Abbildungen, Buchstaben, Zahlen, Hörzeichen, dreidimensionale Gestaltungen einschließlich der Form einer Ware oder ihrer Verpackung sowie sonstiger Aufmachung einschließlich Farben und Farbzusammenstellungen

---

[208] Vgl. Becker, J.: Marketing-Konzeption, 2002, S.182

[209] Vgl. Matt, D.: Markenpolitik in der schweizerischen Markenartikelindustrie, Diss. 1987, S.31

[210] Vgl. Weis, M.; Huber, F.: Der Wert der Markenpersönlichkeit, 2000, S.32 und vgl. Hermann, A.; Huber, F.; Braunstein, C.: Gestaltung der Markenpersönlichkeit, 1999, S.108

geschützt werden, die geeignet sind, Waren oder Dienstleistungen eines Unternehmens von denjenigen anderer Unternehmen zu unterscheiden."[211]

Die Schwierigkeit der rechtlichen Handhabung von Marken liegt aber weiterhin in der Internationalisierung der Märkte, da es noch immer kein global geltendes Marken-Recht gibt. Innerhalb der EU besteht die Möglichkeit, die eigene Marke vor unrechtmäßigem Gebrauch Dritter durch Anmeldung beim Europäischen Markenamt in Alicante zu schützen. Weiterhin kann sie als internationale Marke in Genf registriert werden, wobei dies keine Gültigkeit in den USA, in Japan und in Großbritannien besitzt, wo immer noch die nationalen Behörden bemüht werden müssen.

4.3   Die Bestandteile einer Marke

Betrachtet man die Elemente oder das Wesen von Marken, dann begegnet man den Begriffen *Markenidentität, Markenpersönlichkeit, Markenimage,* etc. Diese Begriffe kennzeichnen die Idee einer dynamischen Gesamtstruktur der Marke, die durch ein System von konkreten und abstrakten, funktionalen und emotionalen Merkmalen, von Erlebniswelten, Visionen, Werthaltungen, Normen und Idealvorstellungen repräsentiert werden kann.[212]

4.3.1   Die Markenidentität

Unter Markenidentität wird im Folgenden die „widerspruchsfreie Summe aller Merkmale einer Marke"[213] (s. Kapitel 4.2) verstanden, die einen „Markenartikel von anderen dauerhaft unterscheidet und damit seine Markenpersönlichkeit ausmacht"[214]. Die Markenidentität entsteht erst durch die wechselseitige Beziehung zwischen internen und externen Bezugsgruppen einer Marke. Die sog. *Innenperspektive* entsteht durch die Sicht der Eigentümer, Führungskräfte und Mitarbeiter, die *Außenperspektive* durch die Sicht z.B. von Kunden, Lieferanten, Handel oder Verbraucherverbänden.[215]

Einen großen Einfluss auf die Markenidentität üben nicht nur Markenhistorie, Markenname und -symbole aus, sondern alle Komponenten des Marketing-Mix (ausführlicher in Soulas de Russel; D'Ambrosio, Publicity kompakt 2009). Die Preisstellung, das Markendesign, das Qualitätsversprechen, die typischen Ver-

---

[211] § 3 Abs. 1 MarkenG

[212] Vgl. Linxweiler, R.: Marken-Design, 1999, S.65

[213] Meffert, H.: Marketing, 1998, S.812

[214] Ebenda

[215] Vgl. Weis, M.; Huber, F.: Der Wert der Markenpersönlichkeit, 2000, S.43 und vgl. Meffert, H.: Marketing, 1998, S.812

wender, die Endverbraucherwerbung, das Mitarbeiterverhalten und die Marken-präsentation am Verkaufsort (PoS = Point of Sale) sind hierfür exemplarische Faktoren. Eine entscheidende und nicht zu unterschätzende Bedeutung für die Markenidentität hat die Unternehmenskultur. Sie prägt entscheidend das Ver-ständnis der Marke im Unternehmen (Selbstbild).[216]

Die Markenidentität ist ein *zukunftsorientiertes Aussagekonzept*. Sie weist der Marke Orientierung, Zweck und Bedeutung zu und besteht aus dem Identitätskern und der erweiterten Markenidentität. Im Gegensatz dazu ist das Markenimage ein *vergangenheitsorientiertes Akzeptanzkonzept*.[217] Der Identitätskern entspricht dem zentralen, zeitlosen Wesen der Marke. Die erweiterte Markenidentität be-zieht sich auf die temporäre Anpassung der Marke im Zusammenhang mit der Verwendung des Konzepts in neuen Absatzmärkten oder bei neuen Produkten.[218]

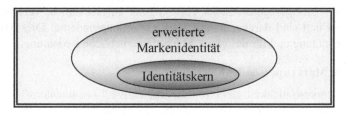

Abb. 4.1: Identitätskern und erweiterte Markenidentität
Quelle: Aaker, D.: Building strong Brands, 1996, S.76

Der „Kern" der Marke kann in der Frage „Wer bin ich?" zusammengefasst werden. Die Wertstruktur (*Core Values*) unterteilt sich in die vier folgenden Werte:

- **sachlich-funktionale Werte** einer Marke, wie Qualität, Leistung, Garantie, Funktionsprinzipien, monetäre Werte, etc.

- **ästhetisch-kulturelle Werte**, wie Schönheit, Sinnlichkeit, Poesie, Bildung, Auftreten, Rituale, etc.

- **emotional-multinationale Werte**, wie Glück, Vertrauen, Freundschaft, Frei-heit, Prestige, Status, Liebe, Erotik, Angst, Abenteuer, etc.

---

[216] Vgl. Meffert, H.: Marketing, 1998, S.812
[217] Vgl. Weis, M.; Huber, F.: Der Wert der Markenpersönlichkeit, 2000, S.43
[218] Vgl. ebenda

- **ethisch-ideelle Werte**, wie Glaubwürdigkeit, Echtheit, Verantwortung, Selbstverwirklichung, Natürlichkeit, Sinn, Umwelt, etc.[219]

Nach Theiler[220] sind die sachlich-funktionalen Werte des Markenkerns eine objektive Voraussetzung für den Markterfolg. Die funktionale Austauschbarkeit von Produkten und Leistungen sowie die Marktsättigung in den industrialisierten Ländern, die Informationsüberlastung und der Wertewandel haben zunehmend ästhetisch-kulturelle, emotionale und ethische Werte in den letzten Jahren in den Vordergrund treten lassen. Die Produkte eines *Body-Shops* könnte beispielsweise jede Apotheke herstellen. Deren ästhetische, emotionale und ethische Werte, die sie erst zur Marke machen, jedoch nicht.

Bildliche und emotionale Werte wie die ästhetisch-kulturellen werden affektiv erlebt und von der rechten Gehirnhälfte wahrgenommen. Bildinformationen werden mit geringer gedanklicher Anstrengung aufgenommen, verarbeitet und gespeichert und sind darüber hinaus stark einstellungsändernd. Dies hat für die Markengestaltung und für das ganze Marketing erhebliche Bedeutung.

4.3.2 Die Markenpersönlichkeit

Die Markenpersönlichkeit steht für die subjektive Konsumentenwahrnehmung einer Marke „hinsichtlich Dimensionen, die gewöhnlich zur Beschreibung menschlicher Persönlichkeiten genutzt werden"[221], *Pepsi* wird von den Konsumenten in Nordamerika beispielsweise als „jung, aufregend und hip" empfunden, während *Coca-Cola* als „amerikanisch, cool und authentisch" wahrgenommen wird.[222] Die Markenpersönlichkeit umfasst sowohl demografische Merkmale wie Geschlecht, Alter und soziale Klasse als auch Persönlichkeitszüge. Damit geht sie über die bloße Beschreibung von Merkmalen, die mit der Marke assoziiert werden hinaus.[223] Der Konsument verbindet mit einer bestimmten Marke ein Persönlichkeitsprofil, das aus dem direkten oder indirekten Kontakt mit der Marke entsteht. Unter dem direkten Kontakt sind Assoziationen der Marke mit bestimmten Personen zu verstehen. So werden z.B. Persönlichkeitsmerkmale von typischen Benutzern der Marke oder von Mitarbeitern des anbietenden Unternehmens unmittelbar auf die Marke übertragen. Der indirekte Kontakt wird dagegen durch Markenname, Symbole, Logo, Verpackung, Preis und Werbung, etc., also durch alle Elemente des Marketing-Mix realisiert. Der Werbung kommt im

---

[219] Vgl. Theiler, J.: Was will der Kunde?, in: Marketing Journal 01/95, S.6
[220] Vgl. ebenda
[221] Weis, M.; Huber, F.: Der Wert der Markenpersönlichkeit, 2000, S.47
[222] Vgl. Weis, M.; Huber, F.: Der Wert der Markenpersönlichkeit, 2000, S.48
[223] Vgl. ebenda

Rahmen der Schaffung einer markanten Markenpersönlichkeit eine besondere Bedeutung zu.[224]

4.3.3   Das Markenimage

4.3.3.1   Der Zusammenhang zwischen Markenimage und Markenidentität

Der konsumorientierte Markenwert (s. Kapitel 4.6.2) und das ihm zugrunde liegende Markenimage zeigen wie Konsumenten die Hinweise, die von Produkten, Dienstleistungen oder entsprechenden Marketing-Kampagnen ausgehen, dekodieren und übersetzen. Sowohl beim konsumorientierten Markenwert als auch beim Markenimage handelt es sich um ein passives, vergangenheitsorientiertes Akzeptanzkonzept. Über die Markenidentität hingegen können Unternehmen das Bild, das sich die Öffentlichkeit von der Marke macht, beeinflussen und vorherbestimmen. Die Markenidentität ist somit ein aktives zukunftsorientiertes Aussagekonzept. Dieser Zusammenhang wird in Abbildung 4.2 verdeutlicht.

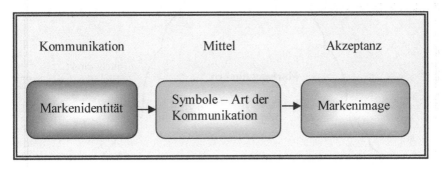

Abb. 4.2: Die Verbindung zwischen Markenimage und Markenidentität
Quelle: Kapferer, J.: Die Marke – Kapital des Unternehmens, 1992, S.46

Der Ausdruck „passives, vergangenheitsorientiertes Akzeptanzkonzept" im Zusammenhang mit dem Markenimage klingt sehr negativ und könnte den Eindruck erwecken, das Image sei weniger wichtig. Um dem entgegenzuwirken, soll das Markenimage durch ein wahrnehmungspsychologisch orientiertes Modell in Anlehnung an das sog. „Eisberg-Modell" dargestellt werden. Dieses Modell ähnelt einem Eisberg, der sich zum überwiegenden Teil (unsichtbaren) im Wasser befindet. Der obere, sichtbare Teil ist das ganzheitliche Markenbild, das der

---

[224] Vgl. Weis, M.; Huber, F.: Der Wert der Markenpersönlichkeit, 2000, S.61

Konsument von einer Marke hat. Dieses Markenbild beinhaltet innere Marken-
bilder (aktuelle Bilder, Vorstellungsbilder oder Gedächtnisbilder) wie Form- und
Farbcodes, Logos, Markenslogans, Werbebilder, Verpackungsdesigns, Marken-
jingles usw. Die Bekanntheit, Uniqueness, Dynamik und die Klarheit des inneren
Markenbildes sowie die Einprägsamkeit der Werbung und der wahrgenommene
Werbedruck sind dabei wesentliche Faktoren zur Bildung eines starken, nicht
direkt vom Absender beeinflussbaren Markenguthabens. Sie bilden dabei den
unteren Teil des Eisbergs.[225]

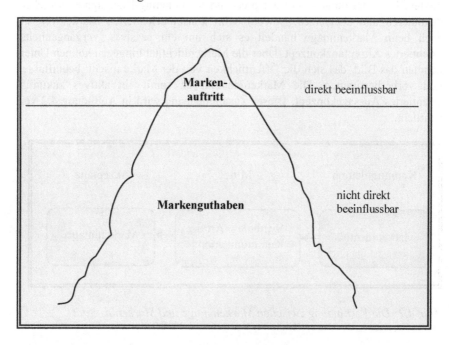

Abb. 4.3: Das Eisbergmodell
Quelle: die Verfasserin

Eine direkte Beeinflussung des Markenguthabens ist praktisch nicht möglich.
Diese muss über den Umweg des gestaltbaren Markenauftritts vollzogen werden.
Der klassische Weg beim Aufbau von neuen Marken besteht deshalb zunächst
darin, ein klares und attraktives inneres Markenbild zu erzeugen, das nach und
nach auf die Markenguthabenelemente Vertrauen, Sympathie oder Loyalität wirkt
und diese erhöht.

---

[225] Vgl. Adler, M., online: Das „Eisberg-Modell", 28.12.2002

4.3.3.2 Definition Markenimage

Abgeleitet aus der allgemeinen Image-Definition (s. Kapitel 2.4) ist unter *Markenimage* folgendes zu verstehen:

> Das Markenimage (Brand Image) ist die Gesamtheit von Gefühlen, Einstellungen, Erfahrungen und Meinungen bewusster und unbewusster Art, die sich eine Person bzw. eine Personengruppe von einer Marke macht.
>
> Das Markenimage wird geprägt von kulturellen, sozialen und subjektiven Momenten (auch Vorurteilen) und stellt eine stereotypisierende Vereinfachung eines objektiven Sachverhalts dar.

4.3.3.3 Die Entstehung von Markenimages

Imagebildungsprozesse entstehen nicht spontan, sondern entwickeln sich im Zeitablauf. Die Entwicklung wird getragen „von Erzählungen über historische Ereignisse bis zu eigenen emotionalen und kognitiven Erfahrungen, von reinen Sachinformationen bis zu Signalen der atmosphärischen Nähe, vom öffentlichen Erfolg bis zu Fragen der sozialen Verantwortung"[226]. Die Entstehung von Markenimages kann in *Markenwahrnehmung* und *Markenbeurteilung* gegliedert werden. Die Wahrnehmung einschließlich der Beurteilung von Marken stellt einen subjektiven, aktiven Vorgang dar, der unter Einfluss von externen und psychischen Faktoren gebildet wird.[227] Demnach besitzt ein Objekt selbst kein Image, sondern es sind immer andere, die einem Meinungsgegenstand in ihrer Vorstellung ein bestimmtes Image geben.[228] Im Zeitablauf kristallisiert sich als gelerntes und verfestigtes Ergebnis der vorausgegangenen Prozesse eine „eingefrorene Hypothese" bzw. bestimmte Einstellungen des Individuums bezüglich einer Marke heraus. Sie bilden die Basis der subjektiven Präferenzordnung des Käuferverhaltens.[229]

Es folgt nun ein tieferer Einstieg in den komplexen Prozess der Bildung von Markenimages.

---

[226] Buß, E.; Fink-Heuberger, U.: Image Management, 2000, S.87

[227] Vgl. Meffert, H.: Marketingforschung und Käuferverhalten, 1992, S.61

[228] Vgl. Weis, M.; Huber, F.: Der Wert der Markenpersönlichkeit, 2000, S.40

[229] Vgl. Wiswede, G.: Einführung in die Wirtschaftspsychologie, 1995, S.75

Markenwahrnehmung

Die Markenwahrnehmung ist mit einem Entschlüsselungsvorgang der Marke zu vergleichen. Dabei finden Informationsverarbeitungsprozesse statt. Dies kann anhand des Gedächtnismodells von W. Kroeber-Riel/P. Weinberg[230], dem die sog. *Mehrspeichertheorie* zugrunde liegt, erklärt werden.

Der Mensch besitzt demnach drei Speicher:

- **Sensorischer Speicher (SS):** Dieser Ultrakurzzeitspeicher speichert Sinneseindrücke über einen ganz kurzen Zeitraum. Das gilt vor allem für visuelle und akustische Reize.

- **Kurzzeitspeicher (KZS):** Er übernimmt aus der Anzahl von Reizen aus dem SS nur einen Teil zur Verarbeitung im Sinne einer Entschlüsselung, Interpretation und Organisation. Als Arbeitsspeicher speichert er Reize kurz und verarbeitet sie zu kognitiven, verfügbaren Informationen.

- **Langzeitspeicher (LZS):** Die gerade aufgenommenen Informationen aus dem KZS werden mit denen aus dem LZS verbunden. Der LZS repräsentiert das Gedächtnis und dient als langfristiger Aufbewahrungsspeicher für Informationen und Erfahrungen.

Auf die Marke übertragen laufen die Prozesse wie folgt ab:

Die Reize des wahrgenommenen Markenzeichens werden im KZS dekodiert. Zunächst werden in einer *Merkmalanalyse* die charakteristischen Merkmale extrahiert und anschließend während der *Mustererkennung* mit den vorhandenen Mustern aus dem LZS verglichen. Wird hier eine durch frühere Wahrnehmung gebildete Referenz als Vergleichsmuster entdeckt, kann den Informationen Bedeutung verliehen werden. Sind die Merkmale der Marke also entsprechend gestaltet, können diese als jeweilige Marke wieder erkannt und mit bestimmten Eigenschaften verknüpft werden.[231]

Aufgrund einer beschränkten Informationsverarbeitungskapazität können jedoch nicht alle Sinneseindrücke in den KZS eingespeist und bewusst wahrgenommen werden. Die Individuen unterliegen also einer *selektiven Wahrnehmung*. Welche Informationen letztendlich wahrgenommen werden, hängt von der Art der Reize ab. Hier werden aufmerksamkeitserzeugende und stark emotionale Reize bevorzugt.[232] Die Informationsselektion erfolgt durch *individuelle Antriebskräfte* wie

---

[230] Vgl. Kroeber-Riel, W.; Weinberg, P.: Konsumentenverhalten, 1999, S.225f
[231] Vgl. Behrens, G.: Verhaltenswissenschaftliche Erklärungsansätze der Markenpolitik, 1994, S.201f
[232] Vgl. Kroeber-Riel, W.; Weinberg, P.: Konsumentenverhalten, 1999, S.269f

Emotionen, Motive und kognitive Prädispositionen im Sinne von Einstellungen und Erwartungen.[233]

Einer Marke wird mehr Beachtung geschenkt, wenn der Konsument sie mit bekannten und positiven Erfahrungen in Verbindung bringt, oder die Marke Reize entsprechend der Motive des Konsumenten (z.b. Sicherheit, Prestige) ausstrahlt.[234] Nur wenn die Marke erkannt bzw. wieder erkannt wird, können die zugehörigen Bewusstseinsinhalte aktiviert werden.

Markenbeurteilung

Die Beurteilung von Marken ist ein kognitiver Prozess, eine gedankliche Weiterverarbeitung. Sie ist abhängig von den aktuellen und gespeicherten Informationen aus dem Umfeld eines jeden Individuums. Auch emotionale Umfeldbedingungen wie z.b. das Gebäude einer Firma, deren Personal, etc. prägen das Urteil über eine Marke, indem sie assoziativ auf die Angebote ausstrahlen bzw. selektiv bestimmte Merkmale betonen.[235] Der Beurteilungsprozess findet nach dem *Selektionsprinzip* statt. Jeder Mensch besitzt Programme der Informationsverarbeitung, sog. *Beurteilungs- und Auswahlprogramme*, die zur Beurteilung von Produkten und Marken herangezogen werden. Zum einen existiert die Gruppe der *komplexen Programme*, auch als „kognitive Algebra" bezeichnet. Danach lässt sich die wahrgenommene Angebotsqualität rational durchschauen und bildet sich über die systematische Wahrnehmung einzelner Produktattribute heraus. Das Urteil setzt sich also aus mehreren Teilurteilen (Attributen) zusammen. Dieses Modell wird als *Multiattributmodell* bezeichnet.[236] Zum anderen ziehen Individuen zur Entlastung ihrer Wahrnehmung einfache *Beurteilungsprogramme* in Form von Denkschablonen heran, wie zum Beispiel:

- „Hallo-Effekt": Bei der Beurteilung einer Marke wird eine einzige Eigenschaft besonders beachtet. Sie überragt quasi alles und lässt andere Qualitäten im Schatten der Wahrnehmung liegen.

- „Irradiation": Aufgrund einer ausgewählten Eigenschaft wird unweigerlich auf andere, damit nicht zusammenhängende, Eigenschaften geschlossen. Ein Mensch mit Brille etwa wird oft als intelligent angesehen.[237]

---

[233] Vgl. Kroeber-Riel, W.; Weinberg, P.: Konsumentenverhalten, 1999, S.53ff
[234] Vgl. Kroeber-Riel, W.; Weinberg, P.: Konsumentenverhalten, 1999, S.238f
[235] Vgl. Kroeber-Riel, W.; Weinberg, P.: Konsumentenverhalten, 1999, S.286f
[236] Vgl. Kroeber-Riel, W.; Weinberg, P.: Konsumentenverhalten, 1999, S.305
[237] Daneben gibt es noch weitere Phänomene, auf die an dieser Stelle nicht weiter eingegangen werden soll.

Diese Phänomene wie auch der ganze Prozess der Markenwahrnehmung und -beurteilung unterliegen der Subjektivität. Konsumenten einer Marke unterscheiden sich in der Wahrnehmung des Markenimages und nehmen dieses zudem anders wahr, als es das Unternehmen selbst beabsichtigt.

4.4 Die Funktionen der Marke

Für Unternehmen ergibt sich die Wichtigkeit des Images (s. Kapitel 2) aus den annähernd identischen Qualitätsstandards und damit ähnlichen bzw. homogenen Produkten zu ähnlichen Preisen, welche die Differenzierung der unterschiedlichen Angebote untereinander erschweren.

Die Idee der Marke ist es, homogene Produkte zu heterogenisieren und damit differenzierbar zu machen. Die Grundidee des Images und der Marke sind somit deckungsgleich, wodurch sich auch die Funktionen der Marke mit denen des Images überschneiden. In Tabelle 4.1 sind die Funktionen der Marke aus Anbieter- und Konsumentensicht zusammengefasst. Im Folgenden werden jedoch nur die noch nicht in Kapitel 2.9 besprochenen Funktionen etwas ausführlicher dargestellt.

Tab. 4.1: Funktionen einer Marke

Funktionen einer Marke	
aus Konsumentensicht	**aus Anbietersicht**
• Unterscheidungs- und Herkunftsfunktion • Qualitätsfunktion • Prestigefunktion (s. Kapitel 2.9.1.4) • Orientierungsfunktion (s. Kapitel 2.9.1.2) • Entlastungsfunktion (s. Kapitel 2.9.1.2) • Garantie- oder Wiedererkennungsfunktion • Vertrauensfunktion (s. Kapitel 2.9.1.6)	• Präferenzbildungsfunktion • Differenzierungsfunktion (s. Kapitel 2.9.2.2) • Monopolisierungsfunktion • preispolitischer Spielraum • Kundenbindungsfunktion • Kommunikationsfunktion

Quelle: die Verfasserin

4.4.1 Die Funktionen von Marken aus Konsumentensicht

4.4.1.1 Die Unterscheidungs- und Herkunftsfunktion

Die Grundfunktion einer Marke ist die Unterscheidungs- und Herkunftsfunktion. Sie wird aus dem Ursprungsbegriff der Markierung abgeleitet. Die Marke wird damit für den Nachfrager identifizierbar, wieder erkennbar und unterscheidbar. Zusätzlich kann die Herkunft des Produkts bestimmt werden.

4.4.1.2 Die Qualitätsfunktion

Konsumenten haben im Vorfeld ihrer Kaufentscheidung verschiedene Informationsbedürfnisse. Informationsdefizite führen auf Nachfragerseite zu Verhaltensunsicherheiten. Die Höhe der Informationsdefizite und das Maß der Verhaltensunsicherheit eines Nachfragers hängen von der Beurteilungsmöglichkeit eines Leistungsangebots ab. Dabei ist die Unterteilung von Leistungsmerkmalen nach Such-, Erfahrungs- und Vertrauenseigenschaften zweckmäßig.

* Überwiegend *Sucheigenschaften* haben Produkte, deren Qualitätseigenschaften dem Konsumenten schon vor dem Kauf ohne nennenswerte Informationskosten ersichtlich sind. Dazu gehören viele technische Produkte, deren Eigenschaften objektiv messbar sind, wie z.b. die Funktionsfähigkeit einer Glühbirne oder die Voltzahl einer Batterie.

* Hauptsächlich *Erfahrungseigenschaften* haben Produkte, deren Qualitätseigenschaften sich erst durch den Gebrauch nach dem Kauf feststellen lassen, wie z.b. die Haltbarkeit und Lebensdauer einer Waschmaschine.

* Größtenteils *Vertrauenseigenschaften* haben Produkte und Dienstleistungen deren Qualität weder vor, noch nach dem Kauf beurteilt werden können. Dazu gehört z.B. der technische Wartungszustand oder die Sicherheit eines Flugzeuges im Rahmen eines Pauschalurlaubes.

Produkte mit einem hohen Anteil an Vertrauenseigenschaften, also Produkte die nach Kauf und Konsum immer noch nicht zweifelsfrei beurteilt werden können, erzeugen beim Konsumenten ein hohes Risikoempfinden. Eine Marke oder ein Markenprodukt wird vom Konsumenten als Signal für eine gleich bleibend gute oder verbesserte Qualität aufgefasst und trägt somit zu einer Minderung des Risikos bei. Würden Produkte mit Qualitätsschwankungen markiert, könnte der enttäuschte Kunde das Angebot wieder erkennen und von Wiederholungskäufen absehen.[238]

---

[238] Vgl. Weis, M.; Huber, F.: Der Wert der Markenpersönlichkeit, 2000, S.39 und vgl. Meffert, H.; Burmann, C.; Koers, M.: Stellenwert und Gegenstand des Markenmanagement, 2002, S.10

4.4.1.3   Die Garantie- oder Wiedererkennungsfunktion

Die Marke garantiert, dass jedes Produkt aus der mit derselben Marke gekennzeichneten Serie mit allen anderen Produkten identisch ist. Man kann also offen-
bar darauf vertrauen, dass das Produkt die gleichen Eigenschaften wie in der Vergangenheit aufweist. In diesem Zusammenhang kann man auch von einem
Garantieversprechen der Marke sprechen. Dem Verbraucher wird zusätzlich ermöglicht, eine einmal gemachte positive oder negative Erfahrung für zukünftige
Entscheidungsprozesse zu nutzen. Denn die Marke ermöglicht es, spezifische
Produkte oder Problemlösungen wieder zu erkennen.

4.4.2   Die Funktionen von Marken aus Anbietersicht

4.4.2.1   Die Präferenzbildung

Die Marke dient durch die öffentliche Kommunikation der Produktvorzüge der
Präferenzbildung bei den Konsumenten (Profilierung). Dabei gilt es potenzielle
Konsumenten für spezielle Leistungen zu sensibilisieren, indem ein einzigartiger
Verkaufsvorteil (*USP = unique selling proposition*) herausgestellt und eine eigen-
ständige Positionierung gegenüber dem Wettbewerb erreicht werden soll.[239]

4.4.2.2   Die Monopolisierungsfunktion

Eine weitere, in der Literatur oftmals als *Monopolisierungsfunktion* bezeichnete
Aufgabe der Marke resultiert aus dem rechtlichen Schutz des Markenartikels.
Darunter versteht man das Recht der alleinigen Nutzung der Marke durch den
Markeninhaber.[240] Der markenbezogene Goodwill, d.h. alle mit einer Marke zu-
sammenhängenden positiven Assoziationen, macht Investitionen in die Marke
rentabel und kommt damit einer Markteintrittsbarriere für Newcomer gleich.[241]
Eine starke Marke kann so zum „Marken- oder Meinungsmonopol" aufgebaut
werden und bewirken, dass objektiv vergleichbare Konkurrenzprodukte vom Verbraucher eine geringere Wertschätzung erfahren. So dominieren etwa *Haribo
Goldbären* den Gummibärchenmarkt.[242]

---

[239] Vgl. Godefroid, P.: Business-to-Business-Marketing, S.158f und vgl. Meffert, H.; Burmann, C.;
Koers, M.: Stellenwert und Gegenstand des Markenmanagement, 2002, S.11
Nolte, H.; Die Markentreue im Konsumgüterbereich, 1976, S.14
[240] Vgl. Weis, M.; Huber, F.: Der Wert der Markenpersönlichkeit, 2000, S.39
[241] Vgl. ebenda
[242] Vgl. ebenda

4.4.2.3   Der preispolitische Spielraum

Gelingt es, eine Marke gegenüber der Konkurrenz als etwas Einzigartiges darzustellen, erhöht sich der preispolitische Spielraum eines Unternehmens.[243] Markenartikel kosten in der Regel mehr als von der objektiven Produktleistung vergleichbare, nicht markierte Produkte. Zwei Faktoren ermöglichen den Herstellern von Markenartikeln das höhere Preisniveau durchzusetzen:

•   Für die bereits angesprochene qualitätssichernde Funktion der Marke ist der Konsument bereit mehr zu bezahlen.

•   Durch den Kauf von teuren Markenartikeln versprechen sich Konsumenten eine bestimmte Reputation in ihrem sozialen Umfeld. Der Prestigeaufschlag ist als Entgelt für diese Funktion zu sehen.

4.4.2.4   Die Kundenbindungsfunktion

Die Voraussetzung für den wiederholten Kauf eines Produkts ist die Zufriedenheit des Kunden mit der Produktleistung. Kundenzufriedenheit tritt dann ein, „wenn erwartete und erlebte Qualität eines Angebots übereinstimmen"[244]. Ist der Kunde mit der Leistung zufrieden, gibt es für ihn keinen Anlass Qualitätsrisiken mit dem Kauf eines anderen Produkts einzugehen.[245] Der langfristige Erfolg kann daher nur durch positive Qualitätserlebnisse entstehen. Mangelnde Kundenzufriedenheit hingegen führt zu einem Markenwechsel. Der Aufbau eines treuen Kundenstamms ist ein langfristiger Wettbewerbsvorteil.[246] Markenpolitik erhöht aufgrund zunehmender Kundenzufriedenheit die Planungssicherheit. Die Kundenbindung verstärkt sich und die Volatilität der Absatzentwicklung eines Unternehmens wird verringert.

4.4.2.5   Die Kommunikationsfunktion

Durch die Markierung des Produkts kann der Anbieter einen direkten Kontakt zum Nachfrager herstellen. Dabei ist die Marke ein Instrument zur Übermittlung von Informationen in kompakter Form. Im Zeitverlauf trägt sie dazu bei, die physische und psychische Distanz zwischen Anbieter und Konsument zu verringern. Die Marke kommuniziert verschiedene Aspekte wie z.B. Eigenschaften,

---

[243] Vgl. Meffert, H.; Burmann, C.; Koers, M.: Stellenwert und Gegenstand des Markenmanagement, 2002, S.11

[244] Nolte, H.; Die Markentreue im Konsumgüterbereich, 1976, S.14

[245] Vgl. Pepels, W.: Produktmanagement, 1998, S.173

[246] Vgl. Weis, M.; Huber, F.: Der Wert der Markenpersönlichkeit, 2000, S.39

Nutzenkomponenten, Wertvorstellungen oder Persönlichkeitsprofile und erhöht somit das Ansehen bzw. den Wert der Marke.[247]

4.5 Markenpositionierung und Schaffung von Erlebniswelten

4.5.1 Die Markenpositionierung

Aus dem Themenkomplex der Positionierung von Marken soll im Folgenden die *Idee* und die *Notwendigkeit* der Markenpositionierung herausgegriffen und verdeutlicht werden.

Viele Konsumenten verbinden mit starken Marken klare Vorstellungen und Bilder. Der Aufbau eines klaren Images ist die Grundvoraussetzung für eine langfristig erfolgreiche Markenführung. Marken, die ein klares Image bei ihren Kunden aufbauen, erlangen in der Meinungsskala der Kunden eine einzigartige Stellung und werden deshalb gegenüber Konkurrenzmarken bevorzugt.[248] „Unter einer Markenpositionierung versteht man die Abgrenzung der eigenen Marke von Konkurrenzmarken."[249] Die gewählten Positionierungseigenschaften müssen für den Konsumenten relevant sein und sich an seinen Bedürfnissen und Wünschen als notwendige Bedingung für eine erfolgreiche Markenpositionierung orientieren. Die hinreichende Bedingung wird durch die Abgrenzung von der Konkurrenz erfüllt, indem die Marke in der subjektiven Wahrnehmung der Konsumenten ein eigenständiges und unverwechselbares Profil gewinnt.[250]

Der Erfolg einer Positionierung kann nur in der subjektiven Wahrnehmung der Konsumenten abgelesen werden. Diese Konsumentensicht wird jedoch häufig vernachlässigt, denn Anbieter neigen dazu, in Produkteigenschaften zu denken. Die Konsumenten kaufen aber keine Produkteigenschaften, sondern subjektiven Produktnutzen. So konnte der Mittelständler *August Wagner*, als er in den Markt für Fertigpizzen einstieg, es mit den Großkonzernen *Unilever* und *Dr. Oetker* aufnehmen und gewinnen. *Wagner* brachte die erste Steinofen-Fertigpizza auf den Markt. Da eine Pizza aus dem Steinofen einfach besser schmecken muss, war es *Wagner* durch das einfache Wort „Steinofen" gelungen, von den Kunden mit überlegener Qualität assoziiert zu werden.[251]

An diesem Beispiel wird deutlich, dass *Wagner* noch eine zweite für den Erfolg entscheidende Regel eingehalten hat: Eine Differenzierung über die wahr-

---

[247] Vgl. Weis, M.; Huber, F.: Der Wert der Markenpersönlichkeit, 2000, S.39

[248] Vgl. Esch, F.: Markenpositionierung als Grundlage der Markenführung, 1999, S.235

[249] Ebenda

[250] Vgl. ebenda

[251] Vgl. Brandtner, M.: Branding, in: Marketing Journal 05/01, S.261f

genommenen Eigenschaften allein reicht nicht aus, sie muss gemeinsam mit dem Markennamen in den Köpfen der Konsumenten positioniert werden, denn nur dort findet die Kaufentscheidung statt. Das wird am Besten dadurch erreicht, dass die Marken-Positionierung auf die Kernaussage reduziert wird. Im Idealfall ist es *ein* Wort, welches das Produktimage vom Image der Mitbewerber differenziert.[252]

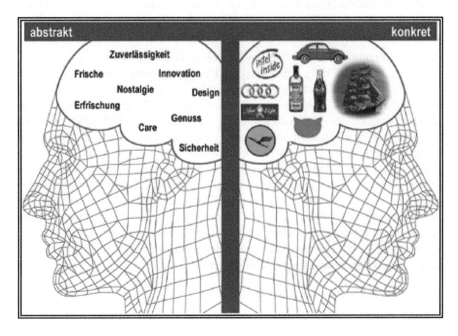

Abb. 4.4: Positionierung der Kernaussage in den Köpfen der Konsumenten
Quelle: Adler, M., online: Konkrete Signale aus dem Süßwarenregal, 12.01.2003

Neben *Wagners* „Steinofen" gibt es noch weitere erfolgreiche Beispiele:

- *Red Bull* – Energy-Drink
- *Dr. Best* – nachgebend
- *Actimel* – probiotisch
- *Pampers* – trockener

Die Beschränkung auf „nur ein Wort" ist wichtig, weil der Kunde unweigerlich mit diesem Wort noch viele andere positive Eigenschaften verbindet. Wenn

---

[252] Vgl. Brandtner, M.: Branding, in: Marketing Journal 05/01, S.262f

jedoch versucht wird, mit einer Marke viele Worte zu besetzen, erreicht man das Gegenteil.

Damit ist der Erfolg aber immer noch nicht garantiert: Nicht jedes Wort führt zum Ziel. Dazu ein Beispiel: Die Strommarke *Yellow* richtete ihr gesamte Marken-Programm auf das Wort „gelb" aus. Damit wurde *Yellow* schnell zur bekanntesten Strommarke Deutschlands. Es wurde aber das falsche Wort gewählt. Warum soll der Kunde ausgerechnet gelben Strom kaufen? Dieses Wort machte für ihn einfach keinen Sinn.[253]

Die wahrgenommene Eigenschaft und die einfache Botschaft sind Grundvoraussetzungen für den Erfolg eines Images. Der Erfolg hängt aber auch von der Glaubwürdigkeit des hinter dem Produkt stehenden Unternehmens ab. Wer beispielsweise mit dem „Unternehmen Zukunft" reist und bereits am Fahrkartenschalter bemerkt, dass Kundenorientierung hier nicht groß geschrieben wird, der wird bei der *Deutschen Bahn AG* auch keine Zukunftsorientierung erkennen können. Oder wenn die *Volksbank* mit freundlichen Service wirbt, der Kunde aber nur von Automaten bedient wird, so wirkt dies wenig glaubhaft. Denn der Kunde bildet sich einen Gesamteindruck von Produkt, Auftreten des Unternehmens, Werbung, Äußerungen der Protagonisten, Dienstleistungen usw. Er macht sich ein Bild von dem, was er dem Unternehmen zutraut und was nicht. Produkte und Unternehmen hinterlassen immer dann einen prägnanten Eindruck, wenn sie ein geschlossenes und abgerundetes Bild bieten. Der Eindruck ist umso tiefer, je klarer und eindeutiger das Bild vermittelt wird.[254]

4.5.2 Erlebniswelten von Marken

Um die eigene Marke von der Konkurrenzmarke abzugrenzen, muss sich die Marke dauerhaft positiv in den Vorstellungen der Verbraucher verankern und Erlebnisse schaffen. Die Erlebnisqualität einer Marke entwickelt sich zum wichtigsten Kaufkriterium der Zukunft.[255] Denn Qualität ist mittlerweile eine Grundvoraussetzung für ein gutes Image, genügt jedoch nicht mehr als ausschlaggebender Faktor. So hat beispielsweise der *VW Golf* die gleiche Plattform wie der *Audi A3*. Es ist jedoch für den Konsumenten ein entscheidender Unterschied, ob er einen *Audi* oder einen *VW* fährt. Die Emotionalität prägt das Image der Marke.

---

[253] Vgl. Brandtner, M.: Branding, in: Marketing Journal 05/01, S.262f
[254] Vgl. Weissman, A.: Marketing-Strategie, 1990, S.35 und vgl. Huber, K.: Image, 1990, S.33 und vgl. Bloos, J.: Marketing, 1989, S.25f und vgl. Kotler, P.; Bliemel, F.: Marketing-Management, 1999, S.485
[255] Vgl. Weinberg, P.; Diehl, S.: Erlebniswelten für Marken, 1999, S.187

Ganz nach dem Motto: „Gefallen geht über Verstehen"[256] ist vor allem eine emotionale Gestaltung der Markenwerbung gefragt. Zur Schaffung eines langfristigen Erlebnisprofils ist es entscheidend, dass die durch Werbung vermittelten emotionalen Erlebnisse nicht im Widerspruch zu den tatsächlichen Erfahrungen der Konsumenten stehen. Dies würde zur Diskrepanz zwischen Erwartung und Wahrnehmung führen und schließlich negative Emotionen hervorrufen, wodurch eine Ablehnung des Angebots der werbenden Firma resultieren würde.

Auf gesättigten Märkten mit homogenen Produkten ist eine kommunikative Differenzierung vonnöten. „Wie sonst konnte *Marlboro* von einer wenig erfolgreichen Frauenzigarette zur erfolgreichen Zigarette mit dem Cowboy mutieren? Und was sollen schon die herausragenden Sacheigenschaften eines Glimmstängels sein, der zwar Genuss verheißen mag, aber letztendlich Krebs und den vorzeitigen Tod fördert?"[257]

4.6 Die Bedeutung und der Wert von Marken

4.6.1 Die Bedeutung des Markenimages in der Zukunft

Das Wort Image spielt in unserer heutigen Gesellschaft eine immer größere Rolle und wird in seiner Bedeutung immer vielseitiger. So wollen gerade junge Menschen oft ein bestimmtes Image in der Gesellschaft verkörpern. Dieser Imagegedanke wächst aber nicht mehr unbedingt aus dem Verhalten und den Gedanken der Gesellschaftsmitglieder, wie man es beispielsweise sehr extrem bei der Studentenrevolte im Jahr 1968 verfolgen konnte. Vielmehr wird Image heute durch materielle Äußerlichkeiten aufgebaut.

Die Werbekampagne der *Sparkassen* setzt dies gekonnt um: Zwei Freunde treffen sich nach Jahren wieder und legen nun offen, was sie erreicht haben. So sitzt der eine am Tisch, zieht Fotos aus seiner Brieftasche und legt eines nach dem anderen seinem Freund vor die Nase. Dabei kommentiert er „mein Haus, mein Auto, mein Pferd, meine Yacht". Der Freund erblasst vor Neid. Zum Schluss legt er eine Visitenkarte auf den Tisch: „mein Anlageberater". Ziel der Beeinflussung von Markenimages ist es, bei anderen Illusionen zu schaffen, ein Image gegenüber seinen Mitmenschen aufzubauen, das Prestige, Wohlstand und perfektes Familienglück vereint. Dies wird heute aber nicht mehr mit essenziellen Werten erzielt sondern durch Markenfixierung. Man fährt nicht mehr mit einer rostigen Ente an die Adria, sondern fährt zum Shopping mit einem *Jaguar* nach Mailand.

---

[256] Esch, F.: Die Macht der Bilder, in: FAZ vom 02.12.2002, S.24

[257] Ebenda

Der Mensch braucht heute das Image der Marken, um sich ein eigenes Image auf-zubauen. Der Besitzer einer *S-Klasse* erweckt den Anschein eines Managers. Es entsteht somit ein Zusammenhang zwischen positivem Ausbau des Marken-images und erhöhten Umsatzmöglichkeiten. Sein Markenimage zu beeinflussen und zu prägen, ist also ein entscheidender Wettbewerbsvorteil in der heutigen Wirtschaftswelt.

Bereits Kleinkinder haben ein Markenbewusstsein. Schon im Alter von drei bis vier Jahren ist ein Kind in der Lage, Produkte selbstständig wahrzunehmen. Die Reize der Massenmedien sorgen zusätzlich für eine Beschleunigung: Das Kind lernt nicht primär den Begriff Auto, sondern fast gleichzeitig die Marke. Die El-tern besitzen aus Sicht des Kindes kein Auto, sondern einen *Opel* oder einen *VW*.[258] Die grundsätzliche Akzeptanz und emotionale Vertrautheit von Marken wird bereits sehr früh gebildet. *Dr. Oetker*, *Nivea* oder *Schauma* profitieren heute von dieser Vertrautheit, die in der Kindheit der heutigen Konsumenten geschaffen wurde.

Die Mehrzahl der „großen" Marken ist bereits seit mehr als 30 Jahren auf dem Markt und kann so mit der bereits in der Kindheit gewonnenen Erfahrung seiner Konsumenten rechnen. Diese frühen Erfahrungen sind in der Regel unveränder-bar mit den Marken verknüpft.[259] Eine Untersuchung der Zeitschrift *Bravo*[260] (1984) zeigt, dass 30-Jährige zu einem großen Teil den Marken ihrer Jugendzeit treu geblieben sind. Je nach Produktbereich geben ein Viertel bis die Hälfte der Befragten an, dieselbe Hauptmarke wie in ihrer Jugendzeit zu verwenden. Man muss dieses Ergebnis aufgrund der retroperspektiven Abfrage – es handelt sich um eine Meinung, nicht um den Nachweis von Fakten – kritisch sehen. In der Grundtendenz ist das Ergebnis jedoch mit Sicherheit richtig.[261]

Der Mensch lebt heute in einer Gesellschaft, die immer stärker durch Single-Haushalte geprägt und durch Ellbogenmentalität gekennzeichnet ist. Er findet dort jedoch keine Werte mehr, an denen er sich orientieren kann. Deshalb sucht er diese Werte in den Produkten und den dazugehörigen Marken. Der emotional-psychologische Effekt des Markenimages sorgt dafür, dass sich ein ent-scheidender Wettbewerbsvorteil für ein Unternehmen ergibt.

---

[258] Vgl. Bolz, N.; Bossenhart, D.: Kult Marketing, 1995, S.279ff
[259] Vgl. Sommer, R.: Psychologie der Marke. Die Marke aus Sicht des Verbrauchers, 1998, S.16ff
[260] Vgl. ebenda
[261] Vgl. ebenda

4.6.2 Der Markenwert und seine Steigerung in Krisenzeiten

Starke Marken sind die Basis für die Steigerung des Unternehmenswertes. Sie entscheiden letztlich über den finanziellen Erfolg eines Unternehmens. Untersuchungen zeigen, dass Aktienkurse von Unternehmen zu 60 % und mehr vom Markenwert abhängen. „Statt vom Shareholder-Value wird bereits vom Brandholder-Value gesprochen."[262] Dennoch ist es in Deutschland – anders als in den USA oder Großbritannien – bisher nicht möglich, den Wert einer Marke in der Bilanz zu aktivieren. Es gibt jedoch eine Reihe von Gründen, warum der monetäre Wert einer Marke von großem Interesse ist.[263]

Lizenzverträge sind ein Grund, um einem anderen Unternehmen das Recht zur Nutzung der eigenen Marke einzuräumen, muss der Wert dieser Marke bekannt sein. Ein weiterer Grund sind Unternehmenskäufe und -verkäufe. Hier hängt der Kaufpreis stark vom Wert der Marken eines Unternehmens ab. So ist es auch keine Seltenheit mehr, dass der Käufer ein Mehrfaches des Börsenwertes bezahlt, wenn wertvolle Marken vorhanden sind. Bei der Bewertung des Unternehmens spielen nicht nur die Sachgüter, Anlagen und Vertriebsorganisationen eine Rolle, sondern auch Marken und mit ihnen die Gewähr auf kontinuierliche Umsätze.[264]

Ein Standardmodell zur Markenwertmessung gibt es bisher nicht, wohl aber eine Vielzahl unterschiedlicher Ansätze. Sie haben jedoch Schwachstellen, weil nicht alle Einflussfaktoren berücksichtigt werden. Einige betrachten z.B. die getätigten Investitionen, andere den Preisabstand zum billigsten Wettbewerber.[265] Am sinnvollsten sind daher Ansätze, die eine Reihe von wichtigen Marketing- und Finanz-Kriterien miteinander verbinden, wie beispielsweise die Methode von *Interbrand*, die jährlich eine Rangliste der stärksten Marken veröffentlicht.[266] Nach dieser Berechnung hat *Coca-Cola* einen Wert von 69,6 Milliarden Dollar. Damit stellt die Softdrink-Marke die wertvollste Marke der Welt dar, die Marke *Coca-Cola* wohlgemerkt und nicht das Unternehmen. Die Markenwerte der zehn wertvollsten Marken der Welt sind in Tabelle 4.2 aufgeführt.

---

[262] Sauer, A., online: Markenwert und Marken-Cash-Flow im Brand Management, 17.01.2003
[263] Vgl. o.V.: online: Warum der Markenwert wichtig ist, 17.01.2003
[264] Vgl. ebenda
[265] Vgl. o.V.: online: Markenwert in Heller und Pfennig – geht das?, 17.01.2003
[266] Vgl. ebenda

Tab. 4.2: Die zehn wertvollsten Marken der Welt im Jahr 2009

Rang	Marke	Ursprungs-land	Markenwert in Mrd. US $
1	*Coca-Cola*	USA	68.7
2	*IBM*	USA	60.2
3	*Microsoft*	USA	56.6
4	*General Electric*	USA	47.8
5	*Nokia*	Fi	34.9
6	*McDonald's*	USA	32.3
7	*Google*	USA	31.9
8	*Toyota*	Japan	31.3
9	*Intel*	USA	30.6
10	*Disney*	USA	28.4

Quelle: Vgl. o.V., online: The World's 10 Most Valuable Brands, 13.03.2010

Starke Marken werden über viele Jahre aufgebaut und gepflegt. In Unternehmen mit starken Marken hat die Markenpflege einen hohen Stellenwert. Dennoch geraten in Krisenzeiten die Werbeetats unter Druck. Die Markenwerte werden zugunsten kurzfristiger Ergebnisverbesserungen aufs Spiel gesetzt. Das Jahr 2001 war in dieser Hinsicht ein absoluter Tiefpunkt. Der Grund für die gekürzten Werbebudgets ist offensichtlich: In Zeiten niedriger Erträge gehören Werbeinvestitionen zu den wenigen Etatposten, die ein Unternehmen kurzfristig reduzieren kann, um seine Kostensituation zu verbessern.[267]

Derartig undifferenzierte Werbeetatkürzungen haben langfristige Folgen für die Marke. Der Markenwert kann durch die Kürzung der Werbeausgaben nachhaltig geschwächt werden. Das langfristige Ziel der Markenstärkung und damit auch der Unternehmenswertsteigerung, fällt dem Aktionismus zu Gunsten kurzfristiger Renditeoptimierung zum Opfer.[268]

Die Schwächung der Marke in Krisenzeiten führt zu einer gefährlichen Langzeitwirkung, weil die Marke danach mit hohem Kapitaleinsatz revitalisiert werden muss und die Kosten dafür in die Zukunft verschoben werden. Der Ausweg aus der Krise ist antizyklische Werbung. Denn in Krisenzeiten passen Unternehmen

---

[267] Vgl. BCG, online: Wertsteigerung durch antizyklischen Markenaufbau, 29.11.2002
[268] Vgl. ebenda

oft ihre Werbeausgaben dem allgemeinen Trend der Branche an, unabhängig von der individuellen Situation. Wenn sich ein Unternehmen nun diesem Trend widersetzt, kann es bei insgesamt sinkenden Werbeetats bereits durch Konstanz der eigenen Werbeausgaben seine Kommunikationsziele effizienter erreichen.[269]

4.7 Die Markentypologien

Es gibt eine Vielzahl von Bezeichnungen mit „Marke" als Wortbestandteil. Die gängigsten Erscheinungsformen werden in diesem Kapitel erläutert und nach folgenden Gesichtspunkten kategorisiert:[270]

- Institutionelle Stellung des Trägers

- Zahl der markierten Produkte

- Bearbeitetes Marktsegment

- Geografische Reichweite der Marke

- Verwendung wahrnehmungsbezogener Markierungsmittel

- Weitere Erscheinungsformen von Marken

---

[269] Vgl. BCG, online: Wertsteigerung durch antizyklischen Markenaufbau, 29.11.2002
[270] Vgl. Weis, M.; Huber, F.: Der Wert der Markenpersönlichkeit, 2000, S.36

Tab. 4.3: Klassifikation der Erscheinungsformen von Marken

Merkmalskategorie	Erscheinungsform	Beispiele
Institutionelle	HERSTELLERMARKE	*Miele*
Stellung des Trägers	Handelsmarke	*Erlenhof, Rio Grande*
	Dienstleistungsmarke	*Lufthansa, AOK*
Zahl der	Einzelmarke	*Persil, Fewa*
markierten Produkte	Familienmarke	*Nivea, Du darfst*
	Dachmarke	*Siemens, Allianz*
Bearbeitetes	Premiummarke	*Baldessarini (Hugo Boss)*
Marktsegment	Zweitmarke	*Apriori (von Escada)*
Geografische	Regionale Marke	*Südmilch, Stuttgarter Hofbräu*
Reichweite	Nationale Marke	*Duden, Ernte 23*
der Marke	Euromarke	*Peek & Cloppenburg*
	Weltmarke	*Coca-Cola, Avis, Swatch*
Verwendung	Optische Marke	
wahrnehmungs-	Bildmarke	*Shell, Nike, McDonald's*
bezogener	Wortmarke	*Ariel, L'Oreal, Davidoff*
Markierungsmittel	Buchstabenmarke	*AEG, IBM, MPA*
	Kombinierte Marke	*Kodak, DEA, Wick*
	Akustische Marke	*Diebels Alte Melodie*
	Olfaktorische Marke	*4711*
	Taktile Marke	*Nylon*

Quelle: Angelehnt an Bruhn, M.: Handbuch Markenartikel, 1994, S.32

4.7.1 Erscheinungsformen nach der institutionellen Stellung des Trägers

Nach der institutionellen Stellung des Trägers können Hersteller-, Handels- und Dienstleistungsmarken voneinander unterschieden werden.

4.7.1.1 Herstellermarken

Generell zeichnen sich Herstellermarken durch ein hohes Qualitäts- und Preisniveau und durch hohe Bekanntheit beim Konsumenten aus. Dabei tritt das herstellende Unternehmen gegenüber dem Konsumenten als Produktverantwortlicher auf. Anhand objektiver Eigenschaften können vom Hersteller markierte Produkte aber nicht unbedingt von anderen Produkten unterschieden werden. Die hohe Qualitätseinschätzung durch den Verbraucher entsteht oft erst aufgrund starker werblicher Unterstützung. Herstellermarken haben mittlerweile nicht nur den Konsumgütersektor durchdrungen, sondern darüber hinaus auch den Industriegüterbereich (z.B. *IBM*).[271]

4.7.1.2 Handelsmarken

Bei Handelsmarken bzw. Eigenmarken des Handels steht das Handelsunternehmen für das Qualitätsniveau der Marke ein. Sie streben das gleiche Qualitätsniveau an wie die Herstellermarken, zeichnen sich jedoch durch einen niedrigeren Preis aus. Handelsmarken stellen häufig Nachbildungen von Herstellermarken und damit „Me-too-Produkte" in bereits erschlossenen Märkten dar und sind hauptsächlich in Produktkategorien mit geringerem Innovationsgrad zu finden.[272] Ziel des Handels ist es durch Eigenmarken nicht vollständig im Preisvergleich mit den gleichen Marken zur Konkurrenz zu stehen.[273]

4.7.1.3 Dienstleistungsmarken

Mit dem Wandel der Industrie- zur Dienstleistungsgesellschaft sind nicht nur Produkte markenrechtlich geschützt. Auch die Schutzfähigkeit von Dienstleistungsmarken ist in Deutschland seit 1979 gesetzlich geregelt. Wie bei klassischen Markenartikeln entwickeln sich besonders erfolgreiche Dienstleistungen zu eigenständigen Marken. Dienstleistungsmarken finden sich vor allem bei Banken, Versicherungsgesellschaften, Touristik- und Verkehrsbetrieben. Mittlerweile gibt es jedoch auch längst Privatsender, Versicherungsunternehmen oder Krankenkassen, die ihre Leistungsangebote in markentypischer Form anbieten (z.B. *AOK – die Gesundheits-Kasse*).[274]

4.7.2 Erscheinungsformen nach der Zahl der markierten Produkte

Nach der Zahl der markierten Produkte können Einzel- (bzw. Mono- oder Produktmarken), Familien- und Dachmarken unterschieden werden.

---

[271] Vgl. Meffert, H.: Marketing, 1998, S.803 und vgl. Weis, M.; Huber, F.: Der Wert der Markenpersönlichkeit, 2000, S.34 und vgl. Nieschlag, R.; Dichtl, E.; Hörschgen, H.: Marketing, 1997, S.245

[272] Vgl. Meffert, H.: Marketing, 1998, S.806

[273] Vgl. Kotler, P.; Bliemel, F.: Marketing-Management, 1999, S.702

[274] Vgl. Nieschlag, R.; Dichtl, E.; Hörschgen, H.: Marketing, 1997, S.245

4.7.2.1 Einzelmarken

Das Grundprinzip der Einzelmarkenstrategie besteht darin, für jedes Produkt eines Herstellers eine eigene Marke aufzubauen, die jeweils nur ein Marktsegment besetzt. Zentraler Bestandteil dieser Strategie ist es, in der werblichen Kommunikation nicht den Hersteller des Produkts, sondern die einzelne Marke in den Mittelpunkt zu rücken. In vielen Fällen bleibt der Hersteller des Produkts dem Konsumenten sogar gänzlich verborgen. Diese Strategie wird z.B. von Unternehmen wie *Ferrero* oder *Procter & Gamble* mit den Marken *Milchschnitte, Kinder, Mon Chéri, Raffaello, Nutella, Pocket Coffee, Giotto (Ferrero)* oder *Ariel, Meister Proper* und *Pampers (Procter & Gamble)* verfolgt.[275] Eine Einzelmarkenstrategie ist empfehlenswert für ein Unternehmen, das sehr heterogene Produkte herstellt bzw. Produkte, die unterschiedlich positioniert werden sollen, um damit verschiedene Marktsegmente ansprechen zu können.

Abb. 4.5: Die Einzelmarkenstrategie am Beispiel von Ferrero
Quelle: http://www.Ferrero.de/, 28.02.10

---

[275] Vgl. Meffert, H.: Marketing, 1998, S.793

Mit einer solchen Strategie kann eine unverwechselbare Markenpersönlichkeit für jedes einzelne Produkt aufgebaut und für vorhandene Marktsegmente jeweils eine eigene Marke entwickelt werden. Damit ist die Einzelmarke sehr präzise im Markt zu positionieren. So hat beispielsweise *Henkel* eine Reihe von Produkten auf dem Waschmittelmarkt, die jeweils ein anderes Segment abdecken. Während *Persil* als Vollwaschmittel positioniert ist, deckt *Fewa* das Feinwaschmittel- und *Wipp* das Kaltwaschmittelsegment ab. Durch eigenständige Positionierung der einzelnen Marken werden darüber hinaus negative Ausstrahlungseffekte zwischen den einzelnen Marken vermieden. Ein Qualitätsproblem mit *Persil* führt so nicht zwangsläufig zu Umsatzeinbußen bei *Fewa*. Das Gleiche gilt für Flops bei Produktneueinführungen: Der Image-Schaden für das ganze Unternehmen kann in Grenzen gehalten werden, da Misserfolge von Konsumenten nicht mit dem gesamten Unternehmen, sondern nur mit dem spezifischen Produkt assoziiert werden.

Den genannten Vorteilen stehen auch einige Nachteile gegenüber: Die Einzelmarke hat in allen Phasen des Produktlebenszyklus sämtliche Marketingaufwendungen alleine zu tragen. Daher ergeben sich im Vergleich zu Familien- oder Dachmarkenstrategien deutlich höhere Kosten. Da die Produktlebenszyklen zudem immer kürzer werden, ist die Amortisation der hohen Investitionen, die mit dem Aufbau einer neuen Einzelmarke verbunden sind, nur schwer zu erreichen. Aus diesen Gründen wird bei der Markteinführung von neuen Produkten in den letzten Jahren immer seltener zur Einzelmarkenstrategie gegriffen. Einzelmarkenstrategien rentieren sich aufgrund der hohen Kosten nur noch für die Einführung echter Innovationen mit hohem Markt- und Ertragspotenzial, wie z.B. *Red Bull*, der Energy-Drink.

4.7.2.2 Familienmarken

Eine erfolgreiche Einzelmarke kann Ausgangspunkt für weitere Varianten dieser Marke sein und sich damit zur Familienmarke entwickeln. Grundprinzip der Familienmarken ist es, für eine bestimmte Produktgruppe bzw. -linie eine einheitliche Marke zu wählen.[276] Voraussetzung für die Wahl dieser Markenstrategie ist ein einheitlicher Marketing-Mix für alle Produkte innerhalb der Familie sowie ein gleichwertiges Qualitätsniveau. Die Familienmarke hat sich insbesondere im Konsumgüterbereich stark durchgesetzt. Die Familienmarke *Du darfst* von *Unilever* mit unterschiedlichen Produkten (Margarine, Käse, Salami, Konfitüre, Säfte, etc.) im Marktsegment der kalorienreduzierten Lebensmittel oder *Nivea*

---

[276] Vgl. Pepels, W.: Produktmanagement, 1998, S.215

von *Beiersdorf* mit einer Vielzahl von Körperpflege-Produkten sind erfolgreiche Beispiele.

Der Vorteil der Familienmarkenstrategie liegt zum einen in der Verteilung der Marketingausgaben auf mehrere Produkte. Zum anderen partizipieren neue Produkte innerhalb der Produktfamilie von dem bereits aufgebauten Image und der positiven Haltung, die Konsumenten der Marke entgegenbringen. Damit lassen sich die Kosten für die Einführung neuer Produkte senken und deren Marktdurchdringung beschleunigen. Der Nachteil einer Familienmarkenstrategie liegt in der Gefahr der Markenüberdehnung bzw. -verwässerung. Dazu kommt es, wenn um das Kernprodukt zu viele verschiedene Produkte positioniert werden. Dadurch verschwindet die einst klare Positionierung der Marke. Mittlerweile ist das Profil von *Milka,* das für zarte Schokolade aus den Alpen stand, durch unzählige verschiedene Produkte verwässert.

4.7.2.3 Dachmarken

Bei der Dachmarkenstrategie werden sämtliche Produkte eines Unternehmens unter einer Marke zusammengefasst, die häufig mit dem Namen des Unternehmens identisch ist. Dadurch wird das Kompetenzversprechen des Unternehmens auf alle Produkte übertragen.[277] Die Dachmarkenstrategie ist vor allem im Nicht-Konsumgüterbereich stark verbreitet. Bekanntestes Beispiel einer konsequenten Dachmarkenstrategie ist *Siemens*, das seine äußerst heterogenen Produkte vom Kernkraftwerk bis zum Mobiltelefon unter einem einheitlichen Unternehmensnamen vermarktet. Im Dienstleistungsbereich sind die Mehrheit aller angemeldeten Marken Dachmarken, z.B. *Lufthansa* oder *Allianz.*

Als Vorteil der Dachmarkenstrategie ist die Aufteilung des finanziellen und personellen Markenaufwands auf alle Produkte zu sehen. Des Weiteren findet ein Image-Transfer von einer starken Unternehmensmarke auf alle Produkte statt. Dies erleichtert und beschleunigt die Einführung neuer Produkte, da das bekannte Unternehmen mit seinem Namen für die Qualität des neuen Produkts bürgt.

Wie bei der Familienmarkenstrategie besteht die Gefahr von negativen Transfereffekten. Besonders problematisch ist die klare Positionierung sehr unterschiedlicher Produkte unter einer Marke. Die einzelnen Produkte sind dann sehr schwach profiliert und haben es schwer, sich individuell im Konkurrenzumfeld durchzusetzen.[278] Eine weitere Gefahr ist die Markenerosion. Wird der Kompetenzanspruch des Unternehmens vom Konsumenten nicht mehr für alle Produkte akzeptiert, führt dies zu einem diffusen Markenbild. Deshalb ist darauf zu achten,

---

[277] Vgl. Pepels, W.: Produktmanagement, 1998, S.220
[278] Vgl. Pepels, W.: Produktmanagement, 1998, S.222

welche Produkte unter das Markendach passen und bei welchen Produkten der Konsument dem Unternehmen u.U. keine Kompetenz zuspricht.

4.7.3 Erscheinungsformen nach dem bearbeiteten Marktsegment

Nach dem bearbeiteten Marktsegment können Premium- und Zweitmarken unterschieden werden.

4.7.3.1 Premiummarken

Die Premiummarke ist eine Marke, die als Stammmarke den Ausgangspunkt für die Markterschließung des Unternehmens bildet. Dazu wird die Marke in einem höheren Qualitätssegment angesiedelt, anspruchsvoller ausgestaltet und hochpreisig positioniert.[279]

4.7.3.2 Zweitmarken

Wenn sich das Angebot an einen eng umgrenzten Abnehmerkreis richtet, ist es möglicherweise unökonomisch für ein solches Produkt eine hohe Bekanntheit und allgemeine Verkehrsgeltung anzustreben. „Um dabei einerseits den Überlegungen, die zur Strategie bewusster Marktaufspaltung führen, Rechnung zu tragen, andererseits aber das Konzept des Markenartikels nicht aufgeben zu müssen, wird man hier zunächst eine Zweitmarke und dann gegebenenfalls weitere, segmentspezifische Marken auf den Markt bringen."[280] Die Zweitmarke ist meist die billigere Variante zur Stammmarke. Auch der umgekehrte Fall ist möglich.

4.7.4 Erscheinungsformen nach der geografischen Reichweite der Marke

Nach der geografischen Reichweite lassen sich regionale, nationale, Euro- und Weltmarken unterscheiden.

Regionale Marken machen sich eine gewisse Lokaltreue der Konsumenten zunutze. Sie sind nur in einem eng begrenzten Gebiet bekannt und verbreitet, so z.B. *Stuttgarter Hofbräu, Südmilch* oder *Karschhaus*.[281]

Nationale Marken sind vor allem bedingt durch sprachliche Gegebenheiten in ihrer geografischen Ausbreitung auf einzelne Länder begrenzt. So beschränkt sich die Nationale Marke *Duden* beispielsweise auf Deutschland.[282]

---

[279] Vgl. Weis, M.; Huber, F.: Der Wert der Markenpersönlichkeit, 2000, S.35 und vgl. Nieschlag, R.; Dichtl, E.; Hörschgen, H.: Marketing, 1997, S.245
[280] Nieschlag, R.; Dichtl, E.; Hörschgen, H.: Marketing, 1997, S.246
[281] Vgl. Weis, H.: Marketing, 2001, S.260 und vgl. Nieschlag, R.; Dichtl, E.; Hörschgen, H.: Marketing, 1997, S.248

Euromarken sind in vielen europäischen Ländern erhältlich. Eine weitere Ausdehnung wird meist durch kulturelle, logistische und währungspolitische Barrieren verhindert. *Peek & Cloppenburg* ist beispielsweise nur in Europa vertreten.[283]

Weltmarken wie *Coca-Cola* setzen auf Globalisierung, um einerseits alle Wachstumsmöglichkeiten auszuschöpfen und andererseits ökonomische und politische Risiken zu minimieren.[284]

4.7.5 Erscheinungsformen nach der Verwendung wahrnehmungsbezogener Markierungsmittel

Marken lassen sich nach der Verwendung wahrnehmungsbezogener Markierungsmittel hinsichtlich der sinnlichen Wahrnehmung ihres äußeren Erscheinungsbildes in *optische* sowie in *akustische, olfaktorische* und *taktile* Marken unterscheiden. Zu den optischen Marken zählen die weit verbreiteten Bild-, Wort-, Buchstaben- und kombinierten Marken. Sie werden im Anschluss näher betrachtet.[285] Die drei anderen Markentypen sind eher selten vorzufinden und beziehen sich auf den Gehör-, Geruchs- und Tastsinn (z.b. eine bestimmte Melodie oder ein einzigartiger Geruch).

Bei einer *Bildmarke* handelt es sich um ein Symbol, das eine herausgehobene Bedeutung in Verbindung mit dem Unternehmen besitzt, beispielsweise die Muschel von *Shell*, der Swoosch von *Nike*, das goldene M von *McDonald's* oder der schwarze Stier von *Osborne*. Meist bedarf die Bildmarke einer Ergänzung durch Worte oder Buchstaben, es sei denn der Bekanntheitsgrad der Bildmarke ist ausreichend hoch.[286] Die Bildmarke stellt oft einen engen Bezug zum Produkt dar. Aber auch Bildmarken wie das Krokodil von *Lacoste* oder der Apfel von *Apple* sind erfolgreiche Logos, auch wenn ein direkter Zusammenhang zum Produkt nicht vorhanden ist. Die Bildmarke hat gegenüber den anderen Markentypen den Vorteil, dass sich die Assoziationen besser in eine bestimmte Richtung lenken lassen und dass sie eine höhere Aufmerksamkeits- und Erinnerungswirkung hat.[287]

---

[282] Vgl. Weis, H.: Marketing, 2001, S.260

[283] Vgl. Nieschlag, R.; Dichtl, E.; Hörschgen, H.: Marketing, 1997, S.248

[284] Vgl. ebenda

[285] Vgl. Weis, M.; Huber, F.: Der Wert der Markenpersönlichkeit, 2000, S.35

[286] Vgl. Stankowski, A.: Das visuelle Erscheinungsbild der CI, 1998, S.203

[287] Vgl. Herbst, D.: Corporate Identity, 1998, S.44

Abb. 4.6: Beispiele für Bildmarken
Quelle: die Verfasserin

Die *Wortmarke* stellt ebenfalls eine Verbindung zur Unternehmensleistung dar. Sie bleibt jedoch nicht so leicht im Gedächtnis verankert bzw. wird nicht so leicht wahrgenommen wie die Bildmarke. Eine erfolgreiche Wortmarke sollte kurz sein, gut klingen, sie sollte in jeder Sprache aussprechbar sein und keine negativen Vorstellungen hervorrufen.[288] Die Wortmarke, auch Schriftzug genannt, ist die grafisch ausgestaltete Form des Unternehmensnamens bzw. des Markennamens und wird zur Unterschrift. Der Schriftzug lässt sich kaum verwechseln und weist eindeutig auf den Absender hin.[289] Beispiele für Wortmarken sind *Ariel, L'Oreal, Davidoff, Ehrmann, Pril, Tempo, Müller, Thomy* oder *Lenor.*

Abb. 4.7: Beispiele für Wortmarken
Quelle: die Verfasserin

Bei der *Buchstabenmarke* handelt es sich meist um Abkürzungen langer, schwer aussprechbarer Firmennamen (z.B.: *AEG, IBM, MPA, GF*), aber auch um Phantasiebegriffe. Die Buchstabenmarke entsteht oft aus Anfangsbuchstaben. Sie besitzt eine starke Signalwirkung und benötigt wenig Platz. Sie lässt sich jedoch nur schwer erlernen. Eine häufige Wiederholung ist deshalb sehr wichtig. Im Ver-

---

[288] Vgl. Wache, T.; Brammer, D.: CI als ganzheitliche Strategie, 1993, S.103
[289] Vgl. Herbst, D.: Corporate Identity, 1998, S.44

gleich zur Wortmarke eignet sie sich besonders für Bild-, Form- und Funktions-elemente.[290]

Bei der *kombinierten Marke* handelt es sich um eine Kombination aus mindestens zwei der genannten Markentypen, welche die Vor- und Nachteile der einzelnen Typen miteinander verbindet.[291] Beispiele hierfür sind *Kodak, DEA, Wick, Wella, Frosch, Iglo, Pringles, Nestlé* oder *adidas*.

Abb. 4.8: Beispiele für kombinierte Marken
Quelle: die Verfasserin

---

[290] Vgl. Wache, T.; Brammer, D.: CI als ganzheitliche Strategie, 1993, S.103
[291] Vgl. ebenda

5   Die Imagepolitik

Images entstehen, ob sie geplant sind oder nicht. Deshalb ist es für Unternehmen von großer Bedeutung, die Bildung der öffentlichen Meinung zu planen und systematisch zu beeinflussen, sonst bleibt die Meinungsbildung dem Zufall überlassen.[292]

Die imagebildenden Faktoren sind sehr komplex und zahlreich. Auf viele Faktoren der Imagebildung hat das Unternehmen keinen Einfluss. Beispiele hierfür sind die Umfeldfaktoren wie Käuferimage, Konkurrenzimage oder die personenbezogenen Faktoren wie generelle Einstellungen, Lebensstil, Rollen, Werte und Wissen. Insbesondere die letztgenannten Faktoren besitzen großen Einfluss auf die Imagebildung. Die inneren Vorgänge beim Menschen, die letztlich zur Vorstellungsbildung führen, sind für Unternehmen nicht beeinflussbar. Es kommt darauf an, alle unternehmerisch beeinflussbaren Faktoren der Imagebildung so aufeinander abzustimmen, dass ein bestimmtes prägnantes Image aufgebaut, kommuniziert und gepflegt oder ein unerwünschtes und nicht zeitgemäßes Image korrigiert wird.

Die Imageziele eines Unternehmens können mit einer Vielzahl von Maßnahmen erreicht werden. Die Instrumente dazu werden in diesem Kapitel genauer analysiert. Da alle Unternehmensbereiche am Imageaufbau beteiligt sein müssen, ist eine strategische Vorgehensweise erforderlich. Dem Prozess des Imageaufbaus sollte daher stets eine Imageplanung vorausgehen:

---

[292] Vgl. Apitz, K.; Benad, G.; Poth, L.: Image-Profile, 1987, S.21

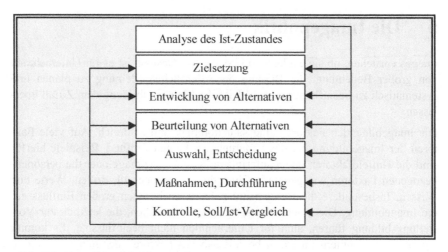

Abb. 5.1: Der Ablauf der Imageplanung
Quelle: Nach Huber, K.: Image, 1990, S.51

Die Analyse des Ist-Zustandes des Images ist der erste Schritt der Imageplanung. Die Imageanalyse (s. Kapitel 5.1) umrahmt den Prozess der Imageplanung, da sie die Analyse des Ist-Zustandes als Ausgangspunkt und die Kontrolle des Soll/Ist-Vergleiches als letzten Schritt vornimmt. Auf Basis der Erhebung des ersten Schrittes wird zunächst die Zielsetzung festgelegt. Das Resultat ist ein an den Unternehmenszielen orientiertes Soll-Image zu einem bestimmten Zeitpunkt. Das Soll-Image aus Sicht des Unternehmens muss hierbei so nah wie möglich an der relevanten Zielgruppe liegen.

Danach werden Alternativen ausgearbeitet und festgelegt, ob zunächst ein gefestigtes Firmenimage geschaffen werden soll, bevor die einzelnen Produktimages entwickelt werden. Bei der Imagekonzeption ist zu beachten, dass objektive Produktattribute das Vorstellungsbild der Marke in den Augen des Konsumenten prägen, so dass keine völlige Lösung des Images von dieser Grundlage möglich ist. Wird gegen diesen Grundsatz verstoßen, so können sich gravierende Störungen im Hinblick auf die Stimmigkeit des Images ergeben. Die Folge ist ein unglaubwürdiges, sich widersprechendes Image, dessen Wirkung stark abgeschwächt wird. Stilbrüche innerhalb und zwischen den Instrumenten der Imagepolitik, die auf die Prägnanz des Images negativ einwirken, stellen dabei die größten Gefahren dar.

Für Unternehmen besteht in Bezug auf das Image eine umso größere Gestaltungsfreiheit, je weniger die objektiven Eigenschaften eines Produkts für den Konsumenten von Interesse sind. In diesem Fall hat der Grundnutzen gegenüber dem Zusatznutzen, eine geringere Bedeutung.[293]

Für die Durchführung des Imageprogramms bieten sich verschiedene Lösungen an. Sie sind auf die Eigenart der Firma und die zu bearbeitenden Märkte abzustimmen. Es handelt sich um eine langfristige Planung, denn Images sind Ergebnisse dauerhafter Bemühungen. Regelmäßige Kontrollen begleiten diesen Prozess.[294]

An den Prozess der Imageplanung schließt sich die Umsetzung in Form von Imageaufbau, -pflege und -korrektur an. Dieser Prozess des Imageaufbaus verlangt viel Zeit und hohe Kompetenz.

5.1 Imageanalyse

Das Image zum Wettbewerbsvorteil auszubauen ist ein komplexes und zeitaufwändiges Vorhaben. Um auf diesem Weg sinnvoll Imageaufbau, -pflege und -korrekturen zu betreiben, sind regelmäßige Imageanalysen notwendig. Damit kann das bestehende Image ermittelt und kontrolliert werden.

Die Imageanalyse gibt einem Unternehmen Auskunft darüber, wie die Konsumenten das Unternehmen oder bestimmte Marken und Produkte des Unternehmens sehen. Der erste Schritt ist die Bestandsaufnahme oder Diagnose des zu untersuchenden Ist-Images. Die Imageanalyse ist für ein Unternehmen der Spiegel, durch den es sein Produkt mit den Augen des Verbrauchers sehen kann.[295]

Die Untersuchung des Ist-Zustandes und der momentanen Position macht jedoch nur dann Sinn, wenn zuvor die Wunschposition festgelegt wurde. Wenig nützen auch Image-Studien, in denen das Ist-Image nicht dem Soll-Image gegenübergestellt wird. Denn erst durch die Gegenüberstellung können die Ziele von Imageaufbau, -pflege und -korrektur klar angesprochen und die Maßnahmen zur Erreichung dieser Ziele ernsthaft diskutiert werden. Dadurch können „Image-Lücken" entdeckt und Korrekturen, sofern erforderlich, vorgenommen werden.[296]

Da es bei der Image-Analyse in erster Linie um die Sicht der Konsumenten geht, werden die notwendigen Informationen durch Befragung von Konsumenten er-

---

[293] Vgl. Henning-Boedewig, F; Kur, A.: Marke und Verbraucher, 1988, S.18ff

[294] Vgl. Huber, K.: Image, 1990, S.49ff

[295] Vgl. Pues, C.: Image-Marketing, 1994, S.88f und vgl. Zentes, J.: Grundbegriffe des Marketings, 1996, S.155

[296] Vgl. Nowak, H.; Spiegel, B.: Marketing Enzyklopädie, 1974, S.973f und vgl. Pues, C.: Image-Marketing, 1994, S.89

mittelt.[297] Damit ist die Image-Analyse auch ein wichtiger Baustein im regelmäßigen Dialog mit den Kunden. Dem befragten Kunden wird signalisiert, dass sich das Unternehmen für die Rückmeldung über die Qualität seiner Produkte und Dienstleistungen interessiert. Damit sich die Imageanalyse jedoch nicht zum Bumerang entwickelt, müssen die Rückmeldungen der Kunden auch umgesetzt werden. Andernfalls verliert das Unternehmen an Glaubwürdigkeit und das einst positive Image beginnt zu bröckeln.[298]

Eine weitere Aufgabe der Imageanalyse ist die Wettbewerbsanalyse und -beobachtung. Dabei werden die Konkurrenzimages mit dem eigenen Image verglichen, um Stärken und Schwächen des eigenen Images und Ursachen für Abweichungen herauszufinden. Es ist entscheidend für ein Unternehmen zu wissen, wie die Images der Konkurrenz aussehen. Anderenfalls könnten die Images einander immer ähnlicher werden, womit sie gerade das einbüßen, was sie so wertvoll macht: ihre differenzierende Funktion.[299] Nur Unternehmen, die die Stärken und Schwächen ihrer Konkurrenz genau kennen, können gezielt Wettbewerbsvorteile entwickeln.

Zwar kommen mittelständische Unternehmen wie *Haribo*, *Brita* und *Würth*, die Weltmarktführer auf ihrem Gebiet sind, ohne formalisierte Systeme zur Wettbewerbsanalyse und ohne systematische Marktforschung aus. Dennoch kennen sie ihre Kunden und Wettbewerber sehr genau. Diese Unternehmen gewinnen ihre Informationen und Erkenntnisse durch Kunden- und Wettbewerbsnähe, da sie in den meisten Projekten auf immer die gleichen Konkurrenten treffen und damit automatisch ein Lernprozess über das Konkurrenzverhalten einsetzt.[300]

Die Wettbewerbsanalyse ist aber nicht unproblematisch. Je mehr die Mitbewerber aufeinander schauen und sich am erfolgreichen Verhalten der Konkurrenz orientieren, desto mehr verlieren sie an Profil. Durch Nachahmung wird kein Unternehmen Marktführer, denn wenn jemand in die Fußstapfen eines anderen tritt, wird er ihn nicht überholen. Dennoch ist die Wettbewerbsbeobachtung wichtig,

---

[297] Vgl. Frank, N.: Das Herstellerimage im Handel, Diss. 1997, S.26ff
[298] Vgl. Ott, W.: Imageanalysen, 1989, S.94 und vgl. Bloos, J.: Marketing, 1989, S.26 und vgl. Fritschle, B.; Frey, T.: Erfolgsfaktor Image, in: Gablers Magazin 05/96, S.24
[299] Vgl. Nowak, H.; Spiegel, B.: Marketing Enzyklopädie, 1974, S.974 und vgl. Zentes, J.: Grundbegriffe des Marketings, 1996, S.155 und vgl. Pues, C.: Image-Marketing, 1994, S.89
[300] Vgl. Simon, H.: Die heimlichen Gewinner, 2000, S.167ff und vgl. Kapferer, C.: Marketing-Wörterbuch, 1988, S. 570 und vgl. Ott, W.: Imageanalysen, 1989, S.94

um zu prüfen, ob ein Vorsprung noch vorhanden ist. Sie als Hauptquelle für Innovationsideen und neue Problemlösungen zu nutzen, ist jedoch gefährlich.[301]

5.2 Die Instrumente der Imagepolitik

Die Imageziele können nur durch nachhaltige und konsequente Ausrichtung aller Instrumente der Imagepolitik, die in Abbildung 5.2 dargestellt sind, erreicht werden.

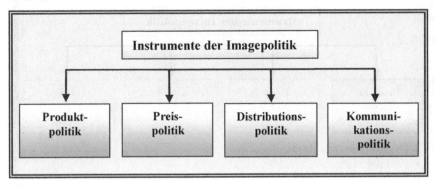

Abb. 5.2: Instrumente der Imagepolitik
Quelle: die Verfasserin

Es ist eine unzulässige und gefährliche Verkürzung der Imagepolitik, wenn diese nur auf die Kommunikationspolitik und einige spezielle Markentechniken beschränkt wird. Bei den Instrumenten der Imagepolitik steht nicht nur die Ausgestaltung der einzelnen Instrumente im Mittelpunkt. Es kommt sowohl auf das ganzheitliche Zusammenwirken der einzelnen Maßnahmen innerhalb jedes Instrumentbereiches, als auch auf die Abstimmung zwischen den einzelnen Bereichen an. Beides soll so optimiert werden, damit keinerlei Widersprüche im Auftreten sichtbar werden.

Das Instrumentarium der Imagepolitik erinnert an die Instrumente des Marketing-Mix. Mit dem Marketing-Mix sollen jedoch Marketing-Ziele erreicht werden, während mit den Instrumenten der Imagepolitik imagepolitische Ziele verfolgt werden. Die Maßnahmen der vier Instrumente werden im Folgenden daher unter ihrer imagebeeinflussenden Wirkung betrachtet.

---

[301] Vgl. Spiegel, B.: Leitlinien für Positionierungen, 1985, S.152 und vgl. Simon, H.: Die heimlichen Gewinner, 2000, S.167ff

5.2.1 Die Produktpolitik

Die Qualität, das Design, der Name und die Marke sowie die Verpackung eines Produkts, sind Faktoren, die bei richtiger Anwendung wirksame kaufbeeinflussende Impulse auf potenzielle Konsumenten ausüben können. Die folgende Grafik gibt einen Überblick über die imagebeeinflussenden Gestaltungsmittel der Produktpolitik.

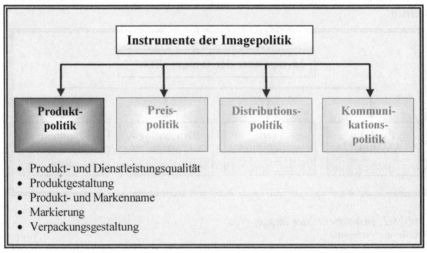

Abb. 5.3: Die Produktpolitik als Instrument der Imagepolitik
Quelle: die Verfasserin

5.2.1.1 Die Produkt- und Dienstleistungsqualität

Durch eine immer stärker werdende Produkthomogenität, vor allem im Bereich der Qualitäts- und Technikeigenschaften der Produkte, erscheint die Produktpolitik zunächst als ein ungeeignetes Instrument der Imageprägung. Trotzdem muss man sich im Klaren darüber sein, dass auch die stärkste Kampagne allein nicht für ein gutes oder besseres Image sorgen kann. Auch wenn die Produkte immer homogener werden, muss die Qualität der Leistung stimmen, sonst nützt auch die beste Darstellung nach außen nichts. Deshalb ist eine gute Qualität „heute für jedes Produkt, das erfolgreich sein will, unabdingbar, genügt aber nicht mehr, um sich vor der Konkurrenz Vorteile zu verschaffen"[302].

---

[302] Weis, H.: Marketing, 2001, S.207

Sollen sich einem Produkt Absatzchancen eröffnen, muss das Image einer Marke, durch welches bestimmte Vorstellungen und Bedürfnisse beim Konsumenten geweckt werden, in der Anwendung des Produkts, durch seine Funktionalität und Qualität bestätigt werden.[303] Ein positives Markenimage entsteht folglich nur, wenn die Substanz der Produkte auch den Ansprüchen der Marke gerecht wird. Entsteht hier eine Divergenz, kommt es zum Imageverlust und die Marke wird im Konkurrenzkampf nicht bestehen können.

Bei Sachgütern äußert sich Qualität in der Funktionstüchtigkeit, Sicherheit, Lebensdauer und Ergonomie. Bei Dienstleistungen machen Zuverlässigkeit, Schnelligkeit und Sicherheit die Qualität aus. Showeffekte reichen nicht aus, auch wenn sie vielleicht kurzfristig erfolgreich sind. Langfristig werden sie durchschaut und erweisen sich für das Unternehmen als Bumerang. Von der Öffentlichkeit werden deshalb nur solche Werbeversprechen akzeptiert, die auch wirklich eingehalten werden. Image ist leistungsabhängig und muss die Wirklichkeit widerspiegeln, um eine größtmögliche positive Wirkung auf das gesellschaftliche Umfeld eines Unternehmens zu erreichen.[304]

Der vom Kunden bzw. der Zielgruppe wahrgenommene Nutzen oder Mehrwert durch das Produkt entscheidet über die Differenzierbarkeit des Unternehmens von den Mitbewerbern und damit über sein Image.

Fehlende Innovationen sowie eine desolate Produktqualität haben bei einigen Unternehmen im Dienstleistungssektor zu einem negativen Image geführt. So leidet z.B. das Image sowohl der *Deutschen Post AG* als auch der *Deutschen Bahn AG* stark unter nicht zufrieden stellenden Leistungen, fehlender Flexibilität und fehlender Innovationskraft.

Ein weiteres negatives Beispiel ist die Traditionsmarke mit dem Blitz: „*Opel* hat schwere Jahre hinter sich. Mangelhafte Qualität ließ den Autobauer an Image verlieren"[305], heißt es in der Absatzwirtschaft. Der *Opel*-Konzern steckt im Imagetief. Seit Jahren sinkt der Markanteil und der Verlust betrug im Jahr 2001 rund 500 Millionen DM.

Gegen dieses schlechte Image will der neue *Opel*-Vorstandsvorsitzende Carl-Peter Forster mit einer Neupositionierung der Markenwerte vorgehen. Der ehemalige *BMW*-Manager weiß, dass deutsche Marken einen weltweit guten Ruf besitzen. *Opel* soll deshalb auch stärker als deutsche Marke betont werden. Von einer deutschen Marke wird jedoch erwartet, dass sie eine fortschrittliche Techno-

---

[303] Vgl. Nieschlag, R.; Dichtl, E.; Hörschgen, H.: Marketing, 1997, S.298

[304] Vgl. Chajet, C.; Shachtman, T.: Image-Design, 1995, S.30 und S.46

[305] Thunig, C., online: Opel auf dem Weg zurück in die 1. Liga, 03.02.2003

logie und einen hohen Qualitätsstandard aufweist.[306] Mit dem neuen Slogan „Frisches Denken für bessere Autos" sollen genau diese Markenwerte vermittelt werden. Dynamik, Kreativität und Vielseitigkeit sollen das neue Markenprofil bilden, die Grundlage ist Qualität. Jeder Mitarbeiter und jeder Partnerbetrieb soll so wieder für den Konzern gewonnen werden.[307] Von einem „Vernunftimage" und der schlechten Qualität möchte sich der angeschlagene Autohersteller verabschieden. „Die Qualität, für die *Opel* steht, soll in allen Bereichen spürbar sein, also auch im Kundenservice und in der Beratung."[308]

Zusammenfassend lässt sich sagen, dass die Produktqualität verbunden mit der Fähigkeit zu Innovation ein sog. Technologieprofil des Unternehmens bildet und darüber das Image des Unternehmens immens beeinflusst.[309]

5.2.1.2 Die Produktgestaltung

Der erste Eindruck von einem Produkt wird durch sein Äußeres vermittelt, lange bevor der Konsument z.b. die Qualität oder Funktionsfähigkeit beurteilen kann. Das Äußere muss den potenziellen Verbraucher für das Produkt gewinnen. Dies ist nicht nur bei Konsumgütern der Fall, sondern in gleicher Weise bei Gebrauchs- und Investitionsgütern wie PKW, PC, Fotoapparaten, etc. Bei technischen Produkten sind die Möglichkeiten der Formgebung grundsätzlich begrenzter als bei Konsumgütern.[310]

Die Form soll helfen, das Produkt zu erklären und beim Konsumenten bestimmte Assoziationen zu wecken. Die Gestaltung gewinnt zunehmend an Bedeutung, weil sich in vielen Märkten die funktionalen Produktmerkmale in hohem Maße einander angeglichen haben und damit kein ausreichendes Differenzierungspotenzial bieten.[311]

5.2.1.3 Der Produkt- und Markenname

Der Produktname hat oft entscheidenden Einfluss über Erfolg oder Misserfolg des Produkts. Erst der Name „individualisiert" das Produkt, lässt eine Unterscheidung zu und lässt es als „einmalig" und „einzigartig" erscheinen. Der Name soll einen hohen Aufmerksamkeits- und Erinnerungswert haben, leicht auszusprechen und

[306] Vgl. Lamparter, D., online: Ein ehemaliger BMW-Mann soll Opel flottmachen, 03.02.2003
[307] Vgl. Thunig, C., online: Opel auf dem Weg zurück in die 1. Liga, 03.02.2003
[308] Ebenda
[309] Vgl. Apitz, K.; Benad, G.; Poth, L.: Image-Profile, 1987, S.34f
[310] Vgl. Weis, H.: Marketing, 2001, S.255
[311] Vgl. Meffert, H.: Marketing, 1998, S.428 und vgl. Weis, H.: Marketing, 2001, S.255

einprägsam sein und positive Assoziationen hervorrufen. Diese Kriterien zeichnen einen perfekten Markennamen aus.[312]

Um nun eine Marke erfolgreich auf dem Markt zu etablieren, ist ein perfekter Markenname von großer Bedeutung. Er kann einer Marke ein lebenslanges Image auf dem Markt verschaffen, da die meisten Kunden über Mundpropaganda zum ersten Mal von einer Marke hören. Nach einer Umfrage in Nordamerika wurden 95 % aller verkauften Produkte von Kunden nicht erkannt, wenn zuvor die Verpackung mit dem Markennamen entfernt wurde. Der Markenname leistet somit die erste Qualitätsbeurteilung und weckt das Kundeninteresse.[313]

5.2.1.4 Die Markierung

Ein besonders wichtiges Instrument der Imagebeeinflussung stellt die Markierung dar. Sie wurde in Kapitel 4 bereits untersucht und soll deshalb an dieser Stelle nur erwähnt werden.

5.2.1.5 Die Verpackungsgestaltung

Eine Schlüsselfunktion bei der Ansprache und Information der Öffentlichkeit kommt der Produktverpackung zu. Sie ist heute ein wesentliches Instrument im Rahmen der Produktpolitik. Neben der Schutzfunktion gegen Beschädigungen und einer logistischen Funktion des Transports, soll die Produktverpackung vor allem den Betrachter ansprechen, die Produktvorteile hervorheben und nicht zuletzt auch den Wiedererkennungswert im Einkaufsregal sicherstellen. Durch die Selbstpräsentation der Verpackung und die gezielte Verpackungsgestaltung wird der Verkaufsvorgang erleichtert und gefördert. Das ist ganz besonders auf Märkten mit homogenen Produkten der Fall.[314] Eine weitere wichtige Funktion hat die Verpackung im Rahmen der Verkaufsförderung. Durch eine gelungene Verpackungsgestaltung kann insbesondere die Differenzierung der Marke gegenüber konkurrierenden Produkten erreicht werden.[315] „Oft bestimmt die werbliche Gestaltung der Verpackung stärker das Image eines Produkts als sein Inhalt."[316]

---

[312] Vgl. Weis, H.: Marketing, 2001, S.258

[313] Vgl. Delano, F.: Brand Slam: The Ultimate Hit in the Game of Marketing, 2001, S.44

[314] Vgl. Weis, H.: Marketing, 2001, S.268 und vgl. Meffert, H.: Marketing, 1998, S.442

[315] Vgl. Meffert, H.: Marketing, 1998, S.441

[316] Weis, H.: Marketing, 2001, S.268

Die Verpackung hat folglich viele Funktionen zu erfüllen. Die wichtigsten davon im Überblick:[317]

- Schutz- und Bewahrung
- Optimale Distributionsfähigkeit
- Produktidentifizierung
- Produktdifferenzierung
- Wertausdruck der Ware
- Selbstpräsentation
- Kaufaufforderung
- Information und Gebrauchsanleitung
- Imagebildung und -wirkung

Die Verpackungspolitik hat sich auch auf die wachsenden ökologischen Anforderungen der Konsumenten auszurichten. Folgende Maßnahmen bieten sich an, um eine umweltfreundliche Verpackungspolitik zu realisieren:

- Verzicht auf überdimensionierte Verpackung (Abfallvermeidung)
- Steigerung der Mehrfachverwendung von Verpackungen (Pfandsysteme)
- Verbesserung der Recyclingfähigkeit der Verpackungsmaterialien (Monomaterialien)[318]

Eine besondere Herausforderung bei der Verpackungsgestaltung von Markenartikeln ist den richtigen Mix aus Aktualität und Kontinuität zu finden. Dabei gilt es, neue Geschmackspräferenzen der Konsumenten ebenso zu berücksichtigen wie neue Umweltschutz- und Entsorgungsanforderungen bei der Auswahl der richtigen Verpackungsmaterialien. Der Wiedererkennbarkeit der Marke kommt dabei höchste Priorität zu.[319]

Zum Image eines Produkts gehören folglich die Verpackung und deren farbliche Gestaltung. Weshalb die farbliche Gestaltung für Kunden einen hohen Stellenwert hat, zeigt folgendes Beispiel:

Ein Waschmittelfabrikant ließ die Verpackung seines sehr bekannten und gut eingeführten Waschmittels neu gestalten. Aus einer Vielzahl von Verpackungsentwürfen wurden drei als die besten ausgewählt. Eine Untersuchung sollte zeigen,

---

[317] Vgl. Weis, H.: Marketing, 2001, S.268
[318] Vgl. Meffert, H.: Marketing, 1998, S.443f
[319] Vgl. Meffert, H.: Marketing, 1998, S.444

welcher Entwurf bei den Hausfrauen die positivsten Reaktionen auslöst. Zu diesem Zweck wurden an 2000 Hausfrauen je drei Probepakete gesandt. Jedes dieser Pakete enthielt das gleiche Waschmittel. Der Test führte zu einem interessanten Ergebnis: Das Waschmittel in der ersten Packung (außerordentlich modern, gelb, und rot gestaltet) wurde mehrheitlich als zu stark und zu aggressiv (Beschädigung der Feinwäsche) beurteilt. Der Inhalt des zweiten Paketes, grafisch eher konservativ, zurückhaltend und in blau gehalten, wurde eher als zu schwach, zu wenig waschaktiv (wäscht nicht sauber) bewertet. Das dritte Waschmittel grafisch weder modern noch konservativ verpackt, in den Farben blau und gelb, wurde eindeutig als das beste Waschmittel charakterisiert. Mehrheitlich wurde es als gut, waschaktiv, weiß, blendend weiß, schonend usw. eingestuft. Deshalb wurde die dritte Packung gewählt.[320]

Solche Untersuchungen wurden mit verschiedenen Probanden und unterschiedlichen Kriterien sowie Produkten durchgeführt. Das Ergebnis zeigt, dass spezifische Verpackungen beim Konsumenten ganz bestimmte Vorstellungen wecken, die zum Kauf eines bestimmten Produkts führen. Damit wird die Verpackung zum Wettbewerbsvorteil, wenn es dem Unternehmen gelingt, ein Produkt durch eine ansprechende Verpackung begehrenswert erscheinen zu lassen.[321]

5.2.2 Die Preispolitik

Im Rahmen der Preispolitik wird analysiert, warum Konsumenten bereit sind, für Produkte mit gutem Image mehr zu bezahlen. Es wird der *Snob-Effekt* hoher Preise beleuchtet. Besonders interessiert in diesem Kapitel die Reaktion der Konsumenten auf den Preis. Einen hohen Stellenwert nimmt dabei der Prozess der *Preisbeurteilung,* die Analyse sog. *psychologischer Preise* sowie der *Preis als Qualitätsindikator* ein.

---

[320] Vgl. Huber, K.: Image, 1990, S.39

[321] Vgl. Nieschlag, R.; Dichtl, E.; Hörschgen, H.: Marketing, 1997, S.240

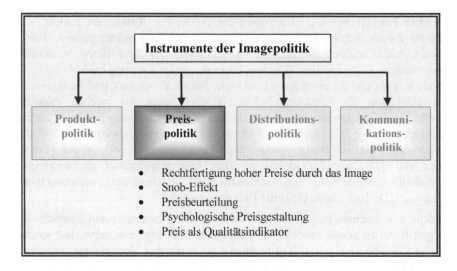

Abb. 5.4: Die Preispolitik als Instrument der Imagepolitik
Quelle: die Verfasserin

Die Preisgestaltung stellt ein wichtiges Element in der Imageplanung und Image-politik dar. Der Preis und die richtige Preisstellung werden häufig allein dem Rechnungswesen überlassen. Doch der Preisgestaltung muss wesentlich mehr Aufmerksamkeit geschenkt werden, da sich Produktpreise direkt auf das Image auswirken.[322]

5.2.2.1 Die Rechtfertigung hoher Preise durch das Image

In der Preispolitik geht es für Unternehmen vor allem um die Frage, ob die Produkte bei entsprechend positivem Markenimage unabhängig vom Preis ab-gesetzt werden können.

Grundsätzlich geht man davon aus, dass der Verbraucher eher ein preiswerteres Produkt kaufen wird. Bei traditionell teuren Produkten und Dienstleistungen stimmt das jedoch nicht, da hier eine Herabsetzung dem Geschäft schadet. Nach der Übernahme *Tiffanys* durch *Avon* entschied sich das Unternehmen, zusätzlich ein preiswerteres Sortiment anzubieten. Dieses verkaufte sich zwar gut, fügte aber dem eigentlichen Geschäft, dem Verkauf von sehr teuren Uhren, Schmuck und Silber, hohen Schaden zu.[323] Die Begründung ist einfach: „Wer kauft schon gerne

---

[322] Vgl. Huber, K.: Image, 1990, S.24f
[323] Vgl. Chajet, C.; Shachtman, T.: Image-Design, 1995, S.47f

eine Halskette für 100.000 Dollar, die denselben Namen trägt und im selben Geschäft, in der gleichen klassischen blauen Schachtel verpackt wird, wie eine Anstecknadel für 25 Dollar? Ein Marktforscher sagte einmal: ‚Niemand kauft ein Parfum bei *Tiffanys* wegen des Duftes. Was die Leute wirklich wollen, sind der Name und die blaue Schachtel.' (Forbes, 6.Februar 1989)."[324]

Das Marken- und Preisbewusstsein ist je nach Warengruppe unterschiedlich.[325] Viele Konsumenten sind nicht bereit, für qualitativ gleichwertige Produkte mehr zu bezahlen als für Produkte, die in ihren Qualitätseigenschaften gleich sind und in ihren Verwendungseigenschaften denselben objektiven Nutzen stiften. Es müssen andere Anreize geschaffen werden, um den höheren Preis zu rechtfertigen und so den Konsumenten vom Kauf zu überzeugen. Der Konsument akzeptiert Preisunterschiede, wenn sie durch das Image als gerechtfertigt empfunden werden.[326] Der Käufer muss vom Preis-Leistungsverhältnis überzeugt sein. Das positive Image hilft dabei den bezahlten Preis zu rechtfertigen. Das Image des Produkts wird dabei so stark aufgewertet, bis der Preis gerechtfertigt erscheint. Die emotionalen Aspekte, die beim Kauf dieses Produkts als Zusatznutzen gesehen bzw. mit dem Besitz des Produkts erwartet werden, entkräften den bezahlten Kaufpreis.[327] Die Mehrausgaben werden durch Emotionen, welche der Besitz des Produkts auslöst relativiert. Die eigentliche Leistung bzw. der eigentliche Nutzen des Produkts wird aufgewertet.

Konsumenten reagieren wesentlich weniger preisempfindlich, wenn sie dem Produkt mehr Qualität, Prestige und Exklusivität zuschreiben.[328] Denn was nichts kostet, kann auch nichts wert sein.

5.2.2.2 Der Snob-Effekt

Es ist für den Besitzer eines Chronographen von *Rolex* unvorstellbar, dass sich jeder diese Uhr leisten kann. Dieser Zeitmesser ist ein Luxusgut und soll auch als solches vom Umfeld erkannt, anerkannt und respektiert werden. Die Zielgruppe von *Rolex* ist gesondert zu betrachten. Prestige und Preis bilden eine Symbiose, die sich im Image des Produkts ausdrückt. Der Kunde wünscht in diesem Fall sogar einen hohen Preis, um sich von anderen Konsumenten abheben zu können. Man soll erkennen, dass es genügend „Kleingeld" besitzt. Deshalb spricht man auch von einem *Snob-Effekt*. Der höhere Preis wird für den Konsumenten zur

---

[324] Chajet, C.; Shachtman, T.: Image-Design, 1995, S.48

[325] Vgl. Esch, F; Wicke, A.: Herausforderungen und Aufgaben des Markenmanagements, 1999, S.42ff

[326] Vgl. Sommer, R.: Psychologie der Marke. Die Marke aus Sicht des Verbrauchers, 1998, S.33

[327] Vgl. Sommer, R.: Psychologie der Marke. Die Marke aus Sicht des Verbrauchers, 1998, S.150

[328] Vgl. Kotler, P.; Bliemel, F.: Marketing-Management, 1999, S.825

Differenzierungsmöglichkeit. Es kann sogar soweit gehen, dass die Absatzmenge mit dem Preis steigt. *Rolex ist es* gelungen, über das Image eine gewisse Preisunabhängigkeit des Produkts und damit eine geringere Preissensitivität zu erreichen.

5.2.2.3 Die Preisbeurteilung

Ein weiterer Aspekt des Preisbewusstseins betrifft die Preisbeurteilung und damit den kognitiven Prozess der Wahrnehmung und Verarbeitung von Preisinformationen. Für die Kaufentscheidung der Konsumenten ist nicht der objektive Preis eines Produkts entscheidend sondern die subjektive Bewertung des Preises. In diesem Zusammenhang ist zwischen *Preisgünstigkeitsurteilen* und *Preiswürdigkeitsurteilen* zu differenzieren.[329]

Mit einem *Preisgünstigkeitsurteil* bewertet der Konsument ausschließlich den Preis und berücksichtigt nicht die Qualität bzw. den Leistungsumfang des jeweiligen Gutes. Dieses Verhalten ist bei der Preisbeurteilung von für den Konsumenten austauschbaren Produkten zu beobachten, die in verschiedenen Einkaufsstätten zu unterschiedlichen Preisen angeboten werden. Das Preisgünstigkeitsurteil hat große Bedeutung für die Beurteilung von Einkaufsstätten und damit der Imagepolitik von Handelsbetrieben (z.B. *Aldi*).[330]

Preiswürdigkeitsurteile betreffen das *Preis-Leistungs-Verhältnis* eines Produktangebotes. Die Preiswürdigkeit drückt das Verhältnis zwischen wahrgenommenem Produktnutzen und zu zahlendem Preis aus. Somit wird sie von Art und Ausmaß des subjektiv empfundenen Produktnutzens beeinflusst. Preiswürdigkeitsurteile sind zumeist mehrdimensionale Bewertungsprozesse, in die auch vom Konsumenten wahrgenommene Teilnutzen der Produkte einfließen. Für die Anbieter sind besonders die den Preiswürdigkeitsurteilen zugrunde liegenden Urteilstechniken (kompensatorisch versus nicht-kompensatorisch) von Bedeutung. Sie geben Aufschluss darüber, inwiefern eine isolierte Variation des Preises oder eine gemeinsame Veränderung von Preis und einzelnen oder allen Leistungseigenschaften zum gewünschten Erfolg führt.[331]

5.2.2.4 Die psychologische Preisgestaltung

Eine Analyse des Preisbewusstseins und der Art der Preisbeurteilung ermöglicht Herstellern und Händlern, gezielt preispolitische Maßnahmen zu ergreifen.[332] Denn die Wahrnehmung von Preisangaben kann durch Manipulation der äußeren

---

[329] Vgl. Meffert, H.: Marketing, 1998, S.485
[330] Vgl. ebenda
[331] Vgl. Meffert, H.: Marketing, 1998, S.485
[332] Vgl. ebenda

Form der Nennung beeinflusst werden.[333] In diesem Zusammenhang spricht man von *psychologischer Preisgestaltung*. Damit werden alle Maßnahmen bezeichnet, die versuchen Produkte oder Dienstleistungen für den Käufer preiswerter erscheinen zu lassen als sie effektiv sind.[334]

Es wurde festgestellt, dass Preise, die unterhalb *runder* Preise liegen, vom Konsumenten als „preiswerter" empfunden werden als *runde* Preise selbst.[335] Im Lebensmittelbereich werden beispielsweise alle Preise, die auf volle 10 Cent lauten, als *runde* Preise bezeichnet (1,40 Euro). Preise, die mit der Ziffer 1 bis 9 enden, werden als *gebrochene* Preise bezeichnet. Unter *glatten* Preisen versteht man solche, die auf volle Euro-Beträge enden (10 Euro).[336]

Der *psychologischen Preisgestaltung* liegt folgende Hypothese zugrunde: Verbraucher rechnen Preise jeweils dem Bereich der erstgenannten Ziffer zu. 9,95 Euro also eher dem Neun-Euro-Bereich als dem Zehn-Euro-Bereich zu. Die Nachfrage reagiert also auf solche Preise vergleichsweise elastisch.[337] Diese älteste Methode psychologischer Preisstellung, die Berücksichtigung von Preisschwellen, findet man bei den meisten Verbrauchs- und Gebrauchsgütern.[338]

In empirischen Untersuchungen wurde festgestellt, dass bis zu 91,7 % der Waren im Einzelhandel mit einem Preis versehen sind, der mit der Ziffer 9 endet. Es konnte auch die Existenz von Glattpreisschwellen nachgewiesen werden. Das Überschreiten von Glattpreisschwellen führt zu erheblichen Absatzeinbußen. Neuere Untersuchungen im Einzelhandel zeigen, dass ein Verzicht auf *gebrochene* Preise nicht zu Absatzeinbußen führt, weil Konsumenten *runde* Preise grundsätzlich als „ehrlicher" wahrnehmen. Die bewusste psychologische „Irreführung" durch *gebrochene* Preise wird mittlerweile vom Konsumenten durchschaut. Dadurch können *runde* Preise das Preisimage verbessern und die für eine Einkaufsstätte empfundene Sympathie erhöhen.[339]

5.2.2.5 Der Preis als Qualitätsindikator

Konsumenten sind aufgrund der Vielfalt und Komplexität des Güterangebotes nicht in der Lage, ein objektives Urteil über die Qualität der einzelnen Produktalternativen zu treffen.[340] Deshalb richten Verbraucher in vielen Fällen ihre Be-

---

[333] Vgl. Nieschlag, R.; Dichtl, E.; Hörschgen, H.: Marketing, 1997, S.333
[334] Vgl. Weis, H.: Marketing, 2001, S.326
[335] Vgl. ebenda
[336] Vgl. Meffert, H.: Marketing, 1998, S.485
[337] Vgl. Nieschlag, R.; Dichtl, E.; Hörschgen, H.: Marketing, 1997, S.333
[338] Vgl. Weis, H.: Marketing, 2001, S.326
[339] Vgl. Meffert, H.: Marketing, 1998, S.485f
[340] Vgl. Meffert, H.: Marketing, 1998, S.486

urteilung über Kauf oder Nichtkauf eines Produkts an der Höhe des Preises aus.[341] Dabei gehen die Konsumenten nach der Devise vor: teuer ist gut und billig folglich minderwertig.

Dieses Verhalten hat unterschiedliche Gründe:[342]

- Der Preis ist eine eindimensionale Größe, die Produktqualität hingegen ist komplex und vielschichtig. Für die Konsumenten ist es deshalb wesentlich einfacher und schneller, alternative Produktangebote über den Preis zu vergleichen.[343]

- Für den Verbraucher sind die Produktionskosten der Haupteinflussfaktor des Produktpreises. Hohe Preise sind für ihn ein Indikator für die Verwendung besonders teurer Materialien oder einer aufwändigen Fertigung und Kontrolle, die er als Voraussetzung für hohe Qualität ansieht.[344]

- Der Preis wird auch deshalb als Qualitätsindikator benutzt, weil Konsumenten oftmals die Erfahrung gemacht haben, dass hohe Preise tatsächlich mit guten Produktqualitäten korrelieren. So sind z.B. Kunden von *Miele*-Geräten für die mittlerweile sprichwörtliche Qualität auch bereit die erforderlichen Preise zu bezahlen.[345]

- Der Konsument zieht die preisabhängige Qualitätsbeurteilung am häufigsten beim Kauf risikobehafteter Produkte heran. Bei Auftreten eines subjektiv empfundenen Kaufrisikos versuchen die Konsumenten durch eine preisabhängige Qualitätsbeurteilung, das vor dem Kauf empfundene Risiko zu vermindern. Die Höhe des Risikos und damit die Intensität der preisabhängigen Qualitätsbeurteilung wird von einer Vielzahl motivationaler, kognitiver und situativer Faktoren bestimmt.[346]

Es lässt sich festhalten, dass zwischen dem Preis und den Qualitätsvorstellungen der Kunden eine enge Verbindung besteht. Der Preis ist ein Signal für die Wertigkeit und die Positionierung des Produkts. Sein Einfluss als visuelles Kommunikationsinstrument und als Bewertungsmaßstab, wird jedoch oft unterschätzt. Sowohl ein „zu teures" als auch ein „zu preiswertes" Produkt kann schädlich sein.[347]

---

[341] Vgl. Weis, H.: Marketing, 2001, S.309

[342] Vgl. Meffert, H.: Marketing, 1998, S.486

[343] Vgl. ebenda

[344] Vgl. Meffert, H.: Marketing, 1998, S.486 und vgl. Nieschlag, R.; Dichtl, E.; Hörschgen, H.: Marketing, 1997, S.336

[345] Vgl. Meffert, H.: Marketing, 1998, S.486

[346] Vgl. ebenda

[347] Vgl. Sarasin, W.: Produkt-Design, Produkt-Identität, Corporate Identity, 1998, S.193f

Die Kenntnis preisabhängiger Qualitätsbeurteilung hat unterschiedliche Einflüsse auf die Wahl der Preispolitik. Die Wahl des optimalen Einführungspreises bei Neuprodukten wird von Preis-Qualitäts-Irradiationen (Ausstrahlungseffekte) erheblich beeinflusst. Konsumenten neigen dazu, gerade bei neuen Produkten preisabhängige Qualitätsbeurteilungen vorzunehmen. Dies eröffnet sowohl Herstellern als auch Handelsunternehmen einen erheblich größeren Preisspielraum, insbesondere auf Märkten, wo starke Marken bisher fehlen, die Qualitätsbeurteilung für Konsumenten besonders schwierig und der Kauf mit sozialen und ökonomischen Risiken verbunden ist.[348]

Treten in einer Produktgruppe Preis-Qualitäts-Irradiationen auf, ist der Preis ein entscheidendes Instrument zur Imagesteuerung. Bei strategischen Preisentscheidungen ist deshalb eine Preis-Image-Konsistenz anzustreben. Bei *McKinsey* z.B. besteht eine solche Preis-Image-Konsistenz. In dem hohen Preis des Beratungsunternehmens sind nicht nur die Kosten sondern auch der Wertschätzungsfaktor der Dienstleistungen enthalten.[349]

Ein Beispiel für eine fehlende Preis-Image-Konsistenz war die Einführung des Sportwagens *Corrado* unter der Marke *VW*. Der sehr hohe absolute Preis des Fahrzeugs in Verbindung mit der Positionierung als Sportwagen passte nicht zum Markenimage von *VW*. Denn *VW* ist durch Eigenschaften wie Wirtschaftlichkeit (Unterhaltungskosten), Bodenständigkeit, Vernunft, Umweltfreundlichkeit und Sicherheit geprägt.[350]

5.2.3 Die Distributionspolitik

Die Distributionspolitik hat in mehrfacher Hinsicht einen wichtigen Einfluss auf das Image. Im Vordergrund steht dabei die *Wahl der Absatzwege* und eng damit verbunden die *Präsentation der Produkte am Point of Sale*. Eine weitere wichtige Stellschraube zur Imagegestaltung ist die *Lieferzuverlässigkeit*.

---

[348] Vgl. Meffert, H.: Marketing, 1998, S.486
[349] Vgl. Chajet, C.; Shachtman, T.: Image-Design, 1995, S.47
[350] Vgl. Meffert, H.: Marketing, 1998, S.486

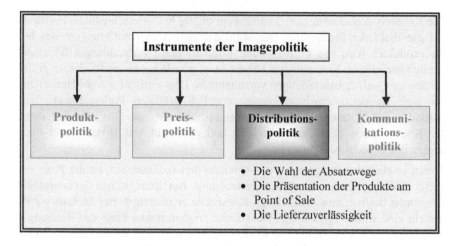

Abb. 5.5: Die Distributionspolitik als Instrument der Imagepolitik
Quelle: die Verfasserin

5.2.3.1 Die Wahl der Absatzwege

Für die Imagegestaltung ist die Wahl der Absatzwege von Bedeutung, weil sie Bereiche wie die Preisgestaltung, die Werbegestaltung, den Kundendienst und den Service beeinflusst. Zur besseren Strukturierung der Absatzkanäle wird zwischen *vertikaler* und *horizontaler Absatzkanalstruktur* unterschieden. Abbildung 5.6 zeigt die alternativen Absatzwege und Vertriebsformen im Überblick.[351]

---

[351] Vgl. Meffert, H.: Marketing, 1998, S.582f

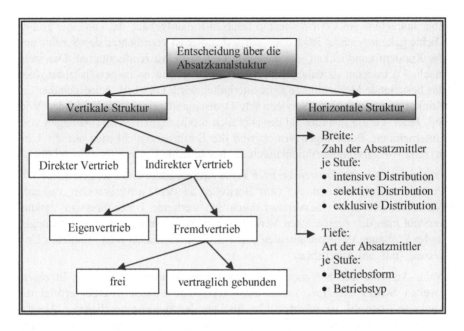

Abb. 5.6: Entscheidungstatbestände bei der Festlegung der Absatzkanalstruktur
Quelle: Meffert, H.: Marketing 1998, S.597

Zur Festlegung der *vertikalen Absatzkanalstruktur* muss der Hersteller eine Auswahl zwischen den Absatzstufen treffen. Die Art und Anzahl dieser Stufen bestimmen die *Länge des Absatzweges* zwischen Hersteller und Endverbraucher. Der Absatzkanal ist umso länger, je größer die Zahl der Absatzmittler zwischen Hersteller und Endkonsumenten ist. Damit verbunden ist die Entscheidung über den direkten oder indirekten Vertrieb.[352]

Beim *indirekten Vertrieb* werden Einzel- und/oder Großhändler sog. Absatzmittler in den Absatzweg eingeschaltet. Sie können entweder eigene oder fremde Verkaufsorgane sein. Der Fremdvertrieb erfolgt durch rechtlich selbstständige Absatzmittler, die entweder durch längerfristige gegenseitige Vereinbarungen gebunden sind oder aber frei und ohne vertragliche Vereinbarungen die Produkte des Unternehmens vertreiben. Die vertraglichen Vereinbarungen beschneiden die Freiheitsgrade der Absatzmittler und gewährleisten somit, dass die Marketingpolitik des Herstellers im Absatzkanal besser durchgesetzt wird.[353] *VW* hat sich

---

[352] Vgl. Meffert, H.: Marketing, 1998, S.597
[353] Vgl. Meffert, H.: Marketing, 1998, S.597f

über Jahrzehnte ein Vertriebsnetz in Deutschland aufgebaut, das von einer großen Dichte gekennzeichnet ist. Jeder Vertragshändler ist verpflichtet, den Service und die Kundenfreundlichkeit, die diese Marke vertritt, zu repräsentieren. Das technische Fachwissen ist dabei Grundvoraussetzung. Nur so ist gewährleistet, dass das bestehende Markenimage aufrechterhalten wird. Dies bedeutet gegenüber der Konkurrenz in der sog. „Servicewüste Deutschland" einen entscheidenden Vorteil. Jeder Vertragshändler hat deshalb auch diesbezüglich genaue Auflagen vom Unternehmen. Beim Eigenvertrieb sind die Einflussmöglichkeiten auf die Umsetzung von Imagemaßnahmen durch das herstellende Unternehmen noch höher.

Dagegen sind beim *direkten Vertrieb* keine Absatzmittler zwischengeschaltet. Die Produkte werden also direkt vom Hersteller an den Endverbraucher verkauft, typischerweise beim Hausverkauf durch den Vertreter. Unter direktem Verkauf versteht man den persönlichen Verkauf von Konsumgütern und Dienstleistungen in der Wohnung des Konsumenten sowie in wohnungsnaher oder -ähnlicher Umgebung (z.B. am Arbeitsplatz).[354]

Nach Auswahl der geeigneten vertikalen Absatzkanalstruktur muss in einem zweiten Schritt die *Horizontalstruktur* festgelegt werden. Hierbei erfolgt die konkrete Auswahl der Absatzmittler für jede der zwischengeschalteten Absatzstufen. Mit der Breite und Tiefe des Absatzweges werden zwei Grunddimensionen festgelegt. Die *Breite* bezieht sich auf die Anzahl der Absatzmittler je Absatzstufe, die *Tiefe* wird von der Art der Absatzmittler bestimmt. Grundsätzlich nimmt mit steigender Heterogenität der selektierten Absatzmittler (z.B. Vertrieb über den klassischen Fachhandel, Fachmärkte und Warenhäuser) die Tiefe des Absatzkanals zu.[355]

Die Entscheidung über Breite und Tiefe des Absatzkanals lässt eine Vielzahl unterschiedlicher horizontaler Absatzkanalstrukturen zu. Grundsätzlich lassen sich dabei drei generische Ausgestaltungsformen nach dem Kriterium der angestrebten Distributionsintensität unterscheiden:[356]

- Mit der *intensiven* Distribution wird ein hoher Distributionsgrad angestrebt (*Universalvertrieb*), bei dem die Produkte möglichst überall erhältlich sein sollen (Ubiquität). Deshalb nimmt der Hersteller weder eine quantitative noch eine qualitative Beschränkung der Absatzmittler vor. Diese Art der Dis-

---

[354] Vgl. Meffert, H.: Marketing, 1998, S.598
[355] Vgl. Meffert, H.: Marketing, 1998, S.599
[356] Vgl. ebenda

tribution wird in erster Linie bei Gütern des täglichen Bedarfs (z.b. Brot, Zigaretten, Getränke) praktiziert.[357]

- Bei der *selektiven* Distribution hingegen werden die Absatzmittler hauptsächlich nach qualitativen Kriterien ausgewählt. Auswahlkriterien sind dabei bestimmte Anforderungen an die Ausstattung der Absatzmittler (z.b. Geschäftsgröße, Kundendiensteinrichtungen, Geschäftslage) aber vor allem auch der Grad der Marketingunterstützung seitens des Absatzmittlers (z.b. Kooperationsbereitschaft, Preisaktivitäten). Häufig wird in der Praxis auch die Abnahmemenge als Selektionskriterium herangezogen.[358]

- Einen Sonderfall der selektiven Absatzmittlerauswahl stellt die *exklusive* Distribution dar. Dabei werden die Absatzmittler nicht nur qualitativ sondern auch hinsichtlich ihrer Quantität beschränkt. Im Extremfall führt dies zu gebietsbezogenen Exklusiv-Verträgen (z.b. bei Kosmetika, hochwertiger Bekleidung und Möbeln) mit einzelnen Absatzmittlern. Der Hersteller hat bei dieser Distributionsart bessere Kontrollmöglichkeit über die Preise.[359]

Die *selektiven* und *exklusiven* Distributionswege stellen ein entscheidendes Instrument zur Steuerung des Images dar, weil sie dem Hersteller ermöglichen, dass die angestrebten Imagemaßnahmen wie Preis, Serviceleistungen und Marketingunterstützung auch beim Endverbraucher in gewünschter Weise ankommen. Es kann also über die Wahl des Absatzweges das Image gesteuert werden, z.b. wird der Markenwert von Premium- und Luxusmarken gerade dadurch gefördert, dass sie eben nicht überall erhältlich sind.[360]

5.2.3.2 Die Präsentation der Produkte am Point of Sale

Die Wahl des Absatzweges wird auch durch die Präsentationsmöglichkeit der Produkte am Point of Sale beeinflusst. Die Struktur des Vertriebssystems hat einen entscheidenden Einfluss auf das Erscheinungsbild des Produkts am Verkaufsort. Der Hersteller weiß genau, wie sein Produkt am Besten präsentiert werden soll. Dies gilt nicht nur hinsichtlich der Preisgestaltung, sondern auch in Bezug auf Betriebsstättenwahl, Gebäudearchitektur, Innenausstattung, Zugänglichkeit, Farb- und Lichtverhältnisse und die Platzierung im Sortimentsumfeld. Alle Faktoren werden vom Konsumenten wahrgenommen und tragen – wenn auch oft unbewusst – zur Imagebildung bei.[361] So hat *Gucci* bei der Präsentation

---

[357] Vgl. Meffert, H.: Marketing, 1998, S.599
[358] Vgl. ebenda
[359] Vgl. ebenda
[360] Vgl. Meffert, H.: Marketing, 1998, S.583
[361] Vgl. Meffert, H.: Marketing, 1998, S.603

seiner Produkte immer auf einen eleganten und exklusiven Auftritt gesetzt. Die
Boutiquen wurden deshalb mit entsprechend edlen Materialien luxuriös gestaltet.
Es wird zum Beispiel viel Glas und Gold verwendet. Oder das Stuttgarter „Welt-
stadthaus" *Peek & Cloppenburg* will durch die Wahl der Materialien – ge-
schliffener heller Muschelkalk, poliertes Aluminium und viel Glas – dem Zeitgeist entsprechen. Es soll eine leicht wieder zu erkennende, aber unaufdringliche
Individualität und eine großstädtische Atmosphäre vermittelt werden.[362]

5.2.3.3 Die Lieferzuverlässigkeit

Die Lieferzuverlässigkeit hat großen Einfluss auf die Kundenzufriedenheit und
somit auch auf das Image von Produkten und Marken. Besonders Lieferver-
zögerungen, als negative Variante der Lieferzuverlässigkeit, können beim Konsumenten zur erheblichen Verärgerung und im schlimmsten Fall zum Markenwechsel führen. Wenn neue Produkte eingeführt werden, die mit massiven
Kommunikationsmaßnahmen unterstützt und bekannt gemacht werden aber vom
Konsumenten nirgendwo gekauft werden können, laufen im besten Fall nur die
Kommunikationsmaßnahmen ins Leere. Wahrscheinlicher ist aber, dass der
Konsument nach mehreren vergeblichen Kaufversuchen sich nach einer Alternative umsieht oder von einem professionellen Verkäufer eine Alternative
empfohlen bekommt. Ist der Konsument mit dieser Alternative zufrieden, wird er
diesem Produkt treu bleiben. Dieser Kunde ist dann für das Unternehmen verloren. Leider passiert dies auch gut aufgestellten Firmen mit hervorragendem
Image. So warb z.B. Beiersdorf für die neue Nagellackserie *Strong and Pastel*
von *Nivea Beauté*, die aber wochenlang in keiner Drogerie erhältlich war. Auch
die neu eingeführte Eiscreme *Crema di Mascarpone* von *Langnese* gab es in
keinem Supermarkt zu kaufen. Eine derartige Verärgerung der Konsumenten lässt
sich durch eine bessere Abstimmung zwischen der Marketing- und Distributions-
abteilung des anbietenden Unternehmens im Vorfeld verhindern.

5.2.4 Die Kommunikationspolitik

Der Kommunikationspolitik kommt im Rahmen der Imagepolitik eine zentrale
Rolle zu, weil den Konsumenten über kommunikative Maßnahmen eine Marken-
oder Unternehmenspersönlichkeit sowie die unverwechselbare Identität der
Marke oder des Unternehmens, vermittelt werden kann. In einer Zeit, in der die
Produkte immer homogener werden, bietet die Kommunikation eine Möglichkeit
Produkte und Marken zu differenzieren und zu profilieren. Damit ist ein Wandel

---

[362] Vgl. Mack, D.: Fassadenkosmetik in der Königstraße, in: Stuttgarter Zeitung vom 02.04.02, S.23

vom Produktwettbewerb zum Kommunikationswettbewerb zu beobachten.[363] Dem Ziel der Differenzierung durch Kommunikation kommt eine herausgehobene Bedeutung zu. „Dahinter steht die Aufgabe, durch Verwendung geeigneter Positionierungstechniken eine Unique Advertising Proposition (UAP) und einen eigenständigen Kommunikationsauftritt zu erlangen."[364]

Die Kommunikationspolitik beschäftigt sich mit der bewussten Gestaltung der auf den Absatzmarkt gerichteten Informationen eines Unternehmens zum Zweck der Steuerung von Kenntnissen, Einstellungen und Verhaltensweisen der Marktteilnehmer.

Mit der Kommunikationspolitik werden folgende Ziele verfolgt:[365]

- Information über Existenz und Vorteile eines Produkts bzw. einer Marke,

- Erlangung, Erhaltung und Erhöhung des Bekanntheitsgrades,

- Weckung von Bedürfnissen nach einem Produkt,

- Aufbau, Pflege und Korrektur von Images,

- Beeinflussung der Konsumenteneinstellung zum Produkt bzw. der Marke,

- Weckung von Emotionen und Schaffung von Erlebniswelten für Produkte bzw. Marken,

- Beeinflussung der Kaufabsicht der Konsumenten,

- Erleichterung der Kaufentscheidung der Konsumenten und

- Differenzierung gegenüber der Konkurrenz.

In der Praxis ist der Aufbau eines hohen Bekanntheitsgrads von Produkten, Marken und Unternehmen von großer Bedeutung. Erst, wenn ein Produkt hinreichend bekannt ist „können sich Einstellungen und Image als Gegenstand von Kommunikationszielen bilden"[366]. Der Einstellungswandel ist ein sehr schwieriges, aber wichtiges Ziel. Denn es liegt in der Natur des Menschen, sich seine Ansichten bestätigen zu lassen, statt diese zu verändern.[367] Die Generierung von Emotionen ist immer dann relevant, wenn die Informationen zum Produkt austauschbar erscheinen. Über die Vermittlung von Konsumerlebnissen kann eine

---

[363] Vgl. Bruhn, M.: Kommunikationspolitik, 1997, S.72

[364] Meffert, H.: Marketing, 1998, S.662

[365] Vgl. Weis, H.: Marketing, 2001, S.433 und vgl. Meffert, H.: Marketing, 1998, S.660ff

[366] Meffert, H.: Marketing, 1998, S.660

[367] Vgl. Demuth, A.: Corporate Communications, 1992, S.173

Marke profiliert werden, wenn diese Emotionen nicht bereits von einer anderen Marke belegt sind. Besonders bei Bier-, Zigaretten- und Parfüm-Werbung stehen Emotionen im Vordergrund.

Informationen hingegen werden zum Kommunikationsziel, wenn der Konsument aktuelle Bedürfnisse hat. Der Detaillierungsgrad ist dabei von der Art des Produkts abhängig. Bei Computern oder Versicherungen beispielsweise reicht es oftmals, über die zentralen Eigenschaften des Angebots zu informieren.

Die Kommunikation ist besonders dafür geeignet, ein spezifisches Image aufzubauen und zu vermitteln. Unternehmen setzen daher das gesamte Spektrum der Kommunikationspolitik ein, um sich und ihre Marken erfolgreich am Markt zu positionieren. Das Spektrum der Kommunikationspolitik ist in Abbildung 5.7 dargestellt.

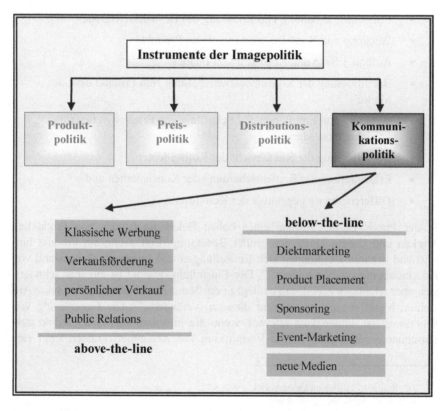

Abb. 5.7: Die Kommunikationspolitik als Instrument der Imagepolitik
Quelle: die Verfasserin

Die Einteilung der Kommunikationsinstrumente in *above-the-line* und *below-the-line* hatte ihren Ursprung in einer Zeit, in der Marketing über Agenturen betrieben wurde, die für die Schaltung in den Medien sorgten. Diese Agenturen erhielten einen Anteil der entstandenen Kosten für die Werbeträger, sog. Mittlerprovisionen. Alle kommunikativen Maßnahmen, für die keine Mittlerprovision bezahlt werden mussten, tauchten folglich auch nicht in der Etatplanung auf und erhielten daher ihren Namen *below-the-line*. Trotz der Anglizismen handelt es sich dabei jedoch um Begriffe, die so nur in Deutschland verwendet und verstanden werden. Benutzt werden auch die Begriffe *klassische* und *neue Kommunikationsinstrumente*.

5.2.4.1 Die above-the-line Kommunikationsinstrumente

5.2.4.1.1 Klassische Werbung

Von allen Kommunikationsinstrumenten hat die *klassische Werbung* in Wissenschaft und Praxis die größte Bedeutung, obwohl erhebliche Zweifel an der Wirksamkeit werblicher Maßnahmen bestehen. Diese Zweifel hängen hauptsächlich mit der zunehmenden Informationsüberlastung der Konsumenten zusammen.[368] Die *klassische Werbung* ist ein Instrument der Massenkommunikation: Sie bedient sich der Medien mit einseitigem Informationsfluss an häufig unbekannte Zielpersonen, wodurch eine flächendeckende Bekanntheit erreicht wird. Dies ist mit keinem anderen Kommunikationsinstrument zu erreichen, weshalb der hohe Stellenwert der *klassischen Werbung* gerechtfertigt ist. Zur Informationsstreuung und Bildverarbeitung bedient sich die *klassische Werbung* Werbemitteln wie Anzeigen, Funkspots, TV-Spots, Kinospots, Plakaten, sowie unterschiedlichen Werbeträgern wie Zeitungen, Zeitschriften, Fernsehen, Kino, Plakatsäulen, etc.

Bei der Umsetzung der Image-Idee in erfassbare, bildhafte und verbale Werte muss die imagebildende Aussage im Zentrum stehen. Daran schließt sich die Auswahl des Werbeträgers an. Die Wahl der Werbemittel und der Werbeträger geschieht aufgrund der Zielsetzung – und nicht umgekehrt. Das ist zu beachten, denn es gibt immer wieder Unternehmen, die aus subjektiven Gründen bestimmte Werbemittel und Werbeträger bevorzugen. Die einen das Plakat, die anderen die TV-Werbung.

Inhalt und Form der Werbebotschaft haben wesentlichen Anteil daran, wie die Zielgruppe auf die Werbung reagiert. Das Werbethema ist so zu wählen, dass Interesse und Aufmerksamkeit beim möglichen Käufer geweckt werden. Dazu

---

[368] Vgl. Nieschlag, R.; Dichtl, E.; Hörschgen, H.: Marketing, 1997, S.532 und vgl. Meffert, H.: Marketing, 1998, S.692

benötigen die Verantwortlichen ausreichend Kenntnisse über Kaufmotive und Verhaltensweisen der Zielgruppe.[369] Darüber hinaus müssen Werbethemen unter Beachtung der Wortwahl kreativ umgesetzt werden, damit eine Werbewirkung erzielt wird. Hier einige Beispiele aus der Werbewelt:[370]

Tab. 5.1: Mögliche Werbethemen und ihre kreative Umsetzung

Werbethema, das dem gewünschten Markenimage entsprechen soll	kreative Umsetzung
Alkoholfreies Bier steht normalem Bier in nichts nach.	„*Clausthaler*. Alles, was ein Bier braucht."
Bestellen Sie nicht irgendein Bier, sondern unsere Marke.	„Bitte ein *Bit*."
Unsere farbenfrohe junge Mode wird weltweit getragen.	„United Colors of *Benetton*"
Unser Finanzierungsangebot ermöglicht Ihnen vieles.	„*Volksbanken und Raiffeisenbanken*: Wir machen den Weg frei"
Unsere Autos sind fortschrittlich.	„*Toyota* – nichts ist unmöglich"
Wir sind kein gewöhnliches Restaurant.	„*McDonald's* – das etwas andere Restaurant"

Quelle: Vgl. Kotler, P.; Bliemel, F.: Marketing-Management, 9.Aufl., Stuttgart 1999, S.946

Die Wirkung der Werbebotschaft ist aber nicht nur von der inhaltlichen Aussage abhängig, sondern auch von der Gestaltung und Aufmachung. Um ein bestimmtes Bild beim Konsumenten zu erzielen, wird heutzutage die emotionale Positionierung der Werbeappelle bevorzugt. Manche Werbung zeigt von Fluglinien nicht die Pünktlichkeit, die Sicherheit oder den Komfort des Fluges, sondern schön ausgeleuchtete Himmelsbilder oder teure Naturparadiese, die emotionale Wirkungen auslösen sollen. Gerade in Produktbereichen, in denen alle Marken (beispielsweise im Bereich der Fluggesellschaften oder der Bier-Brauereien) ähnliche Eigenschaften aufweisen, kann die Gestaltung der Werbung entscheidend für den Imageerfolg sein. Die Verantwortlichen müssen vor allem Stil, Ton, Wortwahl und formale Elemente für die Gestaltung der Botschaft er-

---

[369] Vgl. Weis, H.: Marketing, 2001, S.374
[370] Vgl. Kotler, P.; Bliemel, F.: Marketing-Management, 1999, S.945f

arbeiten. Für ein einheitliches Image und eine in sich schlüssige Werbebotschaft müssen alle Elemente bei der Gestaltung der Werbung zusammenpassen.[371]

Im Folgenden werden die drei wichtigsten Formen der klassischen Werbung, die Print-, sowie die TV- und Rundfunkwerbung dargestellt.

Print-Werbung

Die Print-Werbung überschwemmt uns durch Verkaufsanzeigen in Zeitungen, Zeitschriften sowie Wurfsendungen mit einer Flut von verschiedensten Informationen und Bildern. Das zu erreichende Ziel, eine möglichst hohe Anzahl an Individuen anzusprechen, wird dadurch auf der einen Seite erreicht, auf der anderen Seite wird durch die eine ständige Penetration der Adressaten im Sinne von beispielsweise täglich überfüllten Briefkästen eine Abneigung der Adressaten gegen Print-Werbung erzeugt.

Die Schaltung von Werbeanzeigen, vor allem in den großen überregionalen Zeitungen und auflagenstärksten Publikationen, ist äußerst kostenintensiv. Um möglichst viele Rezipienten anzusprechen, zeigen viele Unternehmen sowohl in den Print- als auch in den Fernsehmedien zeitgleich Präsenz. Da die Leserschaft nicht vollständig mit den Fernsehzuschauern übereinstimmt, werden in beiden Medien Anzeigen und Spots geschaltet und diese aufeinander abgestimmt, um ein homogenes Bild des Unternehmens zu erzeugen.

TV- und Runkfunkspots

Die Verbreitung von Werbeinhalten durch TV- und Rundfunkspots versucht strategisch, analog zu der Print-Werbung, über eine hohe Frequenz von Werbeanzeigen eine kontinuierliche Penetration der Adressaten zu erreichen. Im Gegenzug zu Print-Anzeigen ist das Problem in der TV- und Rundfunkwerbung, dass ein Wechseln des Kanals („Wegzappen") während eines Werbeblocks möglich ist. Daraus folgt, dass die Zielgruppe nicht immer erreicht werden kann.

Welche Bedeutung Unternehmen der Fernsehwerbung beimessen, zeigt sich insbesondere in den dafür verausgabten Mitteln. So entstehen beispielsweise für die Ausstrahlung eines 30-Sekunden-Werbespots direkt vor der Tagesschau ca. 100.000 Euro an Aufwendungen lediglich für dessen Ausstrahlung. Es müssen jedoch neben diesen Kosten auch die Produktionskosten berücksichtigt werden, welche besonders dann wenn professionelle Agenturen aus Film oder Fernsehen eingeschaltet werden als weiterer intensiver Kostenpunkt in der Kalkulation veranschlagt werden müssen.

---

[371] Vgl. Kotler, P.; Bliemel, F.: Marketing-Management, 1999, S.943f

Hinsichtlich TV- und Rundfunkspots ist auch der Blick auf die Medienlandschaft im Gesamten von Interesse. In den vergangenen Jahren hat sich diese immens vergrößert und unterliegt einem enormen Konkurrenzdruck. Man denke dabei vor allem an die gestiegene Anzahl von privaten Fernsehsendern und Kanälen, die sich in hohem Maße durch Werbeeinnahmen finanzieren. Auch im Privatmedien-Bereich, speziell im Sektor Publikumszeitschriften, „stieg die Zahl der Neuerscheinungen in den vergangenen zehn Jahren um fast 90 % auf 745 Titel"[372]. Im selben Moment ist die europäische Medienlandschaft jedoch durch eine Inflation der TV-Mediakosten geprägt. So stiegen im Zeitraum von 1980 bis 1990 die Kosten um insgesamt 468 %.[373]

Um eine Präsenz in den verschiedenen Mediensparten zu erreichen, müssen die Unternehmen wiederum in möglichst hohem Maße Anzeigen und Spots schalten, damit das Angebot wahrgenommen und schlussendlich auch für eine Anschaffung in Betracht gezogen wird. Von einem anderen Blickwinkel betrachtet, resultiert hieraus für den Kunden erneut eine Informationsflut, welche diese überfordern kann. So wissen wir, dass nicht alle empfangenen Informationen bewusst wahrgenommen werden können. Ebenso ist die aktive Verarbeitung und Speicherung großer Mengen von Informationen oftmals nicht möglich. Diese begrenzte Fähigkeit des Individuums bedingt ein selektives Informations- und Entscheidungsverhalten, welches sich am Beispiel für die Anzeigen in Printmedien konkretisiert: Der Rezipient müsste sich etwa 35 Sekunden lang mit einer Anzeige beschäftigen, um alle Informationen aufzunehmen; tatsächlich betrachtet er diese jedoch nur zwei Sekunden.[374]

Dem potenziellen Kunden die gewünschten Informationen und Botschaften so zu übermitteln, dass das Image des Unternehmens aufgebaut wird, fällt durch eine steigende Informationsflut immer schwerer aus. Der Medien-Konsum hat sich beim Empfänger, dem Konsumenten, nämlich in der gleichen Zeit wie dem zu beobachtenden Anstieg von Anzeigen und Spots nicht proportional erhöht. Stichworte wie Reizüberflutung, selektive Wahrnehmung, Irritation, Reaktanz oder Zapping beschreiben die aus der Informationsflut resultierenden Reaktionen. In Fachkreisen wird davon ausgegangen, dass nur 2 bis 4 Prozent der geschalteten Werbung überhaupt wahrgenommen werden.

Da die Produktpolitik von Sättigung, Konkurrenzdruck, austauschbaren Produkten und Dienstleistungen sowie Markttransparenz dominiert wird, ist eine erfolgreiche und emotionale Kommunikation so wichtig wie nie zuvor. Daher wurden

---

[372]   Waldner, A.; Brockes, H.: Begriffslexikon & Grundlagenwissen, 1995, A1.12 S.1

[373]   Vgl. ebenda

[374]   Vgl. Kroeber-Riel, W.; Esch, F.: Strategie und Technik der Werbung, 2000, S.13

die Kommunikationsinstrumente weiterentwickelt und verfeinert, um diesen geänderten Rahmenbedingungen Rechnung zu tragen. [375] Eine emotionale Erlebnisvermittlung durch Produkte und Leistungen spielt heutzutage die entscheidende Rolle zur Differenzierung. [376]

Die wichtigste Voraussetzung für den Erfolg klassisch-orientierter Werbung ist die Akzeptanz bei den Konsumenten. Wenn wir einen Blick auf Deutschland werfen, müssen wir jedoch erkennen, dass diese hier nicht sehr stark ausgeprägt ist. In bisherigen Studienbemühungen zeigte sich, dass ca. 45 Prozent aller Befragten die Werbung einschränken und ca. 22 Prozent sie sogar ganz verbieten würden, wenn ihnen die Möglichkeit dazu gegeben würde. [377] Erklärt werden kann dies darin, dass Kommunikationsmaßnahmen beim Individuum eine Art Abwehrhaltung erzeugen, weitergehend sogar eine Art Motivation, sich der vermuteten Beeinflussung zu entziehen.

W. Kroeber-Riel [378] unterscheidet zwei Typen von auftretenden Widerständen:

- Irritationen und

- Reaktanz.

Irritationen und *Reaktanzen* können bei allen Instrumenten der Kommunikationspolitik auftreten und werden am Beispiel der klassischen Werbung verdeutlicht.

Durch die Werbung hervorgerufene *Irritationen* entstehen in erster Linie dann wenn die Kommunikation als peinlich, dümmlich, geschmacklos, aufdringlich usw. empfunden wird. Auch Hinweise auf unabdingbare Konsequenzen, die eintreten werden wenn die Produkte nicht gekauft oder benutzt werden, können Irritationen bei dem potenziellen Kunden auslösen. Irritationen lösen zunächst Gefühle der Verunsicherung aus. Weiterhin resultieren hieraus jedoch auch Störungen, die sich im Gedächtnis des Botschaftsempfängers in Form von einer ablehnenden inneren Haltung gegenüber dem Produkt festsetzen. Vor allem aber auch die Gestaltung bzw. die äußere Form des kommunikativen Mittels oder Produkts kann beim Konsumenten eine „irritierende" Wirkung hervorrufen. Folglich wirken sich Irritationen letztendlich kontraproduktiv auf die zu erzielende Beeinflussungswirkung gegenüber den Images aus und senken zusätzlich damit auch deren Verhaltenswirkung herab.

---

[375] Vgl. Kroeber-Riel, W.; Esch, F.: Strategie und Technik der Werbung, 2000, S.13

[376] Vgl. Kroeber-Riel, W.; Weinberg, P.: Konsumentenverhalten, 1999, S.125f

[377] Vgl. Meffert, H.: Marketing, 1998, S.694

[378] Vgl. Kroeber-Riel, W.; Weinberg, P.: Konsumentenverhalten, 1999, S.206ff

Daher sollen Irritationen durch die Kommunikationsabteilung oder Werbeagentur vermieden werden. Dies stellt sich jedoch als schwieriger Drahtseilakt für die oben genannte Abteilungen dar, da hinsichtlich der Informationsüberflutung starke Aktivierungstechniken von Nöten sind, um Kontakt mit den Werbeempfängern herzustellen. Eine gelungene Aktivierung spiegelt sich beim Konsumenten in einem besonderen Interesse bzw. Engagement für das kommunizierte Werbeobjekt wieder. Der Konsument soll hierbei angeregt werden, sich gedanklich oder emotional mit einem Unternehmen, einem Produkt, einer Marke, Dienstleistung oder Aktivität auseinander zu setzen.

Insbesondere der Bereich der produktunabhängigen Imagewerbung von Unternehmen kann durch den oben erläuterten Aktivierungsdrang Irritationen auslösen. Ein Beispiel, welches diese Erzeugung von Irritationen verdeutlicht ist die Kampagne des Bekleidungsherstellers Benetton: Die provozierenden Motive der Werbekampagne (bspw. die Abbildung von Neugeborenen, HIV-infizierten, Todeskandidaten, etc.) lösten auf der einen Seite großes Interesse in der Öffentlichkeit aus, wirkten aber auf der anderen Seite alles andere als Image fördernd. Die letztendlich irritierende und imageschädigende Kampagne hinterließ bei den Empfängern den Eindruck „Benetton sei ein skrupelloses Unternehmen"[379].

Ähnliche Wirkung hat die durch die Kommunikation verursachte Reaktanz. „Wenn eine Person eine Bedrohung oder Einschränkung ihrer Verhaltensfreiheit wahrnimmt, entsteht eine Motivation – Reaktanz genannt – welche die Person veranlasst, sich der erwarteten Einengung zu widersetzen oder nach erfolgter Einengung ihre Freiheit wieder zurückzugewinnen. Die Verhaltensfreiheit umfasst auch die innere Freiheit zu denken und zu fühlen."[380]

Dieser entstandene Beeinflussungsdruck kann bewirken, dass die betroffenen Individuen ihre eingeschränkte Freiheit wieder herstellen oder sich für das von der Einstellung bedrohte Verhalten in besonderer Weise engagieren. Das heißt, die Empfänger einer Botschaft versteifen sich auf ihre bisherige Einstellung und ihr Verhalten. Es ist sogar denkbar, dass sie sich in einer genau den Absichten des Kommunikators entgegengesetzten Art und Weise verhalten (Bumerang-Effekt)[381].

Hinsichtlich des Bereichs der Produktwerbung spielt hierbei der vermittelte Kaufdruck eine Rolle. Dementsprechend soll durch die Werbung ein Druck das Produkt zu kaufen oder zu verwenden entstehen bzw. hat der potenzielle Kunde

[379] Kroeber-Riel, W.; Esch, F.: Strategie und Technik der Werbung, 2000, S.174ff
[380] Kroeber-Riel, W.; Weinberg, P.: Konsumentenverhalten, 1999, S.206
[381] Vgl. Kroeber-Riel, W.; Weinberg, P.: Konsumentenverhalten, 1999, S.207

den Eindruck, dass ihm dieser vermittelt werden soll (beispielsweise wenn Angebote nur für wenige Tage gelten oder nur in beschränkter Menge vorhanden ist) kann Reaktanz entstehen. Auch im Bereich der Imagewerbung ist dies möglich. Ein starker oder sogar übertriebener Profilierungsdrang des Unternehmens – man denke beispielsweise an den Slogan der Brauerei *Warsteiner:* „Das einzig Wahre: Warsteiner!" – könnte bei der entsprechenden Zielgruppe Reaktanzen auslösen. Es ist schlussendlich die subjektive Einstellung der Werbeadressaten, welche dazu führen kann, dass das Unternehmen gegensätzlich zu dem bisherigen Verhalten der Kunden, nicht mehr in die engere Auswahl (*evoked-set*) genommen wird. Am Beispiel *Warsteiner* entspräche dies der Aussage: „Andere Biere sind auch nicht schlecht, aber *Warsteiner* hält sich offensichtlich für etwas ganz Besonderes".

5.2.4.1.2 Verkaufsförderung

Die klassische Werbung reicht wegen der auftretenden Probleme heutzutage nicht allein aus, um die Imageziele innerhalb der Kommunikationspolitik zu erreichen. Deshalb sind weitere Instrumente anzuwenden, „die schwerpunktmäßig der Kommunikationspolitik zuzurechnen sind, aber häufig zugleich Distributions-, Preis- oder auch produktpolitische Dimensionen aufweisen"[382]. Entsprechende Maßnahmen werden als *Verkaufsförderung, Sales Promotion, Promotions* oder *Absatzförderung* bezeichnet.[383] Diese Begriffe werden hier synonym verwendet. „Der seit längerer Zeit auch in der Praxis zu beobachtende Trend, das Verkaufsförderungsbudget zu Lasten des Werbeetats auszubauen, birgt jedoch die Gefahr in sich, mittel- und langfristige Werbewirkung zu vernachlässigen."[384]

Verkaufsförderung umfasst alle absatzpolitischen Maßnahmen, die der Öffnung bzw. Offenhaltung von Märkten dienen. Es handelt sich hierbei um einen Sammelbegriff für Aktionen, die den Absatz kurzfristig und unmittelbar stimulieren sollen.[385]

Jeweils entsprechend zu den Zielgruppen der Verkaufsförderungsmaßnahmen, können drei Arten von Promotions unterschieden werden:

- Verbraucher-Promotions,

- Außendienst-Promotions und

- Händler-Promotions.

---

[382] Nieschlag, R.; Dichtl, E.; Hörschgen, H.: Marketing, 1997, S.534
[383] Vgl. Soulas de Russel, D'Ambrosio, Publicity kompakt 2009
[384] Meffert, H.: Marketing, 1998, S.701
[385] Vgl. Nieschlag, R.; Dichtl, E.; Hörschgen, H.: Marketing, 1997, S.534f

Auf den Konsumenten gerichtete Maßnahmen können grundsätzlich in preisorientierte und nicht-preisorientierte Promotions eingeteilt werden. Das Ziel beider Maßnahmen ist den kurzfristigen Abverkauf der Produkte zu forcieren. Umstritten ist jedoch, inwieweit ein dauerhaft positiver Effekt auf den Marktanteil eines Produkts erzielt werden kann, ohne dabei Imageschäden an der Marke zu hinterlassen.[386]

Verbraucher-Promotions gibt es in den unterschiedlichsten Formen, als[387]

- Veranstaltung von Gewinnspielen, z.B. ein Preisausschreiben (ausführlicher in Soulas de Russel; D'Ambrosio, Publicity kompakt 2009). *Meggle* beispielsweise macht für das Produkt *Joghurt Butter* ein Gewinnspiel, bei dem ein *Smart* und 516 *Meggle*-Butter-Rezeptbücher verlost werden.

- Gewährung von Preisnachlässen der unterschiedlichsten Art, wie z.B. Einführungspreise oder Treuerabatte. Die Bäckereikette *Kamps* bietet ihren Kunden die neusten Backkreationen in der Einführungsphase zum halben Preis an. Oder der Filmhersteller *Kodak* belohnt einmal pro Jahr seine treuen Kunden mit einer „Geld-zurück-Aktion", bei der die Verbraucher ihre gesammelten Treue-Bons einsenden und den entsprechenden Betrag überwiesen bekommen.

- Verteilung von Produktproben oder Gutscheinen: Hersteller nutzen bereits eingeführte Produkte, um in sog. *Huckepack-Promotions* weitere bzw. neue Produkte des Sortiments vorzustellen. Standardprodukten werden dabei Gratisproben eines anderen Produkts beigefügt. Durch das beigefügte Produkt wird die Attraktivität des Angebots erhöht. Im Körperpflegebereich sind derartige Promotions besonders verbreitet. So werden Kunden von *Nivea-Lotion* häufig mit beigepackten kleinen *Nivea*-Döschen oder Badezusätzen zum Kaufen animiert. Anstelle von Warenproben treten beim *Couponing* (Beifügen von Gutscheinen) Gutscheine, die zum verbilligten Bezug von Produkten desselben oder kooperierender Unternehmen berechtigen. So lockt *Ferrero* mit 50-Cent-Gutscheinen, die in *Cinemax*-Kinos eingelöst werden können, Konsumenten zum Kauf von *Duplo*-Packungen.

- Angebot der Warenrücknahme. Um das vom Verbraucher wahrgenommene Risiko beim Kauf eines Produkts zu minimieren, werden Rücknahmegarantien eingeräumt. Der exklusive Londoner Hemden- und Blusenhersteller *Charles Tyrwhitt* garantiert beispielsweise seinen Kunden alle Hemden und Blusen, sogar wenn sie bereits gewaschen und getragen sind,

---

[386] Vgl. Meffert, H.: Marketing, 1998, S.703
[387] Vgl. Nieschlag, R.; Dichtl, E.; Hörschgen, H.: Marketing, 1997, S.535

innerhalb von drei Monaten zurückzunehmen, wenn die Erwartungen der Kunden nicht erfüllt werden.

Verbraucher-Promotions sind in zweierlei Hinsicht interessant für ein Unternehmen. Neben der erhöhten Aufmerksamkeit für die Produkte zeigt sich eine Steigerung des Kaufanreizes durch Verbesserung des von den Konsumenten wahrgenommenen Preis/Leistungs-Verhältnisses. Ziel ist hier eine Sogwirkung, ein sog. *Pull-Effekt* zu erreichen. Durch diesen sollen die Vorräte des Handels, ebenso wie beim Einsatz klassischer Werbemaßnahmen, schneller schrumpfen. Des Weiteren unterstützen Verbraucher-Promotions die Platzierung neuer Produkte auf den Märkten. Durch deren Einsatz kann innerhalb von kurzer Zeit eine große Zahl von Erst- und Probierkäufern gewonnen werden. Weitergehend sollen die Konsumenten die gesammelten Erfahrungen, die sie mit diesen Produkten gemacht haben, an andere Verbraucher weitergeben und so eine Art Meinungsführerfunktion ausüben.

Mit *Händler-* und *Außendienst-Promotions* soll dagegen ein *Push-Effekt* erzielt werden. Die Ware wird hierbei in den Handel hineingedrückt, der dann gezwungenermaßen sehen muss, wie er diese Produkte abverkauft. [388] *Händler-* und *Außendienst-Promotions* gelten als ein wichtiges Instrument zur Absatzförderung, für die Imagebeeinflussung haben sie aber eine untergeordnete Bedeutung und sollen deshalb an dieser Stelle nur erwähnt werden.

5.2.4.1.3 Persönliche Verkauf

Der persönliche Verkauf ist ein zwischenmenschlicher Prozess, „in welchem Marktpartner, insbesondere Käufer, über ein Angebot informiert, von seiner Qualität überzeugt und hinsichtlich der Verwendung und Auswahl beraten werden, um zu einem Kaufvertragsabschluss, Mietvertrag oder zur Übernahme einer sonstigen Leistung veranlasst zu werden"[389]. Gegensätzlich zu den vorangegangenen Instrumenten handelt es sich bei dem persönlichen Verkauf um ein nicht mediales Einwirken auf potenzielle und tatsächliche Konsumenten.

Der persönliche Verkauf prägt sich sowohl hinsichtlich der Bedienung der Kunden an der Käsetheke in einem Lebensmittelgeschäft wie dem Besuch eines Versicherungsvertreters beim Kunden zu Hause aus. „Aber auch der Verkauf schlüsselfertiger Industrieanlagen im Großkraftwerkbereich durch ein Team hochspezialisierter Experten gilt als persönlicher Verkauf."[390]

---

[388] Vgl. Nieschlag, R.; Dichtl, E.; Hörschgen, H.: Marketing, 1997, S.535

[389] Weis, H.: Marketing, 2001, S.510

[390] Nieschlag, R.; Dichtl, E.; Hörschgen, H.: Marketing, 1997, S.485

Im Mittelpunkt dieser Betrachtung soll jedoch der private Verbraucher stehen. In diesem Bereich geht aber die Bedeutung des persönlichen Verkaufs aufgrund der Zunahme einer Selbstbedienung zurück.

Der persönliche Verkauf bringt auch Vorteile für das Image eines Unternehmens. Es ist davon auszugehen, dass der Verbraucher sich bereits für die Produkte interessiert und hierzu eine nähere Beratung wünscht. Somit muss das Interesse des Kunden also nicht erst geweckt werden. Es ist jetzt die Aufgabe des Verkäufers die positive Grundstimmung des Kunden in einen Verkaufsabschluss umzuwandeln, welcher den Kunden zufrieden stimmt und einen Wiederkauf wahrscheinlich macht. Hinsichtlich der Imagewirkung kann die kompetente und freundliche Beratung zu einer deutlichen Image-Verbesserung führen. Betrachtet man beispielsweise die Firma *OBI*, welche mit dem Slogan „Bei *OBI* wird man immer gut beraten..." wirbt, kann die mit der positiven Beratung verbundene Image-Zuschreibung in einem Wettbewerbsvorteil resultieren. Bei *OBI* ist die kompetente Kundenbetreuung eines der wesentlichen Merkmale, welche *OBI* von anderen Baumärkten hervorhebt.[391] Als Basis für eine qualitativ hochwertige Beratung gilt die entsprechende Ausbildung und kontinuierliche Schulung der Mitarbeiter. Ausschließlich auf diese Art und Weise kann gewährleistet werden, dass das Verkaufspersonal über das notwendige Fachwissen und die entsprechende Kommunikations- und Verhaltenstechniken verfügt.[392]

5.2.4.1.4 Public Relations

Die Öffentlichkeitsarbeit wurde in Kapitel 3 im Rahmen der Corporate Communications bereits vorgestellt und soll deshalb an dieser Stelle nur erwähnt werden.

5.2.4.2 Die below-the-line Kommunikationsinstrumente

Die Kommunikationsinstrumente *below-the-line* versuchen den Schwächen der *above-the-line*-Instrumente zu begegnen. Die fehlende Aufmerksamkeit der Massenkommunikation soll durch den Einsatz neuer Kommunikationsinstrumente gewonnen werden. Dabei wird versucht, in einen Dialog mit einer bekannten Zielperson zu treten, um eine individuelle Beziehung herzustellen (Individualkommunikation). Diese neuen Instrumente wirken jedoch lediglich unterstützend, weshalb nicht auf die klassische Werbung verzichtet werden sollte.

---

[391] Vgl. Fritschle, B.; Frey, T.: Erfolgsfaktor Image, in: Gablers Magazin 05/96, S.24
[392] Vgl. Weis, H.: Marketing, 2001, S.518

5.2.4.2.1 Direktmarketing

Vorgreifend zu *Direktmarketing*-Maßnahmen werden Informationen über die Zielpersonen gesammelt, um diese hinsichtlich eines ihrer Merkmale (z.B. Geburtstag) individuell ansprechen zu können. Als zentrales Element dieser Art der Kommunikation gilt die personalisierte Ansprache jeder einzelnen Person der Zielgruppe. Dies birgt zwei wesentliche Effekte. Zum einen erhöht sich hierdurch der Aufmerksamkeitsgrad, welchen die Personen dem Werbemittel entgegenbringen und zum anderen mindern sich die so genannten Streuverluste der Maßnahmen. Zusätzlich zu diesen Effekten ergibt sich für das Unternehmen eine Möglichkeit der Erfolgskontrolle. Diese besteht darin, dass solche below-the-line-Maßnahmen ein sog. Response-Element, beispielsweise die Telefon-Nummer, eine Antwortkarte, usw. enthalten. Durch die Anbringung einer Markierung (z.B. Strichcode auf Antwortkarte) wird dem Unternehmen die genaue Zuordnung der Reaktion zur Maßnahme ermöglicht. Ebenso wird dem Adressaten auch eine vergleichsweise leichte Reaktion gestattet.

Direct Mailing

Bei Direct Mailing handelt es sich um die klassische Form der Direktwerbung. Der Empfänger erhält hierbei einen auf ihn persönlich zugeschnittenen, personalisierten Werbebrief und ggf. einen Verkaufsprospekt oder Katalog. Der Versand erfolgt in der Regel postalisch, zunehmend aber auch per Fax oder E-Mail. Der Werbebrief zielt darauf, ein persönliches Verkaufsgespräch zu ersetzen. Weitergehend soll auch ein Dialog mit dem Leser der Werbemaßnahme aufgebaut werden. Dieser Dialog stellt das Herzstück des Mailings dar. Der Dialog ist von so großer Bedeutung, da es sich an dieser Stelle entscheidet, ob der Leser die Maßnahme annehmen wird und sich bei dem Unternehmen meldet oder nicht. Die weiteren Bestandteile nehmen Bezug auf das Angebot des Unternehmens. Hier findet sich auch das *Response-Element* der Maßnahme, welches als Bestellscheine, einer Antwortkarte und/oder einer Telefonnummer an das Mailing angegliedert ist.

Telefon

Ein Dialog soll per Telefon aufgebaut werden, dies zielt in erster Linie darauf ab einen direkten Verkauf durchzuführen oder (häufiger) einen Termin für ein persönliches Gespräch zu vereinbaren. Von erheblicher Bedeutung ist hierbei jedoch, dass der Kunde sich vorherig ausdrücklich mit dieser Maßnahme als einverstanden erklärt, da der Anruf eines Unternehmens zur Akquisition als Eingriff in die Privatsphäre betrachtet wird. Direktmarketing über das Telefon ist durch die Gesetzgebung somit auch mit einigen Restriktionen verbunden. Unternehmen sollten diese Einschränkung beachten, da sich viele Menschen von einem solchen

Anruf belästigt fühlen und dies, sofern nicht gewünscht, dem Image des Unternehmens erheblichen Schaden zufügen kann.

TV und Radio

In diesem Bereich unterscheiden sich Direktwerbe-Spots von klassischer Werbung nur durch das Response-Element, welches in der Regel als Telefonnummer zu finden ist. TV-Spots lassen sich zudem noch in *DRTV-Spots* (Direct Response TV) und Infomercials unterscheiden. DRTV-Spots sind lediglich etwas länger als gewöhnliche Werbespots und eignen sich daher eher für weniger erklärungsbedürftige oder sehr bekannte Produkte. Die *Infomercials,* welche häufig auf den so genannten Home-Shopping-Sendern anzutreffen sind, weisen eine erheblich längere Dauer auf als gewöhnliche Werbespots und ermöglichen somit auch die Präsentation von erklärungsbedürftigeren Produkten.

Anzeigen

Direct-Response-Anzeigen finden Anwendung bei der Anforderung schriftlicher Informationen wie Prospekte und Kataloge und bei der Anforderung von Vertreterbesuchen oder Telefongesprächen. Auch hier gibt es zwei verschiedene Ausprägungen. *Coupon-Anzeigen* sind in die Zeitungs- oder Zeitschriftenanzeige integriert. *Postkartenanzeigen* hingegen sind separat eingeheftet oder aufgeklebt (*Tip-On-Cards*).

5.2.4.2.2 Sponsoring

Beim Sponsoring erbringen Unternehmen als Sponsor „Leistungen in Form von Geld, Sachmitteln oder Dienstleistungen und unterstützen damit die Durchführung von Veranstaltungen oder die Tätigkeiten von (Non-Profit-) Organisationen. Im Gegenzug erhalten sie vom Gesponserten kommunikative Gegenleistungen, die in vielfältiger Weise auf das Engagement des Sponsors hinweisen."[393]

Im Gegensatz zum *Mäzenatentum* handelt es sich hier um eine Austauschbeziehung, d.h. der Sponsor unterstützt den Gesponserten durch die Gewährung von Geld oder Sachmitteln und erhält eine Gegenleistung, so z.B. die explizite Nennung seines Namens oder das Anbringen des Firmenlogos[394], welches zur Erreichung von Marketingzielen beitragen soll.

Mit Sponsoring werden im Besonderen folgende Ziele verfolgt:[395]

• Erhöhung des Bekanntheitsgrades,

---

[393] o.V., online: Sponsoring – erklärt im Ahrens & Behrent PR-Glossar, 27.02.2003
[394] Vgl. Ramme, I.: Marketing, 2000, S.238f
[395] Vgl. Weis, H.: Marketing, 2001, S.460f

- Imageverbesserung,
- Kontaktpflege mit geladenen Gästen (Hospitality),
- Leistungsdemonstration von Produkten und Unternehmen,
- Demonstration gesellschaftlicher Verantwortung,
- Motivationsförderung bei eigenen Mitarbeitern.

Eine Sponsoring-Strategie (*Brand/Corporate-Communications-Strategie*) ist eine bewusste und verbindliche Festlegung der Schwerpunkte in den Sponsoring-aktivitäten eines Unternehmens auf einen längeren Zeitraum hin. Stehen Marken im Vordergrund des Transfers, so handelt es sich um eine Brand-Communica-tions-Strategie. Wird dagegen nicht das Angebot sondern auch das Unternehmen selbst präsentiert (z.B. *BMW*), kann Sponsoring gleichzeitig als Teil der *Corporate*-Communications-*Strategie* gesehen werden (Abb. 5.8). Um die angestrebten Sponsoringziele zu erreichen, sind zwei strategische Festlegungen notwendig: Die Abstimmung mit der Kommunikationsstrategie und die inhaltliche Be-stimmung der Sponsoring-Strategie.

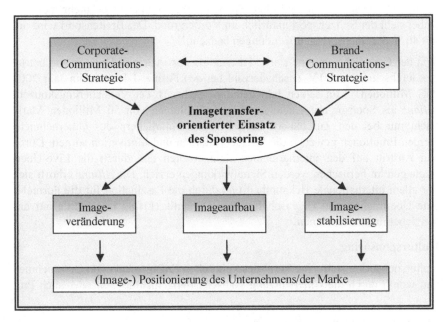

Abb. 5.8: Der imagetransferorientierte Einsatz des Sponsoring
Quelle: Glogger, A.: Imagetransfer im Sponsoring, 1999, S.85

Im Folgenden werden die häufigsten Formen des Sponsorings aufgeführt und näher erläutert.

Sportsponsoring

Unter Sportsponsoring wird die Bereitstellung von Geld, Sachzuwendungen oder Dienstleistungen durch den Sponsor für ein Sponsoring-Objekt aus dem Sport verstanden, wie z.b. einem Fußballverein (*Debitel* beim Fußballverein VfB Stuttgart), einem einzelnen Athleten (*Milka* bei Martin Schmitt) oder der Nationalmannschaft (*Mercedes-Benz* bei der deutschen Fußball-Nationalmannschaft). Verbunden damit ist die Absicht des Sponsors, dieses Engagement mit Hilfe festgelegter Gegenleistungen des Sponsoring-Objektes für bestimmte, meist kommunikative Ziele zu nutzen.

Die Erhöhung des Bekanntheitsgrads als eines der Hauptziele wird durch die Attraktivität der Sportarten für die Öffentlichkeit und die Massenmedien erreicht.[396] Als die beliebtesten Sportarten für das Sponsoring gelten nach wie vor Mannschaftssportarten wie Fußball aber auch Leichtathletik, Formel-1 und Tennis. Diese Sportarten sind ohne Sponsoringbeteiligung kaum mehr möglich. Dabei steht der Spitzensport natürlich im Vordergrund. Der Breitensport wird nur mit 40 % der Sponsoringaufwendungen bedacht.[397]

Von der Formel-1 geht eine starke Faszination aus. Allein in Deutschland betrug die durchschnittliche TV-Zuschauerzahl bei den Formel-1-Rennen im Jahr 2000 9,87 Millionen.[398] Im selben Jahr beteiligte sich z.B. der Versicherungskonzern *Allianz* als Sponsor mit einem geschätzten Volumen von 50 Millionen Mark. Nicht nur bei den Zuschauern auch bei den Mitarbeitern des Unternehmens werden Emotionen geweckt, die für Identifikation und Motivation sorgen. Durch den Auftritt auf den internationalen Rennstrecken und durch die Live-Übertragungen im Fernsehen werden Signalwirkungen erzielt. Die *Allianz* erhofft sich vor allem internationale Bekanntheit und durch die Faszination für die Formel-1 eine Übertragung von Eigenschaften wie Dynamik, Erfolg und Stärke auf das Versicherungsunternehmen.

Kultursponsoring

Kultursponsoring stellt eine Form des kulturellen Engagements von Unternehmen dar, womit durch die Unterstützung von Künstlern, Institutionen oder auch Pro-

---

[396] Vgl. Berndt, R.: Marketing 2, 1995, S.297f
[397] Vgl. Bruhn, M.: Kommunikationspolitik, 1997, S.616
[398] Vgl. AGf, GfK, IP Deutschland: Zuschauerzahlen beim Motorsport, in: Werbung und Verkauf Compact, Nr. 03/01, S.19

jekten die kommunikativen Ziele erreicht werden. Es ist prinzipiell nebensächlich, ob sich das jeweilige Unternehmen bei seiner Förderung als Mäzen oder Sponsor versteht, denn sobald es durch sein Engagement kommunikative Wirkung erreicht, betreibt es Kultursponsoring.

Als kommunikative Ziele, die dadurch erreicht werden können, gelten unter anderem die Profilierung des Unternehmensimages, die Verbesserung der Kundenbeziehungen oder die Steigerung der Mitarbeiteridentifikation.[399]

Da beim Kultursponsoring die TV- und Medienpräsenz erfahrungsgemäß geringer ist als bei Sportveranstaltungen,[400] sind die beiden Unternehmensziele, Image und Bekanntheit, von gleicher Wichtigkeit. Es soll den Empfängern Kompetenz, Verantwortung und Exklusivität vermittelt werden.[401] *Boss* engagiert sich beispielsweise im weltberühmten New Yorker Guggenheim-Museum.

Sozialsponsoring und Umweltsponsoring

Das Sozialsponsoring umfasst unter anderem auch das Umweltsponsoring:

Sozio- und Umweltsponsoring bedeutet die Verbesserung der Aufgabenerfüllung im sozialen bzw. ökologischen Bereich durch die Bereitstellung von Geld-/Sachmitteln oder Dienstleistungen durch Unternehmen, die damit auch Wirkungen für ihre Unternehmenskultur und -kommunikation anstreben.

Hauptziel der Unternehmen ist, eine Verbesserung des Images herbeizuführen und Verantwortung zu zeigen. Dabei darf nicht vergessen werden, dass die Sponsoring-Aktivitäten auch ausreichend kommuniziert werden. Es gilt der Grundsatz: „Tue Gutes und rede darüber!"

Das Sozialsponsoring ist bereits gut entwickelt und wird unter allen Sponsoringbereichen voraussichtlich die geringsten Zuwachsraten in der Zukunft vorweisen können, während das Umweltsponsoring aufgrund des Wertewandels und des damit einhergehenden gestiegenen Umweltbewusstseins der Bürger in nächster Zeit zunehmen wird.[402] So sponsert z.B. *Fielmann* die Umweltschutzorganisation *Greenpeace* und die Brauerei *Diebels* initiiert Baumpflanz-Aktionen.[403]

---

[399] Vgl. Berndt, R.: Marketing 2, 1995, S.298
[400] Vgl. Ramme, I.: Marketing, 2000, S.239
[401] Vgl. Berndt, R.: Marketing 2, 1995, S.298
[402] Vgl. Weis, H.: Marketing, 2001, S.462
[403] Vgl. Meffert, H.: Marketing, 1998, S.712

Programmsponsoring

Beim Programmsponsoring finanziert das Unternehmen Sendungen oder Programme in den elektronischen Medien. Als Gegenleistung erhält der Sponsor die Möglichkeit vor und nach der Sendung sein Logo einblenden zu lassen. Es kann aber auch audiovisuell auf den Sponsor hingewiesen werden. Dabei müssen die Unternehmen darauf achten, dass sie sich nur im Umfeld solcher Sendungen präsentieren, die sie auch wirklich unterstützen wollen. Fehlt eine stimmige Verknüpfung, kommen dem Zuschauer Bedenken an der Glaubwürdigkeit der Werbebotschaft und die Werbewirkung leidet. Passend ist z.B. das Programmsponsoring des Parfüms *Allure* von *Chanel* im Rahmen von *Exklusiv* auf *RTL*. Hier passt die Sendung über die Stars, die Schönen und die Reichen gut zum exklusiven Auftreten des Parfüms.

Chancen und Risiken des Sponsorings

Durch den Einsatz aller Arten des Sponsorings neben den klassischen Formen der Kommunikation können die kommunikativen Ziele eines Unternehmens besser erreicht werden. Dies ist unter anderem darauf zurückzuführen, dass im Gegensatz zu traditionellen Kommunikationsinstrumenten beim Sponsoring die Streuverluste geringer sind. Das Auftreten von Reaktanzen kann nahezu ausgeschlossen werden, da sich Zuschauer im Gegensatz zu klassischen Werbeeinblendungen durch Sponsoreinblendungen nur wenig gestört fühlen, da Sponsoring den Konsumenten in nichtkommerziellen Situationen anspricht.[404] Die Kommunikation erfolgt also in einem attraktiven und positiven Umfeld.[405]

Des Weiteren kann der Multiplikationseffekt der Massenmedien genutzt werden, ohne hierfür Entgelt an die Medien zahlen zu müssen. Darüber hinaus besteht die Chance eines positiven Imagetransfers, d.h. es ist möglich, dass die positiven Image-Dimensionen eines gesponserten Sportlers oder Sportvereins auf ein Unternehmen und/oder dessen Produkte übertragen werden. Es besteht jedoch die Gefahr, dass ein Image-Einbruch beim gesponserten Sportler oder Sportverein negative Konsequenzen für den Sponsor hat. Ferner ist die Anzahl der für Sponsoring interessanten Personen, Vereine oder Institutionen vor allem im Bereich des Sportsponsorings sehr begrenzt.[406]

Zusätzlich hat „das Kriterium der Affinität zwischen dem Unternehmen/der Marke und der Veranstaltung/dem Gesponserten (...) in diesem Zusammenhang oberste Priorität, da ansonsten ein angestrebter Imagetransfer nicht möglich ist

---

[404] Vgl. Weis, H.: Marketing, 2001, S.463
[405] Vgl. Hermanns, A.: Sport- und Kultursponsoring, 1989, S.9f
[406] Vgl. Berndt, R.: Marketing 2, 1995, S.304

und die Glaubwürdigkeit des Sponsorings in Frage gestellt wird"[407]. So ist es z.B. undenkbar und unglaubwürdig, dass eine Zigarettenmarke einen Hochleistungssportler sponsert. Hier wäre ein Mineralwasserhersteller oder ein Sportartikelhersteller wesentlich besser geeignet

5.2.4.2.3 Event-Marketing

Das Event-Marketing ist eine noch recht junge Erscheinungsform im Bereich der below-the-line Instrumente. Dabei handelt es sich um Veranstaltungen mit denen ein besonderes und einzigartiges Erlebnis für die Teilnehmer geschaffen werden soll. Event-Marketing ist „die zielgerichtete, systematische Planung, Organisation, Inszenierung und Kontrolle von Events als Plattform einer erlebnis- und dialogorientierten Präsentation eines Produkts, einer Dienstleistung oder eines Unternehmens (...), sodass durch emotionale und physische Stimulans starke Aktivierungsprozesse in Bezug auf Produkt, Dienstleistung oder Unternehmen mit dem Ziel der Vermittlung von unternehmensgesteuerten Botschaften ausgelöst werden"[408].

Events können ganz unterschiedlicher Gestalt sein, wie z.b.

- Ausstellungen

- Sport-, Kulturveranstaltungen

- Jubiläen, Festakte und Galas

- Messen, Kongresse

- Tage der offenen Tür

- Kick-off-Veranstaltungen

- Road-Shows, etc.

Sponsoring und Event-Marketing sind verwandt und, sofern einzelne Veranstaltungen gesponsert werden, identisch (sog. *Sponsoring-Event*). Das Event-Marketing ist indirekt Folge des gesellschaftlichen Wertewandels, der im sich veränderten Freizeitverhalten zum Ausdruck kommt. So steht das Erlebnis für den Einzelnen oder die Gruppe im Mittelpunkt der Freizeitgestaltung. Durch die Schaffung von Erlebnissen in Form von Events kann eine emotionale Spannung bei den Teilnehmern aufgebaut und der Medienmüdigkeit entgegengewirkt werden.[409] Denn ein großer Vorteil des Event-Marketings ist die hohe Dialog-

---

[407] Kalweit, U.: Sponsoring, 1993, S.461

[408] Bruhn, M.: Kommunikationspolitik, 1997, S.778

[409] Vgl. Ramme, I.: Marketing, 2000, S.241

fähigkeit und die Erreichbarkeit der ausgewählten Zielgruppe. So können unmittelbar Kontakte in einer für den Konsumenten zwangsfreien, angenehmen Situation geknüpft werden. Die erlebnisorientierte Präsentation der Produkte beabsichtigt eine aktive Ansprache des Zielpublikums. Markeninhalte können so erfassbar gemacht und direkt vermittelt werden. Der Konsument wird Bestandteil der Markenwelt. Der direkte Kontakt und die damit verbundene Emotionalität erzeugen Sympathie, die die Basis für eine positive Imagebeeinflussung schafft.[410]

Die wichtigsten Ziele des Event-Marketings sind die Erhöhung des Bekanntheitsgrades, die Schaffung von Sympathie, die Verbesserung des Images, der Kundenkontakt und die Emotionalisierung der Zielgruppe.[411] Durch die Einbindung von Prominenten bei Events kann darüber hinaus eine Berichterstattung in den Medien sichergestellt und somit der Multiplikatoreffekt der Massenmedien ohne Zahlung eines Entgeltes genutzt werden.

5.2.4.2.4 Product Placement

Product Placement stellt eine in Deutschland noch nicht lange praktizierte Form der below-the-line Instrumente dar, obwohl es in den USA schon vor Beginn des zweiten Weltkrieges bekannt war und seit dieser Zeit überwiegend in Spielfilmen eingesetzt wurde. Außerhalb der Expertenkreise ist Product Placement jedoch spätestens „seit den spektakulären Auftritten des BMW-Roadster Z3 im James-Bond-Film ‚Golden Eye', und der Computer der Firma Apple im Science-Fiction-Epos ‚Independence Day' in aller Munde"[412].

Mit Product Placement werden gezielt Produkte, Gegenstände oder Markensymbole als Requisite in Filmen, Fernsehsendungen oder Videoclips platziert. Dabei wird das Produkt „im Gebrauchs- oder Verbrauchsumfeld von bekannten Schauspielern – in der Regel von Hauptdarstellern – gezeigt"[413], wobei die Marke für den Betrachter deutlich erkennbar ist. Die heutigen Nachfrager von Product Placement sind überwiegend Unternehmen, die Markenartikel herstellen. Anbieter von Platzierungsmöglichkeiten sind Produzenten von Filmen und Fernsehsendungen bzw. Verlagen. Über die Medien Kino, Fernsehen und Video werden die Placements zu den Konsumenten transportiert. Wenn im James-Bond-Film „The world is not enough" das Modell Z8 von BMW, Bollinger (Champagner), Calvin Klein und noch weitere Marken gezeigt werden, handelt es sich keinesfalls

---

[410] Vgl. Zils, O.: Jahrmarkt der Erlebnismarken, in: Horizont, Nr. 36/99, S.17

[411] Vgl. Ramme, I.: Marketing, 2000, S.241

[412] Dinkel, M; Waldner, A.: Product Placement, 1995, G 5.2 S.2

[413] Auer, M; Kalweit, U.; Nüssler, P.: Product Placement, 1991, S.11

um Zufall oder Glück für das entsprechende Unternehmen, sondern um die Folge einer geplanten Strategie.[414]

Das Prinzip der Gegenleistung ist ein charakteristischer Bestandteil des Product Placement. Das Spektrum dieser Gegenleistung erstreckt sich dabei von der kostenlosen Überlassung der Produkte, über die freie Gewährung von Dienstleistungen, bis hin zur Zahlung von Geldbeträgen. Auch eine Kombination der drei Möglichkeiten ist denkbar. Das Zahlen von Geldbeträgen wird jedoch von den Unternehmen häufig in Abrede gestellt. Ein wesentlicher Grund hierfür ist, dass das Bekannt werden der Summen, die für das Product Placement ausgegeben werden, dem Image des platzierten Unternehmens schaden kann, da Product Placement mehrheitlich mit „Schleichwerbung" gleichgesetzt wird. Deshalb wurde für das *BMW Z3*-Placement im James-Bond-Film „Golden Eye" kein Geld bezahlt, sondern eine *Cross-Promotion* vereinbart. Das bedeutet, dass im Film das Fahrzeug gezeigt und somit für das *BMW*-Produkt geworben wird, während im Gegenzug *BMW* in seiner Produktwerbung für den Film wirbt. In diesem Fall ein Erfolg für Film und Auto. Denn „Golden Eye" wurde bis dahin zum erfolgreichsten James Bond-Film und der *BMW Z3* wurde zum meistverkauften Roadster der Welt.[415]

Im Wesentlichen können drei Arten von Product Placement unterschieden werden:

* *Product Placement im engeren Sinne*

    Dabei handelt es sich um die Platzierung von Markenartikeln in TV-Serien, Spielfilmen, Fernsehproduktionen und Kinospielfilmen. *Staatlich Fachingen* nützt diese Form des Placements schon länger und positioniert seine Flaschen bei der Kochsendung „Alfreddissimo" mit Alfred Biolek, oder *Perrier* ebenfalls im James-Bond-Film „Golden Eye". Prominente Schauspieler oder sympathische Filmhelden haben für den Zuschauer oftmals eine gewisse „Idolkompetenz". „Als E.T. zu den Schokoladenbonbons der Marke *Reeses Pierces* griff, nahm der Absatz in den USA um 56 % zu."[416]

    Ein Sonderfall ist das Corporate Placement, bei dem der Name, der Schriftzug oder das Logo eines Unternehmens eingeblendet werden.

---

[414] Vgl. Auer, M; Kalweit, U.; Nüssler, P.: Product Placement, 1991, S.11
[415] Vgl. BMW AG: BMW Group. Stationen einer Entwicklung, S.85
[416] Auer, M; Kalweit, U.; Nüssler, P.: Product Placement, 1991, S.17

- *Generic Placement*

Unter Generic Placement wird die Platzierung eines Markenartikels oder einer ganzen Produktgattung verstanden, ohne deren Markenlogo einzublenden. Der Markenartikel oder die Produktgattung müssen aufgrund ihrer typischen Form und Farbe erkannt werden. Generic Placement kann vor allem für Unternehmen interessant sein, die einen Marktanteil von mehr als 50 % aufweisen. Ein Beispiel für ein gelungenes Generic Placement war der Marktführer *Dr. Oetker* im Bereich Götterspeise in der Serie „Liebling Kreuzberg". Die Marke war dabei nicht zu erkennen. Sinnvoll kann ein Generic Placement auch sein, wenn dadurch das Image einer ganzen Produktgattung verbessert werden soll. Dies kann im Falle von Zigaretten etwa durch rauchende Hauptdarsteller erfolgen.[417]

- *Image Placement*

Beim Image Placement wird die Handlung oder das Thema eines Filmes bzw. einer Serie auf das Produkt, die Dienstleistung oder das Unternehmen zugeschnitten. So war z.B. Ziel der Serie „Die Schwarzwaldklinik", das Image des Schwarzwaldes aufzubessern, das durch die in den 80er-Jahren auftretende Problematik des Waldsterbens negativ in die Schlagzeilen gekommen war. Bei der Fernsehserie „Klinik unter Palmen" ging es darum, die Insel Mallorca positiv darzustellen.[418]

Auch das Product Placement entstand im Wesentlichen als Folge der wachsenden Abneigung gegenüber den klassischen Formen der Werbung. Product Placement stellt dabei eine sinnvolle Ergänzung der klassischen Werbung dar, kann diese aber nicht ersetzen. Die Beweggründe der Unternehmen für den Einsatz von Product Placement sind offensichtlich. Grundsätzlich werden in einer Produktion nicht gleichartige Produkte anderer Marken integriert. Es handelt sich um eine Werbebotschaft unter dem Aspekt der Alleinstellung. Dem Produkt wird so eine höhere Aufmerksamkeit geschenkt, als dies bei klassischer Werbung der Fall wäre. Ein weiterer Grund ist der Wegfall des *Zapping-Effekts* (das Umschalten per Fernbedienung auf ein anderes Fernsehprogramm während des Werbeblocks), da beim Product Placement keine störenden Werbeunterbrechungen stattfinden. Dies führt zu einer Vergrößerung des erreichten Personenkreises, weil dem Zuschauer beim Product Placement die Möglichkeit genommen wird, der Werbemaßnahme zu entgehen. Durch das starke Interesse an einem Film oder einer Fernsehsendung ist der Konsument außerdem stärker bereit Informationen, die

---

[417] Vgl. Berndt, R.: Marketing 2, 1995, S.307
[418] Vgl. Dinkel, M; Waldner, A.: Product Placement, 1995, G 5.2 S.2

von einem Medium ausgehen, aufzunehmen und zu verarbeiten. Die Botschaft wird von Anfang bis zum Ende aufgenommen.[419]

Das Hauptziel von Product Placement ist in erster Linie die Erzielung eines Imagegewinns. Mit Product Placement kann nur sehr begrenzt der Bekanntheitsgrad einer Marke erhöht werden. Ein gewisser Bekanntheitsgrad gilt als Grundvoraussetzung für den Erfolg des Product Placement, denn über die visuelle Präsentation hinaus ist keine weitere Produktbeschreibung möglich. So können nur bereits bekannte Marken über die Breitenwirkung und den Multiplikatoreffekt der Massenmedien ihren Bekanntheitsgrad steigern. Denn je stärker das Produkt oder die Marke im Gedächtnis des Zuschauers verankert ist, desto größer ist die Chance, dass der Betrachter die Marke im Verlauf des Filmes registriert. Besonders geeignet sind Produkte, die aufgrund ihrer Farbe, ihres Schriftzugs, ihres Namens, ihrer Form oder ihres Logos vom Betrachter sofort identifiziert werden können. Die Eignung eines platzierten Produkts zur Absatzförderung ist folglich Voraussetzung für das Product Placement.

Als wichtigstes Kriterium für eine erfolgreiche Anwendung dieses Instruments gilt die Beziehung zwischen Produktimage und Schauspieler bzw. dem Umfeld eines Filmes. Die generelle Effizienz des Product Placements kann durch mangelnde Gemeinsamkeit zwischen Darsteller (= Leitbild) und Marke sehr stark beeinträchtigt werden. Der Effekt eines positiven Imagetransfers durch den Schauspieler auf die Marke kann nur dann erreicht werden, wenn der Betrachter eine Übereinstimmung zwischen Produkt- bzw. Placementeigenschaften und den Eigenschaften des Schauspielers erkennt. Je bekannter und beliebter die mit dem platzierten Produkt agierenden Schauspieler sind, umso größer ist auch deren Vorbild- bzw. Leitbildwirkung und damit auch die Imagestärkung für das Produkt. Welcher Leinwandstar dabei zu welcher Marke passt, ist im Allgemeinen ein Problem der Markenstrategie, die im Sinne einer dauerhaften Präsenz der Marke eine gewisse Konsistenz aufweisen sollte. Damit wird die Ableitung eines Anforderungsprofils ermöglicht. Gemäß einer Marktforschungsstudie sind beispielsweise die Images von Bond und *BMW* vergleichbar. Laut Aussagen von *BMW*[420] betrifft dies in erster Linie die Internationalität, die Innovation (denn Bond hat immer neue Einfälle), die Dynamik und den Zeitgeist. Aber auch das Erfolgsdenken, die Mobilität (geistige und physische Beweglichkeit) und die Risikobereitschaft sind zu erwähnen. Der *Z3* wurde mit dem James-Bond-Charakter entsprechend positioniert und profiliert. Sowohl die Marke *BMW*, als auch die Figur James Bond profitieren von einander. Zwischen ihnen

---

[419] Vgl. Bente, K.: Product Placement, 1990, S.88ff

[420] Vgl. Pressemitteilung der BMW AG zum Z3-Product Placement in „Golden Eye"

findet ein Imagetransfer statt, in dem spezifische Imagefacetten übertragen bzw. angenommen werden.

Je besser sich Produkt bzw. Marken visualisieren lassen (prägnantes Logo, Produktdesign bzw. Corporate Design), umso größer ist die Wirkung eines Product Placements. Die Wirkung geht aber eher nach hinten los, wenn das Placement zu plakativ und aufdringlich ist. Es muss unterschwellig bleiben, sonst werden schnell Reaktanzwirkungen beim Publikum hervorgerufen. Erfolgreiche Placements integrieren sich unauffällig in den natürlichen Ablauf einer Handlung und passen zum Drehbuch. So hat sich z.B. Manfred Krug im Tatort von einem Assistenten die Funktionen von *T-Online* erklären lassen. In der Tatort-Folge ging es um eine Internetgeschichte, in deren Handlung sich das Placement hervorragend einfügte und weder aufgesetzt noch störend wirkte. Aber auch ein ausgezeichnetes Drehbuch ist kein Erfolgsgarant. „Auch Film und Handlung müssen stimmen. Das beste PP [Product Placement] nützt nichts, wenn der Film nichts hergibt. Eine mittelmäßige Platzierung in ‚Titanic' ist allemal besser, als ein Top-PP in einem Flop. Das PP lebt vom Film."[421]

5.2.4.2.5 Neuen Medien

„Die Anwendung multimedialer Techniken in der Kommunikation bietet Unternehmen die Möglichkeit, neue direkte Wege der Kundenansprache zu nutzen."[422] Ihre Entstehung geht auf die geänderten Anforderungen an die Kommunikation zurück. Diese haben sich von einer *Push-* zu einer *Pull-Information* gewandelt. Im entscheidenden Unterschied zur klassischen Kommunikation, erhält der Konsument multimedial aufbereitete Informationen ganz individuell, die er je nach Intention und Wissen selbst selektieren kann.[423] Mit den Kommunikationsinstrumenten der *neuen Medien* werden also Informationen bereitgehalten und erst auf Verlangen der Kunden geliefert. Der Kunde kann bestimmen, ob und wann er die Informationen abrufen möchte. Im Zuge dieses Wandels entstanden Kommunikationsinstrumente, die unter dem Oberbegriff „neue Medien" zusammengefasst werden. Die neuen Medien sind multimedial, d.h. im Gegensatz zu klassischen Medien ist ein Mix von Text, Ton und Bild möglich, so dass eine intensive direkte Kommunikation mit den Kunden zustande kommen kann. Unter den Begriff neue Medien fallen Werbeträger wie Computeranwendungen, elektronische Kataloge, Intranet, Web TV (Informationen ergänzt durch Bewegtbilder und Ton), Kiosk-Systeme (z.B.: elektronische Terminals im Verkaufs-

---

[421] Auer, M., online: Product Placement „Die Kunst der geheimen Verführung", 07.03.03

[422] Meffert, H.: Marketing, 1998, S.722

[423] Vgl. ebenda

raum), etc. Im Mittelpunkt der neuen Medien steht jedoch das Internet als Werbeträger. Ziel dieser Medien ist die Informationsverbreitung und die Förderung eines innovativen Images.

Das Internet ist das bekannteste und weltweit am häufigsten genutzte Onlinemedium. Viele Unternehmen habe längst die Zeichen der Zeit erkannt und präsentieren sich im Internet. Sie besitzen die Möglichkeit, Informationen über Leistungen und Produkte einem großen Nutzerkreis allzeit und aktuell verfügbar zu machen, sowie mit ihren Kunden und Lieferanten auf direkte und unkomplizierte Weise in Kontakt zu treten. Im Laufe der Jahre hat der Anteil der Internetnutzer an der Gesamtbevölkerung stetig zugenommen. Damit wird das Internet langsam zu einem Massenmedium.[424]

Werbeplacements und Banner Ads

Werbeplacements oder *Banner Ads* sind Werbeflächen in Online-Publikationen, die mit den herkömmlichen Printanzeigen in Zeitschriften verglichen werden können. Sie sind entweder statisch in eine Webseite eingebaut, d.h. ohne Animation und Bewegtbilder, nur mit einer möglichst ins Auge springenden grafischen Gestaltung, oder sie sind animiert, was zu einer erhöhten Aufmerksamkeit bei den Nutzern führt.[425]

Durch das Anklicken des jeweiligen Banners gelangt der Benutzer über einen Link auf die Homepage des werbenden Unternehmens. Über Bannerwerbung auf stark frequentierten Internetseiten wird eine große Zahl potenzieller Besucher erreicht. Doch sollte das Unternehmen auf mögliche Streuverluste achten und darauf, ob die Zielgruppe der potenziellen Kunden tatsächlich in ausreichender Zahl diese Seiten besucht. Genannt werden diese Placements auch *Banner, Adspots* oder *Buttons*.[426] Ziel der Placements ist die Erhöhung des Bekanntheitsgrads eines Unternehmens, einer Marke oder eines Produkts bzw. die Lenkung der Nutzer auf die eigene Homepage.[427]

Die Firmenhomepage

Die Gestaltung eines eigenen Onlineauftritts in Form einer Homepage bietet einem Unternehmen viele Vorteile. Es gibt kein anderes Medium, bei dem Kunden aus aller Welt 24 Stunden am Tag und 7 Tage in der Woche die Möglichkeit haben, sich mit den Produkten interaktiv auseinander zu setzen. Die Website

---

[424] Meffert, H.: Marketing, 1998, S.722
[425] Vgl. Geml, R.; Geisbüsch, H; Lauer, H.: Das kleine Marketing-Lexikon, 1999, S.387
[426] Vgl. Hortz, F.: Guerilla-PR. Wirksame Öffentlichkeitsarbeit im Internet, 1999, S.44
[427] Vgl. Meffert, H.: Marketing, 1998, S.722ff

sollte die Funktion eines hervorragenden Verkäufers haben, d.h. sie sollte so überzeugend aufgebaut sein, dass Kunden selbst Dinge kaufen, die sie eigentlich gar nicht brauchen.[428] Zur Vermittlung der Corporate Identity nutzen Unternehmen verstärkt eine eigene Homepage, auf der sie sich und ihre Ziele vorstellen und an Kunden, Mitarbeiter, Investoren und Geschäftspartner adressierte Serviceleistungen wie Informationen und Daten zu den Aktivitäten des Unternehmens anbieten. Beispiele für Aktivitäten eines Unternehmens sind Gewinnspiele oder das Sponsoring von Ereignissen. Ziel aller Aktivitäten im Internet ist es, ein bestimmtes Image vom Unternehmen zu verbreiten oder eine verkaufsfördernde Wirkung auf potenzielle Kunden zu erzeugen. Die Abbildung 5.9 zeigt am Beispiel *Nivea* wie eine gut gestaltete Homepage aussehen kann.

Abb. 5.9: Die Homepage von Nivea
Quelle: http://www.nivea.de/, 05.03.2003

Neben der inhaltlichen Qualität tragen sowohl die grafische Gestaltung als auch die Navigationsstruktur der Website zum Erfolg und zum Image bei. Der Nutzer muss sich auf der Website schnell zurechtfinden können und zügig zu der von ihm gesuchten Information gelangen. Viele Unternehmen begehen aber den Fehler, nicht genügend Zeit für die Gestaltung ihrer Homepage zu verwenden und stellen einfach ihre Printprospekte 1:1 auf ihre Seite. Dabei vergessen sie völlig,

---

[428]   Vgl. Delano, F.: Brand Slam: The Ultimate Hit in the Game of Marketing, 2001, S.71

dass der Nutzer das Internet hauptsächlich als interaktives Medium nutzen möchte.[429]

5.2.4.3 Die integrierte Kommunikation

Die Probleme, die sich mit klassischen Kommunikationsinstrumenten ergeben, und die Tatsache, dass die neuen Kommunikationsinstrumente nicht isoliert angewendet werden können, lassen als Ausweg nur die integrierte Kommunikation zu. Unter integrierter Kommunikation wird die inhaltliche und formale Abstimmung aller Kommunikationsmaßnahmen verstanden.[430] Ziel ist die durch die Kommunikation erzeugten Eindrücke zu vereinheitlichen und zu verstärken, um so ein konsistentes Image aufzubauen. Die integrierte Kommunikation ist für den Aufbau eines klaren und prägnanten Marken- bzw. Unternehmensimages von zentraler Bedeutung.[431] Die gesamte Kommunikation eines Unternehmens muss aufeinander abgestimmt werden, unabhängig davon, ob sie nach außen oder nach innen gerichtet ist. Sie sorgt dafür, ein einheitliches Erscheinungsbild zu erzielen, Widersprüche zu vermeiden, den Wiedererkennungswert zu erhöhen und die Marke und das damit verbundene Erlebnisprofil in den Köpfen der Konsumenten festzuhalten. Denn nur eine Ausrichtung der gesamten Kommunikation und des Erscheinungsbildes eines Unternehmens an einheitlichen Maßstäben, Richtlinien oder Visionen kann zu einem Erfolg hinsichtlich der Schaffung von Präferenzen beim Konsumenten führen.[432]

Die inhaltliche Integration

Im Zentrum der inhaltlichen Integration steht die Frage, wie die verschiedenen Kommunikationsmittel thematisch, im Hinblick auf die zentralen Ziele der Unternehmenskommunikation, abzustimmen und zu verbinden sind. Die thematische Verbindung entsteht hauptsächlich durch einheitliche Botschaften, Slogans, Argumente oder Bilder, wobei die visuellen Komponenten von Schlüsselbildern innerhalb der inhaltlichen Integration eine zentrale Rolle übernehmen.[433]

Ein anschauliches Beispiel, wie inhaltliche Integrationsmaßnahmen erfolgreich umgesetzt werden können, sind die *Volksbanken und Raiffeisenbanken* („Wir machen den Weg frei."). Alle Kommunikationsmittel wie Fernsehspots, Prospekte, Displays, Schaufenster, Zeitungsanzeigen, Mitarbeiterschulungen, PR-Ver-

---

[429] Vgl. Pollert, A.: Marketing im Internet, 2000, S.19

[430] Vgl. Berndt, R.: Marketing 2, 1995, S.436

[431] Vgl. Kroeber-Riel, W.; Esch, F.: Strategie und Technik der Werbung, 2000, S.124

[432] Vgl. Kroeber-Riel, W.; Esch, F.: Strategie und Technik der Werbung, 2000, S.115

[433] Vgl. Möhlenbruch, D.; Burghard, C.; Schmieder, U.: Corporate Identity, 2000, S.39

anstaltungen oder Events der Banken beinhalten die Schlüsselinformation des „freien Weges", die aber immer wieder abwechslungsreich inszeniert wird.[434]

Die formale Integration

„Die formale Integration dient dazu, sämtliche Kommunikationsmittel durch Gestaltungsprinzipien miteinander zu verbinden und damit im Hinblick auf die zentralen Ziele der Unternehmenskommunikation eine einheitliche Form des Erscheinungsbildes zu vermitteln."[435] Die formale Klammer ist gekennzeichnet durch die Verwendung standardisierter Gestaltungsmittel des Corporate Designs. Zusätzlich können *Aktionssymbole* wie z.b. der *Esso*-Tiger eingesetzt werden. Damit kann ein Markenartikel schneller identifiziert und erwünschte Image-Dimensionen vermittelt werden. Durch den *Esso*-Tiger sollen dem Markenartikel *Esso*-Benzin Dimensionen wie Kraft und Schnelligkeit zugeordnet werden.[436]

Die zeitliche Integration

Bei der zeitlichen Integration von Kommunikationsmaßnahmen sind alle Kommunikationsmittel innerhalb der Planungsperioden und in ihrem Ablauf aufeinander abzustimmen. Das Ziel ist ein einheitliches Erscheinungsbild zu generieren. Um dies zu erreichen, darf der typische Werbestil nicht sprunghaft gewechselt werden. Damit sich das angestrebte Image bei den Konsumenten durchsetzt, muss die Kommunikation kontinuierlich über mehrere Jahre hinweg in derselben Art und Weise durchgeführt werden. Sollen Änderungen des Images erreicht werden, so muss dies schrittweise erfolgen. Denn eine 180-Grad-Drehung macht kein Verbraucher mit.[437]

---

[434] Vgl. Kotler, P.; Bliemel, F.: Marketing-Management, 1999, S.926
[435] Möhlenbruch, D.; Burghard, C.; Schmieder, U.: Corporate Identity, 2000, S.40
[436] Vgl. Berndt, R.: Marketing 2, 1995, S.442
[437] Vgl. Möhlenbruch, D.; Burghard, C.; Schmieder, U.: Corporate Identity, 2000, S.41 und vgl. Berndt, R.: Marketing 2, 1995, S.443

6 Der Imagetransfer

In Anbetracht des zunehmenden „Flop-Risikos" bei der Einführung neuer Produkte, der steigenden Werbekosten und dem damit verbundenen langwierigen und oft kostspieligen Weg des Imageaufbaus drängt sich der Gedanke geradezu auf, ein bereits bestehendes Image auf ein (anderes, neues) Produkt bzw. Objekt zu übertragen.[438]

6.1 Definition Imagetransfer

> Imagetransfer ist die „Übertragung des Images eines Bezugsobjekts auf ein anderes, um an dessen (positiver) Wirkung teilzuhaben"[439].

Der Imagetransfer ist zu differenzieren in Imagetransfer als Ergebnis und Markentransfer als vorangestellte Maßnahme.

Markentransfer bezeichnet die Maßnahmen, die ein Unternehmen durchführen kann, um den Markenauftritt gezielt zu beeinflussen, beispielsweise den Markennamen bzw. das Logo auf ein anderes Produkt zu transferieren. Unter Markentransfer im engeren Sinn (im folgenden Markentransfer genannt) „versteht man die zielgerichtete markierungspolitische Strategie, das für bestimmte Produkte eingeführte Markenzeichen und die Ausstattung auf andere von diesen verschiedenen Produkten zu übertragen, und zwar in der Weise, dass der Verbraucher alle mit der Marke gekennzeichneten Produkte als eine zusammengehörende Einheit wahrnimmt. Der Markentransfer führt damit zu einer Ausweitung des Leistungsprogramms der Marke."[440]

Der *Imagetransfer* steht für das daraus resultierende Ergebnis der gesamten sortimentsbezogenen Wahrnehmung beim Käufer, der Realisierung einer Übertragung des unter einer Marke subsumierten Images.[441]

---

[438] Vgl. Huber, K.: Image, 1990, S.196

[439] Nieschlag, R.; Dichtl, E.; Hörschgen, H.: Marketing, 1997, S.1048

[440] Hätty, H.: Der Markentransfer, 1989, S.49

[441] Vgl. Hätty, H.: Der Markentransfer, 1989, S.37ff

6.2 Die wesentlichen Merkmale des Imagetransfers

Der Imagetransfer ist durch vier wesentliche Merkmale gekennzeichnet:

- **Ein einheitliches Auftreten mehrerer Produkte unterschiedlicher Kategorien unter einer Marke**

  Ein gemeinsames „Imagedach", unter dem unterschiedliche Produkte vereinigt sind, wirkt sich fördernd auf die Übertragung von Vorstellungsbildern aus. Es können so Erlebniszusammenhänge zwischen Produkten geschaffen werden, die normalerweise nicht als zusammengehörig wahrgenommen werden. Eine gemeinsame bzw. aufeinander abgestimmte Gestaltung des Marketing-Mix der Transferprodukte ist hierbei Voraussetzung.[442]

- **Eine vertikale Abstimmung der Marketing-Mix-Instrumente**

  Hierbei handelt es sich um das koordinierte Vorgehen des Unternehmens im Hinblick auf Produkt-, Kommunikations-, Preis- und Distributionspolitik innerhalb eines Unternehmens bzw. eines Leistungsträgers. Die vertikale Abstimmung ist nötig, um einen einheitlichen Auftritt in der Öffentlichkeit zu gewährleisten und damit ein positives Image zu erzielen.[443]

- **Eine horizontale Abstimmung der Marketing-Mix-Instrumente**

  Die horizontale Koordination wird als die Abstimmung des Marketing-Mix der verschiedenen Marken verstanden. Sie ist notwendig, um ein einheitliches Bild über sämtliche Produkte, welche vom Image profitieren sollen, abzugeben. Dies bedeutet, dass nicht nur die Marketing-Mix-Instrumente der Ursprungs- und Transfermarke klare Abstimmungen aufweisen müssen, sondern dass auch die Koordination und Abstimmung gegenseitig einwandfrei stehen muss.[444]

---

[442] Vgl. Mayer, A.; Mayer, R.: Imagetransfer, 1987, S.26

[443] Vgl. Hätty, H.: Der Markentransfer, 1989, S.305

[444] Vgl. ebenda

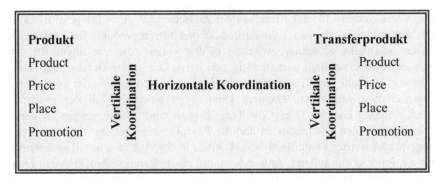

Abb. 6.1: Horizontale und vertikale Koordination des Marketing-Mix
Quelle: Nach Hätty, H.: Der Markentransfer, 1989, S.305

- **Ein von der Zielgruppe wahrgenommener und akzeptierter gemeinsamer Vorteil von Produkt- und Transferprodukt (Transferpartner)**

  Das Resultat der horizontalen und vertikalen Abstimmung sollte ein gemeinsamer Vorteil von Produkt- und Transferprodukt sein. Denn nur, wenn der Kunde die Zugehörigkeit erkennt und nicht als zufällig abtut, ist der Transfer auch gelungen.

6.3 Zielsetzungen des Imagetransfers

Das grundsätzliche Ziel des Imagetransfers ist eine Erleichterung der Markteinführung und Penetration, eine Reduktion des Flop-Risikos, sowie die Pflege bereits bestehender Marken bzw. deren Stärkung.[445] Unternehmen bedienen sich des Imagetransfers um einige oder alle im Folgenden aufgeführten Zielsetzungen zu erreichen.

Tab. 6.1: Die Zielsetzungen des Imagetransfers

Mögliche Zielsetzungen des Imagetransfers:
• die Reduktion von Markteintrittsbarrieren
• die vereinfachte Erschließung von (Auslands-)Märkten
• die Erhöhung der Marketing-Effizienz
• die Ausnutzung des Markenwertes über Lizenzvergabe
• die Stärkung der Marke
• Werbemöglichkeiten trotz Werbebeschränkung

Quelle: Vgl. Hätty, H.: Der Markentransfer, 1989, S.288ff

---

[445] Vgl. Mayer, A.; Mayer, R.: Imagetransfer, 1987, S.28

Die Voraussetzung für das Erreichen der Zielsetzungen eines Imagetransfers ist das Zusammenpassen von Transferprodukt und Stammprodukt. Dies setzt eine starke inhaltliche Klammer zwischen beiden voraus, die vor allem für den Konsumenten ersichtlich und stimmig sein muss. Die größte Gefahr liegt in der falschen Auswahl von Transferpartnern, die falsche denotative oder konnotative Eigenschaften verkörpern. Dadurch kann es zu einem Verfall des gesamten Markenimages kommen. Denn die Tragfähigkeit eines Markenimages ist durch seine spezifischen Assoziationen und die Produkte begrenzt, auf die es sinnvoll angewendet werden kann. So steht z.b. *Nivea* in den Augen seiner Konsumenten für ein Produkt zur äußeren Anwendung, mit einem kaum wahrnehmbaren Duft. Das Image als Hautpflegeserie ist einfach zu stark, als dass eine „innere" Anwendung z.B. in Form von Zahnpasta für den Verbraucher akzeptabel wäre. Aus diesem Grund war *Beiersdorf* gezwungen, das Segment „Zahnpasta" für sich auszuschließen und stellte daher 1968 die Produktion von Zahnpasta für die Marke *Nivea* ein.[446]

Im Folgenden werden die einzelnen Zielsetzungen näher erläutert, wobei die Reihenfolge keine Priorisierung darstellt.

6.3.1 Die Reduktion von Markteintrittsbarrieren

Markteintrittsbarrieren können als die Summe aller Faktoren definiert werden, die es einem Unternehmen erschweren oder unmöglich machen, an einem für sie relevanten Markt teil zu nehmen. Sie charakterisieren damit die Nachteile, die ein Newcomer im Vergleich zu etablierten Anbietern hinzunehmen hat.[447]

Verstärkt werden die Zutrittsschwierigkeiten in heutigen Märkten nicht nur durch temporäre, sondern auch durch strukturelle Stagnations- bzw. Schrumpfungstendenzen. Eine der Hauptursachen ist die vorangeschrittene Marktsättigung. Eine Strategie, um in solchen Märkten trotzdem erfolgreich zu sein, ist der Aufbau von Marken – eine Markenstrategie.

Die größten Schwierigkeiten einer Markenstrategie ergeben sich aus:

- den hohen Kosten (für Werbung, Qualität, Infrastruktur und Service),

- dem hohen Zeitaufwand (der sich aus der geforderten Kontinuität und dem strategischen Vorgehen ergibt),

- dem enormen Kommunikationsaufwand (für die Bekanntmachung einer neuen Marke),

---

[446] Vgl. Trommsdorff, V.: Konsumentenverhalten, 1998, S.66ff
[447] Vgl. Hätty, H.: Der Markentransfer, 1989, S.288

- der mittlerweile immer schwieriger werdenden Namensfindung (Wohlklang, Rechtslage, Inhalt, etc.).

An dieser Stelle hilft der Imagetransfer. Er ermöglicht einige der oben genannten Schwierigkeiten, die für den Newcomer Markteintrittsbarrieren darstellen, zu umgehen oder zumindest zu reduzieren. Denn Imagetransfer führt zu:

- **Kostenreduktion durch die Nutzung bereits vorhandener Infrastruktur, inhärentes Qualitätsmanagement und reduzierte Kommunikationsaufwendungen.**

  Die Kostenreduktion wirkt sich in erster Linie auf die Werbung aus. Das immer wieder anzutreffende Argument bezieht sich vor allem auf die Ersparnisse hinsichtlich der Förderung des Bekanntheitsgrades (da die Marke bereits bekannt ist, muss für das neue Produkt weniger umfangreich geworben werden).[448]

- **Geringerem Zeitaufwand bei der Markenbildung bzw. der Bekanntmachung des Transferprodukts.**

  Durch den Markentransfer bzw. den daraus resultierenden Imagetransfer kann die Zeitspanne für die Bekanntmachung einer Marke bzw. eines Produkts deutlich reduziert werden. „Legt man (...) die klassische Lernhierarchie der Effekte zugrunde, so kann (...) davon ausgegangen werden, dass bereits bekannte Reize ein höheres Aktivierungspotenzial besitzen als unbekannte und demzufolge auch besser wahrgenommen werden."[449] Hierbei muss dem Verbraucher jedoch der Zusammenhang zwischen Stammprodukt und Transferprodukt veranschaulicht werden. Dies nimmt naturgemäß eine bestimmte Zeit in Anspruch. Sie ist jedoch deutlich kürzer, als die Zeit, die benötigt wird, um eine völlig neue Marke (Produkt) zu etablieren und deren Vorteile zu kommunizieren.

- **Reduktion des Kommunikationsaufwands aufgrund der vorhandenen Markenbekanntheit.**

  Der Kommunikationsaufwand bei der Neuinszenierung einer Marke ist enorm. Im Gegensatz dazu liegt der Aufwand bei einer Transferstrategie deutlich niedriger – allein durch die Transformation von dem Kunden bereits bekannten Inhalten.

---

[448] Vgl. Hätty, H.: Der Markentransfer, 1989, S.291

[449] Hätty, H.: Der Markentransfer, 1989, S.290

- **Entfall der Namenssuche durch bereits eingeführte Markennamen.**

Der Entfall der Namenssuche gewinnt vor allem dann an Bedeutung, wenn man die Anzahl der markenrechtlich geschützten Namen, die bereits in die Patentrolle eingetragen sind, betrachtet und die Zeit berücksichtigt, die benötigt wird (bis zu 2 Jahre), um einen neuen Namen gesichert einführen zu können. Der finanzielle Schaden, der aus einer voreiligen Namensgebung resultiert, kann erheblich sein.

Die Namensfindung beschränkt sich nicht nur auf die reine Bezeichnung. Es müssen Kriterien wie Aussprechbarkeit, Wohlklang, Schriftzugsmöglichkeiten, interkulturelle Akzeptanz und die internationale Begriffsdefinition beachtet werden. Angesichts dieser Tatsachen liegt der Schluss nahe, dass ein bereits etablierter Name (evtl. durch einen Zusatz verändert) massive Vorteile bietet. So wurde der etablierte Name *Merci* mit einen Zusatz zu *Merci Krokant* erweitert. Problematisch ist die Namensübertragung vor allem dann, wenn dieser mit einem bestimmten Produkt (z.B. *Tempo*) und nicht mit einem bestimmten Hersteller (z.B. *Procter & Gamble*) verbunden wird. Dann muss das Stammprodukt evtl. repositioniert werden, um das Transferprodukt unter sein Markendach subsumieren zu können. Dies stellt nicht unbedingt eine Erleichterung dar. Denn nur, wenn der Kunde die „Verwandtschaft" erkennt und anerkennt, kann auch das Transferprodukt davon profitieren (*Tempo-Küchenrolle* sinnvoll; *Tempo-Politur* nicht sinnvoll).

6.3.2 Die vereinfachte Erschließung von (Auslands-)Märkten

Durch Imagetransfer können (Auslands-)Märkte einfacher erschlossen werden. Hohe Markenaffinitäten helfen, die Abwehrhaltung gegenüber neuen Produkten sowie das damit verbundene Misstrauen (Risiko der Produktnutzung) zu verringern. Auch der Handel will von einem Produkt überzeugt werden. Eine eingeführte Marke, die in ihrer Produktklasse Marktführer ist, führt zu einer größeren Abnahmebereitschaft, als eine völlig neue, unbekannte Marke. Dies gilt besonders dann, wenn die Marken dazu geeignet sind, die Leistungsfähigkeit des Handelsunternehmens zu dokumentieren, und damit wesentlich zu dessen Profilierung beitragen.

6.3.3 Die Erhöhung der Marketingeffizienz

In Unternehmen werden Transferstrategien häufig mit dem Argument der Werbekostenersparnis begründet. Als primäre Zielsetzung ist dies gewagt, während es als zusätzlicher Effekt durchaus denkbar ist. Eine Reduktion der laufenden Werbekosten erscheint plausibel, denn Werbung für eingeführte Marken ist in erster Linie Erhaltungswerbung, d.h. sie arbeitet gegen Vergessensprozesse des

Markennamens und versucht diesen präsent zu halten. Ist das Transferprodukt erst einmal hinreichend bekannt, so trägt auch seine Werbung zur Erinnerung des Markennamens bei und löst Assoziationen zum Stammprodukt aus. Diese Beziehung gilt ebenso im umgekehrten Falle. Zwei Bedingungen müssen jedoch erfüllt sein, da nur so die Zielsetzung einer Werbekostenreduktion erreicht werden kann: Die Popularität des Stammprodukts zum einen (d.h. die Assoziationskette: Transferprodukt-Markenname-Stammprodukt) und eine starke inhaltliche Klammer zwischen den Produkten zum anderen.[450] Ist dies gegeben, so spricht man von einem *spill-over-Effekt*[451].

Abschließend kann gesagt werden, dass die Marketingeffizienz als primäre Zielsetzung nur bei Mitläufer-Produkten (die vom Umsatzvolumen her weit hinter dem Stammprodukt zurückstehen und eher die Abrundung des Markenportfolios erfüllen) sinnvoll ist. Der Aufbau einer eigenständigen Marke scheint hier nicht effizient und ein negativer Transfereffekt eher unwahrscheinlich zu sein. Es bietet sich daher ein Imagetransfer an, weil diese Artikel ohne großen Aufwand vom Stammprodukt mitgezogen werden.[452]

6.3.4 Die Ausnutzung des Markenwertes über Lizenzvergabe

Der nicht zu unterschätzende Anreiz, einen bereits bekannten Markennamen in ökonomischem Sinne möglichst umfassend zu nutzen, besteht in der Lizenzvergabe. Der Lizenzgeber erhält Lizenzgebühren in Höhe von 3 bis 10 % des Umsatzes der abgesetzten Lizenzgüter. Dieser Anteil ist für den Stammunternehmer mit Gewinn gleichzusetzen, da er mit relativ niedrigem Aufwand realisiert wird. Die hieraus abgeleitete Strategie wird bei H. Hätty mit „Brand milking" bezeichnet, was die Grundcharakteristik gut beschreibt.

Markenpolitisch birgt diese Strategie jedoch große Risiken. Während eine langfristige Markenstrategie darauf bedacht sein muss, den Markenwert zu erhalten bzw. ihn zu steigern, legt die „Brand-milking-Strategie" eine kurzfristigere Betrachtungsweise an den Tag. Die Ausbeutung des Namens in kurzer Zeit so effektiv wie möglich zu gestalten und damit einen höchstmöglichen Gewinn zu realisieren, ist Ziel dieses Vorgehens.[453]

Inwieweit ein Name bzw. eine Marke Diversifikation verträgt, ist fraglich. Es ist also durchaus kein Fehler, die Zahl der realisierten Imagetransfers zu begrenzen,

---

[450] Vgl. Hätty, H.: Der Markentransfer, 1989, S.297f
[451] „spill-over-Effekt": Ausweitung der Wirkung einer Marketing-Maßnahme über den anvisierten Zielbereich hinaus. Vgl. Nieschlag, R.; Dichtl, E.; Hörschgen, H.: Marketing, 1997, S.1077
[452] Vgl. Hätty, H.: Der Markentransfer, 1989, S.297f
[453] Vgl. Mayer, A.; Mayer, R.: Imagetransfer, 1987, S.160

denn wenn ein ungeeignetes Produkt in den, unter einer Marke vertriebenen, erlesenen Kreis gelangt, besteht die Gefahr, dass das gesamte Markenimage „verwässert" wird. Fest steht jedoch, dass die inhaltliche Klammer, z.B. die Exklusivität einer Marke, keine beliebige Ausdehnung verträgt, vor allem dann nicht, wenn mit verschiedenen Produkten verschiedene Zielgruppen angesprochen werden, die in einem Antipathie-Verhältnis zueinander stehen.[454] Ein Beispiel ist die Marke *Cartier*, unter der so vielfältige Produkte wie Schmuck, Schreibgeräte, Lederwaren, Parfüm, Zigaretten sowie weitere Gebrauchsartikel des täglichen Bedarfs vertrieben werden. Die angepeilten Zielgruppen und die tatsächliche Kundschaft der verschiedenen Produkte klaffen jedoch weit auseinander. Nicht etwa die wohlsituierte Millionärsgattin raucht gerne *Cartier* Zigaretten, sondern sie werden eher von Animierdamen konsumiert. Dies hat zur Folge, dass die gewünschten Assoziationen wie Exklusivität oder Prestige der Stammmarke langfristig großen Schaden nehmen und Kanalisierungseffekte unter den Produkten auftreten können.[455]

Die „Brand-milking-Strategie" läuft auf Dauer der markenpolitischen Zielsetzung zuwider, da langfristig Markenerrosionserscheinungen die Folge sind. Aus diesem Grund sollte ein Unternehmen, auch wenn die Verlockung groß ist, zurückhaltend sein.[456]

6.3.5 Imagetransfer zur Stärkung der Marke

Die Stärkung der Marke verlangt vor allem analytische Imagestudien, um die zum Stammprodukt passenden Transferprodukte zu identifizieren und die notwendige inhaltliche Klammer auszumachen. „Eine konsequente, parallele Abstellung auf diesen Wertekern bei Stamm- und Transferprodukt kann eine Festigung der tragenden Imagekomponente bewirken und damit zur Profilierung der Marke beitragen."[457] Trotz einer noch so guten Abstimmung zwischen Stamm- und Transferprodukt ist ein Imagetransfer mit einer Diversifikation verbunden, welche den exklusiven Charakter einer Marke beeinträchtigt.

Auch aus der Sympathiegewinnung durch einen Imagetransfer kann eine Stärkung der Marke resultieren. Beispiele findet man vor allem in Branchen mit wenig Raum für emotionale Assoziationen (Autobatterien, Benzin, Reifen, Stecknadeln) oder in solchen Branchen, die in der öffentlichen Kritik stehen (Chemiekonzerne, Kraftwerksbetreiber). Hier kann ein Imagetransfer von einem emotio-

---

[454] Vgl. Hätty, H.: Der Markentransfer, 1989, S.299
[455] Vgl. Huber, K.: Image, 1990, S.199f
[456] Vgl. Hätty, H.: Der Markentransfer, 1989, S.299
[457] Hätty, H.: Der Markentransfer, 1989, S.299f

nalen oder umweltbefürwortenden Produkt die Marke stützen und deren emotionsloses Image aufbrechen. Dies gibt dem Konsumenten die Chance, seine kognitiven Dissonanzen (z.B. ein schlechtes Gewissen gegenüber der Umwelt) zu überwinden und das Produkt zu erwerben. Somit muss die Richtung des Imagetransfers vor allem auch rückwirkend auf das Stammprodukt analysiert werden, um die gegenseitige Befruchtung bzw. Stärkung durch einen Imagetransfer zu gewährleisten.

Ein weiteres Ziel einer Markenstärkung kann die Image-Aufbesserung eines am Ende des Produktlebenszyklus stehenden Produkts sein, indem ein jüngeres, neueres und attraktiver positioniertes Transferprodukt mit unter das Markendach aufgenommen wird. Komplementärbeziehungen können ebenso zur Zielerreichung der Markenstärkung eingesetzt werden. Hierbei ist im Sinne der Markenunterstützung jedoch die Absatzsteigerung durch den ergänzenden Verbrauch der Produkte (Zahnbürste und komplementär Zahnseide, Zahncreme) zu verstehen. Gerade im Bereich der Komplementärgüter ist ein Marken- und Imagetransfer bzw. eine Produktdiversifikation sinnvoll, um Verbrauchern ein Produktangebot zu allen Aspekten eines bestimmten Bedarfes (Mundhygiene) zu bieten, und diesen Markt durch das fehlende Angebot nicht der Konkurrenz zu überlassen.[458]

Um bei saisonalen Produkten die Kontinuität und ständige Einwirkung auf den Konsumenten zu gewährleisten, ist ein Markentransfer auf ein Produkt sinnvoll, das antizyklisch zum Stammprodukt nachgefragt wird. Das Sortiment des Skiherstellers *Head* beinhaltet neben klassischen Wintersportartikeln auch Tennisschläger und Bergsteigerausrüstung, die eher im Sommer nachgefragt werden.

6.3.6 Werbemöglichkeiten trotz Werbebeschränkung

Gerade bei Produkten, deren Werbung in einigen Staaten oder Medienbereichen untersagt wird (z.B. Tabakwerbungsverbot im deutschen TV und Radio, sowie generelles Verbot von Tabakwerbung und Promotions in Kanada, Australien, Neuseeland, Südafrika, Finnland, Schweden und Thailand), ist der Imagetransfer bzw. die Diversifikation mit einen inhärenten Imagetransfer eine Möglichkeit, dieses Verbot zu umgehen. So dienten beispielsweise die Transferprodukte der Zigarettenmarke *Milde Sorte* der Austria Tabakwerke ausschließlich dieser Zielsetzung. Durch die ausnahmslos identische Verpackungsgestaltung der Transferprodukte (in diesem Fall: Bier, Zahncreme und Kaffee) hatte der Konzern die Möglichkeit, sein Stammprodukt zu bewerben, ohne das Werbeverbot zu verletzen.

---

[458] Vgl. Koppelmann, U.: Produktmarketing, 2001, S.297f

Werbespots können außerdem so konzipiert werden, dass sie vom Markennamen und der Ausstattung beherrscht sind. Damit wird eine beabsichtigte Verwechslungsmöglichkeit forciert und dem Werbeadressaten erst am Ende eines Trailers die Erkennungsmöglichkeit gegeben, dass es sich beim Gesehenen nicht um eine Zigarettenwerbung, sondern z.b. eine Bierwerbung handelt.[459]

Am Beispiel *Milde Sorte* sind auch die Auswüchse dieser Strategie zu erkennen. In Italien etwa wurde auf Plakaten für *Milde Sorte* Kaffee geworben, obwohl dieser Kaffee gar nicht erhältlich war – die Zigarette jedoch sehr wohl.[460] Beispiele für eine derart indirekte Werbung, die nur aufgrund des Imagetransfers bzw. Markentransfers Sinn machen, gibt es gerade in der Tabakbranche viele. Man versucht hier von der Produktwerbung immer mehr Abstand zu nehmen und reine Markenwerbung zu platzieren (ohne Produkt keine Beschränkung). Dies wird insbesondere bei *Marlboro* deutlich, wenn nur am Ende des Werbetrailers eine kurze Einblendung darauf verweist, dass es sich tatsächlich um Zigarettenwerbung handelt. Da die Mehrheit der Konsumenten ohnehin einen *Marlboro*-Spot zu identifizieren weiß, könnte auch dieser Zusatz in Zukunft wegfallen, ohne eine geringere Wirkung zu erzielen.

6.4   Die Imagetransferstrategien

Es gibt eine Vielzahl von Imagetransferstrategien. Im Folgenden werden die wichtigsten Strategien dargestellt.

6.4.1 Produktaufladung durch den Transfer eines unabhängigen Images

Bei einem unabhängigen Image handelt es sich um ein bereits bestehendes Image, das auf ein Produkt übertragen werden kann. Ein bestehendes Image kann beispielsweise das einer bekannten Sportart (Polo), eines Testimonials (Michael Schuhmacher) oder eines Landes/Landstrichs (Bodensee ➔ Bodenseebutter) sein.[461] Die Aufgabe des Unternehmens liegt nun darin, einen assoziativen Zusammenhang zwischen dem bestehenden Image und dem vorgesehenen Produkt herzustellen. Im günstigsten Fall geht die gesamte mit dem Image verbundene Emotionalität auf das Produkt über (vorausgesetzt, der Kunde akzeptiert die Assoziationskette).

---

[459] Vgl. Hätty, H.: Der Markentransfer, 1989, S.302f
[460] Vgl. o.V.: Nikotin-Werbung mit Tricks, in: Spiegel 06/81, S.101
[461] Vgl. Aaker, D; Myers, J.: Advertising management, 1975, S.145

Es stehen zwei Arten der Übertragung zur Verfügung:

1. Herstellung eines assoziativen Zusammenhangs durch einen gemeinsamen Auftritt des Imageträgers und des Produkts in der Werbung

2. Herstellung eines assoziativen Zusammenhangs durch die Namensgebung eines Produkts

Die erste Art der Übertragung verwendet ein bestimmtes Umfeld, in dem das Produkt gezeigt wird, z.b. der Cowboy im Zusammenhang mit *Marlboro*. Das allgemeine, unabhängige Image des Cowboys (als ein „almost universal symbol of admired masculinity (...) successful man who used to work with his hands"[462]) wird von *Marlboro* gezielt genutzt, um der Zigarette ein neues Image zu verschaffen. Die zu Beginn (1974) als Frauenzigarette positionierte Marke soll mit ihrem neuen Image nicht etwa die Zielgruppe wechseln, sondern vielmehr diese auf neuem Wege bewerben. Man ging davon aus, dass Frauen mit dem Cowboy eine gewisse romantische Verklärung verbinden würden („to many woman we believe it will suggest a romantic past"[463]) und zudem zu „Männerprodukten" tendieren („that woman often tend to buy what they consider a man's cigarette"[464]). Durch die immer wiederkehrende Verknüpfung der Marke mit den entsprechenden Bildern der „Marlboro-Country" und des „Marlboro-Man" wurde ein Image geschaffen, das der Produktdifferenzierung eines an und für sich homogenen Gutes zugute kam.

Bei der zweiten Art der Übertragung handelt es sich um die Namensgebung eines Produkts. Hierbei wird dem Leistungsträger absichtlich ein Name oder Namenszusatz gegeben, der vom Konsumenten schon mit bestimmten Attributen verbunden wird. Die Marke *Ralph Lauren* schlägt beispielsweise, mit ihrer (mittlerweile zu einer ganzen Produktlinie gewordenen) Marke *Polo* den eindeutigen Assoziationspfad hin zum „Edelsport" ein. Diese Empfindung unterstützt *Ralph Lauren* auch durch das passende Bildmaterial (das Umfeld), mit dem es die Produkte kommuniziert.[465]

Eine Vermischung der beiden Möglichkeiten ist nicht nur denkbar, sondern findet auch in der Praxis ihre Anwendung.

---

462 Auszug aus Leo Burnett's Brief vom 07.01.1955 an den Advertising Director von Philipp Morris Corp.
463 Ebenda
464 Ebenda
465 Vgl. Mayer, A.; Mayer, R.: Imagetransfer, 1987, S.36f

6.4.2   Übertragung des Unternehmens- bzw. Markenimages auf ein neues Produkt

Die Übertragung eines Unternehmensimages oder eines Markenimages auf ein neues Produkt gehört in die Kategorie der Produktdiversifikation. Das bedeutet, dass sich die Produktpalette um eine neue Kategorie erweitert (z.B. *Mont Blanc* Uhren und Parfüms neben den Schreibgeräten).

Zu unterscheiden sind drei Strategien, die das Verhältnis von Unternehmens- zu Produktimage aufzeigen:[466]

1. Die Integrationsstrategie

2. Die Desintegrationsstrategie

3. Die Isolationsstrategie

6.4.2.1   Die Integrationsstrategie

Die Integrationsstrategie findet man in Mehrproduktunternehmen. Hierbei wird das Unternehmensimage durch die verschiedenen Facetten der Produktidentität wesentlich geformt. Die verschiedenen Facetten der Produktimages prägen das Firmenimage in seiner Grundform. Man könnte auch von einer Vereinigungsmenge in Bezug auf das Firmenimage sprechen.

Die Vorteile der Integrationsstrategie sind:

1. der gewollte Imagetransfer zwischen Unternehmen (Dachmarke) und ihren Produkten,

2. der geringere Werbeetat, der auf die Unternehmen konzentriert ist,

3. die Möglichkeit mit geringerem Werbeaufwand Produkte in kleine Märkte einzuführen (Nischenprodukte) und gleichzeitig einen hohen Bekanntheitsgrad zu erzielen.

Über die Dachmarke stellt das Unternehmen die psychologisch wirksame Verbindung zwischen den unterschiedlichen Produkten, Produktkategorien und Marken her, die den gegenseitigen Imagetransfer und somit die leichtere Vermarktung forciert.[467] „Markenpolitisch ausgedrückt begünstigt das Unternehmensimage den Transfer von Image und Goodwill, indem der Produzent als Qualitätsgarant bzw. als Vertrauensquelle für seine Produktmarken auftritt."[468] Der Vorteil für die Nischenproduktion entsteht durch die Möglichkeit des Unter-

---

[466] Vgl. Mayer, A.; Mayer, R.: Imagetransfer, 1987, S.36f
[467] Vgl. Mayer, A.; Mayer, R.: Imagetransfer, 1987, S.39f
[468] Mayer, A.; Mayer, R.: Imagetransfer, 1987, S.39

nehmens, mit geringerem Werbeaufwand (die Marke an sich ist ja schon auf dem Markt etabliert) eine neue Produktkategorie in Nischenmärkte einzuführen. „So ist auch der Marktführer für Feuerzeuge der gehobenen Mittelklasse, *Rowenta*, nicht durch seine Feuerzeuge groß geworden, sondern die Feuerzeuge profitieren von dem Bekanntheitsgrad des Herstellers für Haushaltsgeräte."[469]

Der Nachteil liegt vor allem in der Umkehrung des Imagetransfers. Das bedeutet dass eine schlechte Presse, Skandale oder Qualitätsmängel auf die anderen Produkte ausstrahlen können und somit die ganze Produktpalette in negativem Licht erscheint. Schwierigkeiten ergeben sich insbesondere durch die Konzentration auf einen Markennamen (Dachmarke). Die Vereinigung vieler Produkte und Produktklassen unter ein und demselben Markendach, kann zu einer Überstrapazierung und somit zur Unglaubwürdigkeit der Marke führen.

6.4.2.2 Die Desintegrationsstrategie

Mit der Desintegrationsstrategie sollen in erster Linie die Nachteile der Integrationsstrategie umgangen werden. Sie verhindert die Assoziationsmöglichkeit des Käufers mit dem Unternehmen, wodurch negative Schlagzeilen nicht auf andere Produkte übertragen werden. Es wird die Selbstständigkeit der Marke hervorgehoben. Bis auf die gesetzliche Kennzeichnungspflicht deutet somit nichts auf das herstellende Unternehmen hin. *Procter & Gamble* verfolgt diese Strategie in nahezu reiner Form. Der Konzern *ist bei Konsumenten nahezu unbekannt*, die Marken *Ariel, Meister Proper, Tempo*, etc. nehmen hingegen einen festen Platz in der Wahrnehmung des Konsumenten ein.

6.4.2.3 Die Isolationsstrategie

Eine Verschärfung der Desintegrationsstrategie ist die Isolationsstrategie. Sie geht soweit, dass selbst der Herstellerhinweis durch die Gründung neuer Firmen umgangen wird. Eine gängige Praxis vor allem bei Produkten mit hohem Risikofaktor. Dieser besteht in der Gefahr der negativen Publicity (negativer Imagetransfer), welche sich auf andere Produkte (Marken) des Unternehmens auswirken kann. *Bayer* verfolgt diese Strategie in Teilbereichen (z.B. Kosmetikartikel). Während zu Beginn einer neuen Pflegeserie lediglich der Herstellerhinweis auf die Firma *Drugofa* erscheint (ein Unternehmen der *Bayer* AG), wird bei gutem Erfolg bzw. positivem Response des Marktes der Verweis auf die ursprüngliche Firma, *Bayer*, sukzessive eingeführt („*Drugofa*" = „*Drugofa*- unter ständiger Qualitätskontrolle der *Bayer* AG" = „Ein Produkt der *Bayer*-Forschung").[470]

---

[469] Mayer, A.; Mayer, R.: Imagetransfer, 1987, S.41
[470] Vgl. Mayer, A.; Mayer, R.: Imagetransfer, 1987, S.42

6.4.3 Imagetransfer zwischen unterschiedlichen Produktklassen

Jedes Produkt steht in Beziehung zu anderen Produkten. Eine Produkthierarchie umfasst das Spektrum vom Grundbedürfnis bis zum speziellen Artikel, der dieses Bedürfnis erfüllt. Die Produkthierarchie lässt sich in sechs Ebenen unterteilen:

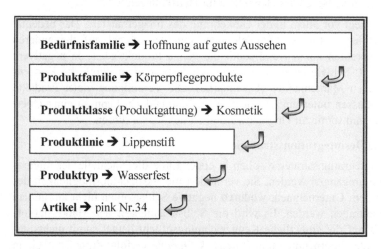

Abb. 6.2: Produkthierarchie
Quelle: Nach Kotler, P.; Bliemel, F.: Marketing-Management, 1999, S.662

Im Folgenden geht es um die Produktklasse oder synonym dazu die Produktgattung, bzw. um die Übertragungsmöglichkeiten des Images zwischen verschiedenen Gattungen.

Im Regelfall sucht man nach objektiven Gemeinsamkeiten voneinander abgegrenzter Märkte, um einen möglichst effektiven Imagetransfer durchführen zu können. Die Abgrenzung zwischen den Märken wird jedoch unterschiedlich vorgenommen. „Der vom Konsumenten subjektiv wahrgenommene Grad der Austauschbarkeit (bzw. Ersetzbarkeit des einen durch das andere Produkt) soll als Abgrenzungskriterium verwendet werden."[471] Hat man die der Definition nach unterschiedlichen Märkte (Produktklassen) ausgemacht, versucht man mit den zur Verfügung stehenden Kommunikationsinstrumenten die Verbindung herzustellen, um das Image auf die neue Produktgattung zu transferieren.

Ein Beispiel hierfür ist das Unternehmen *Käfer*. Zu Beginn wurden nur im Partyservicebereich eingekaufte Produkte verwendet. Mittlerweile werden „eigene"

---

[471] Mayer, A.; Mayer, R.: Imagetransfer, 1987, S.43

Waren im Handel angeboten. Somit wurde das Bild eines Dienstleistungsunternehmens bzw. eines Partyservices mit exzellentem Image auf die Produktionssparte (Verkauf markierter Waren im Handel) vollzogen. Der Konsument assoziiert mit dem Namen *Käfer* sofort die entsprechende Qualität, auch wenn ihm klar ist, dass *Käfer* keine eigenen Produkte herstellt. Er verlässt sich quasi auf die Erfahrung in Bezug auf die Güterauswahl und somit auf das Image, welches sich *Käfer* im Servicebereich erarbeitet hat.

6.4.4 Product Line Extension und Diversifikationsstrategie

Eine eindeutige Unterscheidung zwischen *Product Line Extension* (PLE) und dem Imagetransfer zwischen unterschiedlichen Produktklassen scheitert an der nicht eindeutigen Abgrenzung verschiedener Märkte. Während die PLE die Angebotserweiterung innerhalb eines plausibel abgegrenzten Produktmarktes oder eng verwandter Produktmärkte beschreibt, steht der Imagetransferbegriff (wie oben angeführt) für die Übertragung zwischen verschiedenen Produktklassen.[472] PLE bezieht sich somit in der Regel auf die zusätzliche Vermarktung weiterer Produktvarianten und kann somit als Diversifikationsstrategie[473] gesehen werden.

Ein Beispiel für die Schwierigkeit der Marktabgrenzung lässt sich anhand der *FÜR SIE* – Bücher und – Zeitschriften ableiten. Definiert man sie wie gehabt als Bücher und Zeitschriften, so muss von unterschiedlichen Produktklassen und somit von Imagetransfer gesprochen werden. Subsumiert man jedoch beide Begriffe unter Druckerzeugnisse, so hat man verwandte Gattungen, was für die Begriffsbezeichnung „PLE" steht.

6.4.5 Sponsoring – Transfer des Erfolgs

Beim „Sponsoring stellt der Sponsor dem Gesponserten Geld oder Sachmittel zur Verfügung. Dafür erhält er Gegenleistungen, die zur Erreichung der Marketingziele beitragen sollen."[474] Mit Imagetransfer durch Sponsoring ist die Übertragung des Images des Gesponserten auf den Sponsor und umgekehrt durch das gemeinsame Auftreten beider Transferpartner im Rahmen von Sponsoring-Maßnahmen, gemeint. Dabei wird eine Übertragung oder Verstärkung positiver Assoziationen angestrebt, wobei von einer Wechselseitigkeit, also der Imageübertragung in beide Richtungen ausgegangen wird. Je nach Zielsetzung kann

---

[472] Vgl. Mayer, A.; Mayer, R.: Imagetransfer, 1987, S.43

[473] „Diversifikation: Ausweitung des Produktprogramms bzw. Sortiments auf bedarfsverwandte oder andere, nur in lockerem Zusammenhang mit diesem bisher im Angebot stehenden Leistungen."
Nieschlag, R.; Dichtl, E.; Hörschgen, H.: Marketing, 1997, S.1042

[474] Ramme, I.: Marketing, 2000, S.238

zwischen Imageaufbau, Imagemodifikationen oder Imagestabilisierung unterschieden werden. Die Chance der Zielgruppe das gewünschte Image zu vermitteln, wird mit einem langfristigen Sponsoring-Engagement erhöht.

Dieser Imagetransfer soll mit dem kombinierten *Imagetransfer-Maßnahmen-Wirkungs-Modell* des Sponsorings erklärt werden. Bei diesem Modell ist der gesamte Prozess in drei Phasen unterteilt. Diese reichen vom Produktions- über den Gestaltungs- bis hin zum Wirkungsprozess:

- Die erste Phase bildet die Ausgangslage des Modells und stellt den *Produktionsprozess* dar. Wie der Name sagt schon, wird hier das Image „produziert". Dabei handelt es sich sowohl um das Image des Sponsors, als auch um das des Gesponserten.

- Im nächsten Schritt wird der Image-Gestaltungsprozess betrachtet. Hier steht die Assoziation eines Unternehmens oder eines Produkts mit dem Sponsor im Mittelpunkt. Dabei färben sowohl das Image des Gesponserten als auch dasjenige des Sponsors aufeinander ab. Der *Image-Gestaltungsprozess* muss über die gesamte Zeitspanne des Sponsoring-Engagements hinweg betrachtet werden. Durch gezielte, aber auch ungezielte und zufällige Maßnahmen verändern sich die Images im Laufe der Zeit.

- In einem weiteren Schritt treten die Rezipienten in Erscheinung. Sie beeinflussen den letzten Teil des Prozesses. Er wird als *Image-Wirkungsprozess* bezeichnet. Hier wird von Wirkung und Gegenwirkung gesprochen. Auch wenn die gezielte Imagewirkung, die vom Sponsor und seinem Sponsoring-Engagement auf den Rezipienten übertragen wird, im Zentrum steht, so wird das Image eines Produkts in der Öffentlichkeit auch durch die Konsumenten determiniert.

Die in der Definition angesprochene *Gegenleistung* beruht auf der werbewirksamen Präsentation von Firmen-Logos, Firmennamen oder Werbeslogans. Viel wichtiger ist jedoch der daraus resultierende Imagetransfer für die Unternehmen. Die Sport-Werbung, so wie sie heute vielerorts organisiert und eingesetzt wird, ist Imagewerbung in einer beinahe klassischen, passiven Form. Vermittelt werden Zeichen, Marken, Logos und Slogans, keine Produkt-Informationen. Sie ist reine Außen-Werbung bzw. Erinnerungswerbung institutionellen Charakters. Scheinbar statisch – aber das psychologische Umfeld ist stets mit aktiver Anteilnahme dabei. Die Werbung wird zwar in ein Unterhaltungsprogramm eingebaut, bleibt aber weitgehend im Hintergrund (möglichst unaufdringlich, um Reaktanzerscheinungen zu vermeiden), obwohl sie nahezu permanent im Gesichtsfeld des Zuschauers bleibt. Ein Fußballspiel dauert immerhin mindestens 90 Minuten und versorgt das interessierte Zielpublikum zwei Stunden lang nahezu ununterbrochen mit Werbeinformationen. „Die Qualität der übermittelten Image-Signale an einer Sportveranstaltung werden bestimmt durch eine optimale Wahl der Sportart, durch ein qualitativ und quantitativ richtig gewähltes Medium und durch eine aktivierte und positiv eingestellte Zielgruppe."[475]

Die grundlegenden Eigenschaften des Sportsponsorings gelten natürlich auch für die Sparten des Kultursponsorings, des Ökosponsorings und des Programm-sponsorings. Es sollen jedoch andere Zielgruppen erreicht werden und das entstehende Image andere Facetten tragen.

6.4.6 Transfer auf ein Nachfolgeprodukt

Eine weitere Möglichkeit des Imagetransfers besteht zwischen aufeinander folgenden bzw. aufeinander aufbauenden Produkten, z.b. *Mercedes-Benz E-Klasse* (BR210 – ab 1994) und „neue" *E-Klasse* (BR211 – ab 2002). In diesem Fall profitiert der Nachfolger von den „guten Erfahrungen" mit dem Vorgänger. Er eignet sich sozusagen „Vorschuss-Lorbeeren" an.[476]

Diese Strategie weist jedoch nicht zu unterschätzende Schwierigkeiten auf. Wie bei fast allen Transferstrategien, kann hier sowohl ein positives als auch ein negatives Image transportiert werden. Da unzufriedene Kunden nicht darauf vertrauen werden, dass sich ein „Nachfolgeprodukt" wesentlich verbessert hat, wird diesem keine erneute Chance gegeben, sich zu bewähren. Dies gilt vor allem im Bereich der „Shopping Products" bzw. der „Speciality Products"[477], da sich hier eine „Fehlentscheidung" nicht so einfach korrigieren lässt, wie bei Gütern des täglichen Gebrauchs. Der Kunde nimmt die Versprechungen, die indirekt über das alte, ihm bekannte Produkt auf das neue transferiert wurden, nicht nur wahr, sondern misst das neue Produkt an den Eigenschaften des alten. Das Unternehmen muss daher dafür sorgen, dass das neue Produkt mindestens die positiven Eigenschaften des alten aufweist oder übertrifft. Somit wird ein Hersteller permanent die Schwierigkeit zu meistern haben, zwischen einfließenden innovativen Konzepten und traditionell eingeführten Eigenschaften zu entscheiden. Denn die Verbindung dieser beiden Pole ist nicht immer zu realisieren (häufig schon allein aus technischer Sicht z.B. gleiches oder größeres Kofferraumvolumen in Verbindung mit kleineren Chassismaßen oder neuem Design).

---

[475] Huber, K.: Image, 1990, S.194ff

[476] Vgl. Mayer, A.; Mayer, R.: Imagetransfer, 1987, S.44f

[477] „Shopping Products": Güter des Such- und Vergleichskaufs.
„Speciality Products": Güter des Spezialkaufs (Investitionsüter). Ramme, I.: Marketing, 2000, S.93f

Wie die folgenden Beispiele zeigen sollen, kann der Imagetransfer auf Nachfolgeprodukte entweder direkt oder auf subtile Art und Weise kommuniziert werden. Bei der Kampagne für die neue *E-Klasse* (*Mercedes-Benz* BR211 – ab 2002) wurde mit einem direkten Bezug auf die „berühmten" Vorgänger geworben. Mit Songs wie „Die Fortsetzung einer Leidenschaft" und „Die *E-Klasse* ist die eindrucksvolle Evolution ihres Vorgängers" wurde dem Konsument die traditionsreiche Geschichte der *E-Klasse* vor Augen geführt.

Als 1974 der *Golf* den *Käfer* ablöste, entschied sich *VW* für die subtile Variante: Durch eine vom Konsumenten akzeptierte Übertragung von bedeutenden, kaufrelevanten Bestimmungsfaktoren des *Käfer*-Images (wie beispielsweise Zuverlässigkeit, Qualität und Statusneutralität) konnte die Neueinführung wesentlich erleichtert werden. Neben Produktargumenten wie „problemlos", „praktikabel" und „Freude am Fahrzeug" wurden Komponenten des traditionellen *Käfer*-Images erfolgreich auf die Markenprofilierung des *VW-Golfs* eingesetzt. Dadurch konnte die für das ursprüngliche Produkt-Marken-Konzept bestehende Kaufneigung auf die neue Marke übertragen und der *Golf* als legitimer Nachfolger akzeptiert werden. Wie auch der *Käfer* zu seiner Zeit, so schreibt der *Golf* die Erfolgsgeschichte fort.

7 Vermeidung nachhaltiger Imageschäden

Es erfordert besondere Fähigkeiten, ein starkes und positives Image aufzubauen. Es genügt jedoch ein einziger ungeschickter Schritt oder eine Meldung in den Medien, um das jahrelang mühevoll aufgebaute Image zu beeinträchtigen bzw. zu zerstören. Aus diesem Grund ist das präventive bzw. kurative Krisenmanagement eine der heikelsten und wichtigsten Aufgaben eines Unternehmens. Können Unternehmen Krisen vorbeugen? Können Manager frühzeitig einen Imageknick antizipieren bzw. entsprechend reagieren?

Die lebensgefährlichen Krankheitserreger in *Coppenrath & Wieses* Tiefkühltorte, die umgekippte *A-Klasse* von *Mercedes-Benz*, die vergifteten Tubensaucen von *Thomy*, die umstrittene Entsorgung der Ölplattform *Brent Spar* von *Shell* – vier Fälle aus der jüngsten Vergangenheit, vier Attacken auf Marken, die bis zum Ausbruch der Krise für Qualität, Zuverlässigkeit und Verantwortung standen. Doch von jetzt auf gleich scheint sich alles zu ändern. Imageriesen kommen ins Wanken. Die Frage der Schuld, der Mitschuld oder Nichtschuld spielt dann keine Rolle mehr. Die Eskalation der Emotionen bestimmt nun den neuen veränderten Marktauftritt, und am Ende stehen meist gut berechenbare Umsatzausfälle und schlecht kalkulierbare Imageschäden.[478] Marken und Unternehmen mit ausgezeichnetem Image und hohem Bekanntheitsgrad stehen sehr viel stärker im Blickfeld der Öffentlichkeit und sind daher anfälliger. Im Falle einer Krise müssen sich diese Unternehmen daher stärker gegen Angriffe verteidigen.

Schlimm für das Image sind negative Vorkommnisse immer dann, wenn sie öffentlich werden. Es kann für ein Unternehmen, dessen Marke von einer schlechten Presse bedroht wird, sehr gefährlich werden, wenn es sich nicht sachgerecht mit der Anschuldigung auseinandersetzt. Wie auch immer die Ursache geartet sein mag, ein Unternehmen, das solchen Krisen nicht richtig begegnet, hat um sein Image zu fürchten. Selbst wenn die Anschuldigung unglaubwürdig erscheint, muss es diese eingehend prüfen, da es nicht sicher sein kann, dass sie trotz ihrer Absurdität der Marke schadet.[479] Denn selbst unbewiesene Vorwürfe nagen am Image des Unternehmens. Der Vertrauensverlust durch üble Nachrede kann ursächlich für eine beträchtliche Minderung des Unternehmenserfolgs sein.

Das Gefährliche an einem schlechten Umgang mit Misserfolgen ist, dass Kunden möglicherweise die guten Leistungen, die das Unternehmen zuvor erbracht hat, plötzlich nicht mehr zu schätzen wissen. Oftmals betrachten Kunden eine Marke

---

[478] Vgl. Wildberger, N.: Lektionen aus der A-Klasse, in: Absatzwirtschaft 01/98, S.12f
[479] Vgl. d'Alessandro, D.: Brand Warfare, 2001, S.120

nach Jahren noch mit Verachtung, selbst wenn sie sich schon nicht mehr an den genauen Vorfall erinnern können. Unternehmen, die einen Imageverlust nicht ohne weiteres hinnehmen wollen, sollten deshalb handeln, bevor aus dem Konflikt eine Krise geworden ist, bevor eine Krise in einer Katastrophe endet.

Um den entstandenen Imageknick „auszubügeln", benötigen Unternehmen viel Geduld, Zeit und Geld. Auch wenn die größte Gefahr gebannt ist, muss das Unternehmen weiterhin verstärkt in Werbung und PR investieren, denn im Bewusstsein vieler Konsumenten ist das negative Image weiterhin vorhanden, auch wenn sich das Unternehmen längst verändert hat. Diese „Image-Resistenz" lässt sich damit erklären, dass Konsumenten dazu neigen, weitere Informationen nur noch dann zu beachten, wenn sie zum bereits vorhandenen Image passen. Große Anstrengungen und starke „Konträrreize" seitens der Unternehmen sind erforderlich, um die Konsumenten für ein neues Imageverständnis zugänglich zu machen.[480]

Wenn ein Fehler im Vorfeld nicht vermieden werden kann, sollte er als Möglichkeit gesehen werden, die absolute Unversehrtheit der Marke zu demonstrieren. Wenn ein Unternehmen einen Fehler begangen hat, sollte es dazu stehen und den Fehler möglichst schnell berichtigen, beispielsweise durch einen Rückruf der fehlerhaften Produkte verbunden mit entsprechenden Kompensationsleistungen. Auch wenn es nicht Fehler des Unternehmens waren, so sollte es die Anschuldigung trotzdem überprüfen, danach jedoch seinen eingeschlagenen Weg weitergehen.[481]

7.1   Im Vorfeld eventuelle Imageschäden minimieren

Unternehmen, die in guten Zeiten die Möglichkeit genutzt haben, einen zufriedenen Kundenstamm und damit auch ein exzellentes Image aufzubauen, können langfristige Imageschädigungen besser verhindern.

7.1.1 Schaffung von Kundenzufriedenheit

Die Hauptvoraussetzung für ein Unternehmen, beim Verbraucher auf Akzeptanz zu stoßen, ist Glaubwürdigkeit. Sie wird durch die Zuverlässigkeit bestimmt, die wiederum von der Qualität der Produkte und Dienstleistungen, dem Kontakt zum Kunden, dem Umgang mit Beschwerden, dem Führungsstil der Manager und anderen Faktoren wie Kulanzleistungen abhängen. In diesem Zusammenhang sind auch die in der Vergangenheit erzielten Ergebnisse von Bedeutung. Waren

---

[480] Vgl. Kotler, P.; Bliemel, F.: Marketing-Management, 1999, S.935
[481] Vgl. d'Alessandro, D.: Brand Warfare, 2001, S.128

sie durchweg positiv, spricht das für die Seriosität und Zuverlässigkeit des Unternehmens. Hat ein Unternehmen seine Glaubwürdigkeit verloren, kann es sie nicht in kurzer Zeit wieder zurückgewinnen.[482] Neben der Glaubwürdigkeit ist die Kundenzufriedenheit eine der wichtigsten Grundlagen für den langfristigen Unternehmenserfolg, da ein zufriedener Kunde dem Unternehmen treu bleibt und weitere Produkte des Unternehmens nachfragt.

Die Erfahrung hat gezeigt, dass 96 % der unzufriedenen Kunden stillschweigend zu Wettbewerbern abwandern und das vormals gekaufte Produkt boykottieren. Dabei sind vor allem die Folgen einer möglichen Mund-zu-Mund-Propaganda, die sich wie eine Kettenreaktion verbreiten kann, zu beachten: Im Gegensatz zu zufriedenen Kunden erzählen enttäuschte Kunden bis zu zehnmal mehr ihre Erlebnisse weiter. Positive Erfahrungen werden im Schnitt nur drei weiteren Personen mitgeteilt. In Abb. 7.1 werden die möglichen Folgen von Unzufriedenheit dargestellt.[483]

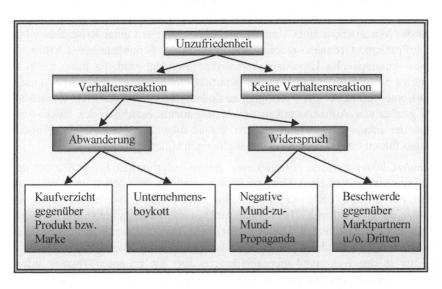

Abb. 7.1: Verhaltensreaktionen eines Kunden bei Unzufriedenheit
Quelle: Nieschlag, R.; Dichtl, E.; Hörschgen, H.: Marketing, 1994, S.951

---

[482] Vgl. Guatri, Luigi: Theorie der Unternehmenswertsteigerung, 1991, S.158
[483] Vgl. Nieschlag, R.; Dichtl, E.; Hörschgen, H.: Marketing, 1997, S.951

Trotz aller Anstrengung, sämtliche Kunden zufrieden zu stellen, kommen Produktmängel und andere Fehler immer wieder vor. Entscheidend ist jedoch, wie mit unzufriedenen und verärgerten Kunden umgegangen wird. Laut einer internationalen Untersuchung des Beratungsunternehmens TMI kaufen nur 5 % der Kunden, um deren Beschwerde sich ein Unternehmen angemessen gekümmert hat, nicht wieder bei diesem Unternehmen. Deshalb ist es wichtig, Beschwerden ernst zu nehmen, sie schnell zu bearbeiten und die Mitarbeiter durch Trainingsmaßnahmen hinreichend auf Kundenbeschwerden vorzubereiten.[484] Sehr zutreffend ist in diesem Zusammenhang ein Zitat von Robert Bosch, der einmal sagte: „Besser Geld verloren als Vertrauen verloren."[485]

7.1.2 Installierung von Frühwarnsystemen

„Ein Unternehmen, das erst reagiert, wenn es brennt, hat eigentlich schon verloren"[486], sagt Volker Nickel vom Zentralverband der deutschen Werbewirtschaft. Für den Notfall muss laut Nickel zumindest klar sein, wer der Ansprechpartner für die Presse ist und welches Medium informiert werden soll.[487] Deshalb muss sich das Management eines Unternehmens, vor Eintreten einer Krise über mögliche Probleme Gedanken machen und Pläne in der Schublade bereit halten, in denen wirkungsvolle Handlungsalternativen festgelegt sind. Es muss die notwendige Sensibilität entwickeln, um Konfliktsituationen frühzeitig zu erkennen und Kompromisse für alle Beteiligten zu finden, damit Konflikte nicht eskalieren. Bei genügender Aufmerksamkeit des Managements bezüglich des Image-Aufbaus, der Image-Entwicklung und der daraus folgenden Stärkung des Firmenimages führen Imagekrisen nicht zu langfristigen Unternehmensschäden.

DaimlerChryler z.B. hat vor rund zwei Jahren aufgrund der Ereignisse mit der *A-Klasse* ein System eingeführt, mit dem mögliche Krisen schon im Vorfeld erkannt werden sollen. Sog. Key-Issue-Manager sind einem Unternehmenssprecher zufolge damit beauftragt, Themen aufzuspüren und zu analysieren, die eventuell kritisch werden könnten. Die Schlüsselfrage lautet: Könnte das Image der *DaimlerChrysler*-Produkte leiden? Per Intranet werden dann rund 1000 Mitarbeiter in den Kommunikationsabteilungen über die brisanten Themen informiert. „Das Ziel bei *DaimlerChrysler* ist, zu reagieren, bevor eine Sache überhaupt hochkocht."[488] Man hat aus den Erfahrungen der Vergangenheit gelernt.

---

[484]   Vgl. o.V.: Unternehmen mögen Beschwerden ihrer Kunden nicht, in FAZ vom 18.02.2002, S.24
[485]   Renner, S.: Corporate Identity, 1991, S.29
[486]   Langer, B., online: Schnelle Reaktion bei Coppenrath & Wiese, 16.01.2003
[487]   Ebenda
[488]   Ebenda

Denn zunächst gilt der Grundsatz, dass es für ein Unternehmen weniger schmerzhaft ist, wenn es sich in guten Zeiten gegen Misserfolge „impft", anstatt eilig nach einem Heilmittel zu suchen, wenn der Angriff der schlechten Publicity bereits auf das Unternehmen niederstürzt.[489]

7.1.3 Ein positives Image als Vertrauensvorschuss

Die Tatsache, dass Misserfolge vorkommen und oftmals unabwendbar sind, bedeutet noch nicht, dass sie langfristige Schäden bei der Marke hinterlassen müssen. Wenn Unternehmen darauf vorbereitet sind und damit umgehen können, wird das Image oftmals nicht berührt.

Eine große Rolle spielt die Schaffung eines wertvollen Images vor dem Eintritt eines Misserfolgs. Sonst ist es in der Regel schon zu spät, etwas zu unternehmen. Unternehmen, die in guten Zeiten ein positives Image aufgebaut haben und damit einen Vertrauensvorschuss bei ihren Konsumenten genießen, haben bei Eintritt des Misserfolges wenigstens einen gewissen Puffer. Kunden, Aktieninhaber, Aktienanalysten, Journalisten, Presse und all diejenigen, die das Unternehmen bewerten, werden dieses zwar kritisieren, aber ihm letztendlich doch wenigstens die Möglichkeit geben, die Situation darzustellen oder aufzuklären. Der Grund, weshalb eine starke Marke eine einzige Unüberlegtheit höchstwahrscheinlich überleben wird, sind gute Beziehungen zu den Kunden, die auf Vertrauen basieren und von Respekt geprägt sind.[490]

Auf der anderen Seite kann dieselbe Unüberlegtheit unverzeihlich sein, wenn die Pflege der Beziehung des Kunden zur Marke in der Vergangenheit vernachlässigt wurde. Dann spielt es keine Rolle mehr, wie sehr das Unternehmen den Vorfall bereut, weil die Kunden sich von der Marke abwenden werden.

Eine starke Marke wird ein unkluges, nicht aber ein verantwortungsloses Unternehmen bei einem Skandal beschützen. Kunden und Investoren werden einem Unternehmen vergeben, wenn es Fehler eingesteht. Wenn es jedoch versucht, Fehler vorzuenthalten, zu verstecken oder zu überspielen, werden Kunden das Unternehmen dafür bestrafen.[491]

---

[489] Vgl. d'Alessandro, D.: Brand Warfare, 2001, S.111
[490] Vgl. d'Alessandro, D.: Brand Warfare, 2001, S.113
[491] Vgl. d'Alessandro, D.: Brand Warfare, 2001, S.122

7.2 Offenheit als Grundvoraussetzung

Für Volker Nickel vom Zentralverband der deutschen Werbewirtschaft zählt neben raschem Handeln vor allem Offenheit und Dialogbereitschaft: „Auf keinen Fall die Jalousien runterlassen."[492] Denn Ehrlichkeit, Offenheit und auch offene Informationspolitik zahlen sich immer wieder nachhaltig aus. Besonders wenn es in Krisensituationen darum geht, einen Imageschaden so gering wie möglich zu halten. „Offene Kommunikation und der offene Umgang mit Rückrufaktionen sind immens wichtig, dann fühlt sich der Verbraucher nicht verschaukelt und reagiert mit Verständnis."[493] Es ist schließlich besser die Konsumenten hören die Wahrheit aus dem Munde eines Unternehmenssprechers, als aus der nicht kontrollierbaren, u.U. übertriebenen Darstellung Dritter, etwa der Medien. Eine Organisation, die öffentlich zu ihren Fehlern steht, hat zwar einige Zeit lang zum Schaden auch noch den Spott von Konkurrenten, Verbrauchern und Medien zu tragen, der wird aber schnell vergessen (man erinnere sich nur an die zahlreichen Witze und Karikaturen, in denen der Elch-Test ausgeschlachtet wurde, die aber sehr bald ihren Spaßfaktor verloren).[494]

Im Gedächtnis der Unternehmenszielgruppen (Händler, Kunden, Banken, Aktionäre, Mitarbeiter, Journalisten und andere) bleibt langfristig die Ehrlichkeit und Zuverlässigkeit haften, mit der das Unternehmen Sorge dafür getragen hat, dass die Geschädigten keine bleibenden Nachteile hinnehmen mussten. Auf diese Weise erlittene Imageverluste sind nur vorübergehend, wie sich am Beispiel von *Coppenrath & Wiese* und der *A-Klasse* zeigt. Offenheit hilft einen Imageknick auszubügeln. Was allerdings auf keinen Fall passieren darf, ist eine Wiederholung ähnlicher Vorfälle.

Die Rückrufaktion ist eine Maßnahme, mit der aufgetretene Fehler beseitigt werden können. Dies muss nicht zwangsläufig zu einem Imageverlust führen. Vielmehr kann sie auch dazu beitragen, das Vertrauen in den Hersteller, der sich durch rechtzeitige schadenvorbeugende Maßnahmen als verantwortungsbewusstes Unternehmen darstellt, zu stärken.[495] Eine Maßnahme, die der Öffentlichkeit das Verantwortungsbewusstsein des Unternehmens vermittelt, muss vom Management überlegt angestrebt werden. Denn insbesondere in Krisensituation ist eine Marke der besonderen Aufmerksamkeit der Medien und somit der Öffentlichkeit und der Konsumenten ausgesetzt.

---

[492] Langer, B., online: Schnelle Reaktion bei Coppenrath & Wiese, 16.01.2003
[493] Wildberger, N.: Lektionen aus der A-Klasse, in: Absatzwirtschaft 01/98, S.13
[494] Vgl. Apitz, K.: Image – ohne Image ist alles nichts, 1989, S.188
[495] Vgl. Tamme, A.: Rückrufkosten – Haftung und Versicherung, Diss. 1996, S.187

Hierzu ein Beispiel aus den 70er Jahren. *Ford Pinto* war auf dem amerikanischen Markt ein dringend benötigter Kleinwagen, als er 1971 auf den Markt kam. Bereits im ersten Jahr konnten 400.000 Einheiten abgesetzt werden. „Unglücklicherweise war der Pinto in eine Reihe von Unfällen verwickelt, wobei einige der Wagen nach einem Heckaufprall in Flammen aufgingen. Die Zahl der Prozesse ging in die Hunderte. 1978 wurde die *Ford Motor Company* der fahrlässigen Tötung angeklagt."[496] Aus Sicht des damaligen Vorsitzenden der Geschäftsführung Lee Iacocca, handelte es sich nicht um eine einmalige Situation. „Der *Pinto* war nicht der einzige Wagen mit diesem Problem. Damals hatten alle Kleinwagen den Benzintank hinter der Achse und alle Kleinwagenmodelle gerieten gelegentlich in Brand."[497] Bei Betrachtung dieser Äußerung Iacoccas drängt sich dem Leser der Eindruck auf, als sei der Umstand eines brennenden Tanks deshalb nichts Besonderes, weil dies offensichtlich auch bei anderen Fahrzeugen dieser Klasse „gelegentlich" vorkomme. Dieses Kapitel der Geschichte der *Ford Motor Company* endete im Juni 1978 mit einer Rückrufaktion von fast eineinhalb Millionen *Pintos*. Die unsensible Kommunikation des Unternehmens und die Verharmlosung der Situation zerstörten das Vertrauen der Konsumenten. Durch die zu späte Rückrufaktion, die nur aufgrund des öffentlichen Drucks und nicht aus eigener Einsicht durchgeführt wurde, ist *Ford* damals zusätzlich zum finanziellen Schaden ein massiver Imageschaden entstanden.

7.3 Die goldenen Regeln des Managements von Imagekrisen

Wenn eine Organisation ihr Image in einem Krisenfall behaupten und die Wirkung des Zwischenfalls bzw. der Krise korrigieren will, muss sie Kenntnisse über die angemessenen Techniken der Imagepflege besitzen. Dabei geht es um das, was man im Privatleben Takt und in der Wirtschaft soziale Geschicklichkeit nennt. Durch den Einsatz von Techniken der Imagepflege muss eine Organisation in solch einer Situation zweierlei tun: „Ihr eigenes Image wahren und – was immer wieder ignoriert wird – das ihrer öffentlichen Dialogkontrahenten."[498]

Ist eine Organisation mit einer Krise konfrontiert, müssen korrektive Prozesse eingeleitet werden, die den alten positiven Imagestatus wieder herstellen. Dabei gilt die Grundregel, dass die Krisensituation zur Zufriedenheit aller Beteiligten und ohne Schuldzuweisungen zu lösen ist. Der korrektive Prozess verläuft stets nach einem Vier-Stufen-Muster. Die Maßnahmen innerhalb der Phasen liefern ein grundsätzliches Modell zur Wahrung des Images im Krisenfall. „Die Handlungs-

---

[496] Iacocca, L.; Novak, W.: Iacocca – Eine amerikanische Karriere, 1989, S.208
[497] Iacocca, L.; Novak, W.: Iacocca – Eine amerikanische Karriere, 1989, S.208
[498] Buß, E.; Fink-Heuberger, U.: Image Management, 2000, S.149

sequenzen, die durch eine Bedrohung des Images ausgelöst werden, und die auf die Wiederherstellung des öffentlichen Ansehens gerichtet sind, nennt *Goffmann* ‚Ausgleichshandlungen'."[499]

1. **Herausforderung**: Öffentliche Gruppen (z.b. Medien, Umweltschutz-organisationen, Gewerkschaften, Konsumentenverbände,...) weisen auf ein Fehlverhalten eines Unternehmens hin.

2. **Angebot**: Das betroffene Unternehmen erhält von der Öffentlichkeit die Chance, die Folgen des Vorfalls wieder gut zu machen und das eigene Ansehen wieder herzustellen. Folgende klassische kombinierbaren Methoden bieten sich an:

- eine deutliche Respektbekundung gegenüber der Haltung der Öffentlichkeit,

- die Dokumentation eines hohen Maßes an Selbstachtung, Selbstsicherheit, gekoppelt mit Taktgefühl, Transparenz und Reaktionsschnelligkeit,

- die öffentliche Bekundung, dass man sich der Bedeutung des Zwischenfalls im Klaren ist, daraus gelernt hat und bereit ist, dafür gerade zu stehen,

- der Versuch den Betroffenen ohne Umstände sofort eine Wiedergutmachung bzw. Entschädigung anzubieten,

- die Bedeutung der Ereignisse sofort, offen, umfassend und ehrlich einzugestehen und eine Konzentration auf die Urheber bzw. Ursachen zu bekunden,

- das Angebot einer öffentlichen Entschuldigung oder öffentlicher Reue der Verantwortlichen,

- das Angebot, dass eine anerkannte Interessenorganisation, welche die Werte der Öffentlichkeit vertritt, oder eine hoch integrierte Persönlichkeit des öffentlichen Lebens den Fortgang der Ereignisse aktiv begleitet und mitgestaltet bzw. überwacht,

- das Angebot von Selbstbestrafung im Sinne von Umorganisation, Etablierung neuer Verfahren, Entlassung beteiligter Mitarbeiter, Rückrufaktionen u.Ä.

Selbst wenn ein Unternehmen nicht imstande ist, einen Schaden ganz zu beheben oder ungeschehen zu machen, so kann es dennoch durch diesen

---

[499] Buß, E.; Fink-Heuberger, U.: Image Management, 2000, S.150

zweiten Schritt der Ausgleichshandlung deutlich machen, dass es gelernt hat und für den Zwischenfall gerade steht. Dadurch wird das Verhältnis zur Öffentlichkeit wieder hergestellt und das Unternehmen wieder als vertrauenswürdig beurteilt. Denn der Ausgleich eines Imageknicks hat immer etwas mit der Verantwortungsübernahme für Ereignisse zu tun, auch und gerade dann, wenn die Zwischenfälle aus Sicht des betroffenen Unternehmens eher marginal sind oder unverschuldet eintreten.

3. **Öffentliche Akzeptanz:** Die Öffentlichkeit kann ein Angebot des Unternehmens als befriedigendes Mittel zur Wiederherstellung des guten Images annehmen, wodurch dem Unternehmen wieder das Gesicht „geschenkt" wird.

4. **Dank:** Das Unternehmen signalisiert Dank dafür, dass die Öffentlichkeit die Entschuldigungsmaßnahmen angenommen hat. Auch wenn dieser Schritt allzu oft vergessen wird, ist er von besonderer Bedeutung für das künftige Ansehen eines Unternehmens.

Unternehmen sollten sich im Klaren darüber sein, dass im Reaktionsablauf eines solchen korrektiven Prozesses Emotionen eine entscheidende Rolle spielen. Der Zorn und Ärger, die Enttäuschung und Wut über den entstandenen Vertrauensbruch oder auch die Schadenfreude, Genugtuung und Erleichterung bei Konkurrenten und Neidern sind nur einige Emotionen. „Diese Emotionen gehören zur Logik des rituellen Spiels zur Wiederherstellung eines beschädigten Rufs, und sie müssen daher im Angebot einer Organisation berücksichtigt werden."[500]

---

[500] Buß, E.; Fink-Heuberger, U.: Image Management, 2000, S.153

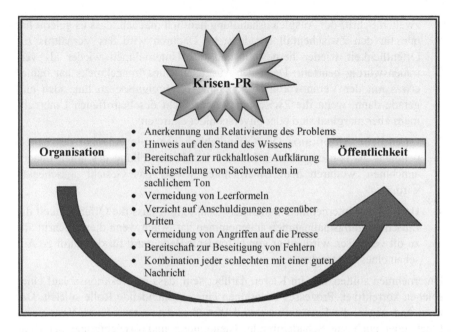

Abb. 7.2: Grundregeln der Krisen-PR
Quelle: Nach Diez, W.: Mercedes-Benz Marketingkommunikation VP/KS „Kommunikation für die Mercedes-Benz A-Klasse" 04/98

7.4   Konkrete Praxisbeispiele zum Umgang mit Imagekrisen

7.4.1   Die Imagekrise aufgrund öffentlicher Anschuldigungen am Beispiel von Coppenrath & Wiese und Birkel

Der Konsument differenziert grundsätzlich nicht, ob es sich um einen direkten Produktmangel, um fehlerhafte Zulieferteile oder ungerechtfertigter weise um medienwirksame Verlautbarungen Dritter handelt. Durch negative Meldungen ist das Vertrauen der Öffentlichkeit gestört und Misstrauen geweckt, auch wenn sich die Meldungen im Nachhinein als falsch heraus stellen. Denn „etwas bleibt immer hängen", das stellte auch ein Sprecher des Marktführers für Tiefkühl-backwaren *Coppenrath & Wiese* fest.[501]

Im Januar 2003 starb ein 11-jähriges Mädchen, dessen Tod zunächst mit dem Genuss einer Torte von *Coppenrath & Wiese* (C&W) in Verbindung gebracht

---

[501] Vgl. Fischer, O.; Südhoff, R., online: Tortenbäcker C&W kämpft gegen Imageschaden, 16.01.03

wurde, da auch weitere Familienmitglieder nach dem Verzehr über Beschwerden geklagt hatten. Am selben Wochenende hatten darüber hinaus gleich zwei Familien nach dem Genuss von *C&W*-Torten über Magen-Darm-Erkrankungen geklagt.[502] Es konnte nicht ausgeschlossen werden, dass erhebliche Gesundheitsgefährdungen durch evtl. bakterielle Verunreinigung auftreten können. Aufgrund dieser Vorfälle warnte das hessische Sozialministerium und der Hersteller *C&W* vor dem Verzehr der Tiefkühltorte „Feine Conditor Auswahl".[503] Vorsorglich zog *C&W* deshalb die betroffene Charge zurück und teilte mit, das Unternehmen rechne damit, dass sich die Vorwürfe als unbegründet erweisen werden. Sofort wurde auch eine Hotline eingerichtet, um die Verbraucher über aktuelle Erkenntnisse zu informieren. Alle Meldungen wurden auch im Internet veröffentlicht. *C&W* führte gezielte Gespräche mit der Presse und wurde in der Krisen-PR von der Agentur Engel & Zimmermann beraten.[504]

Abb. 7.3: „Feine Conditor-Auswahl" von Coppenrath & Wiese
Quelle: Fischer, O.; Südhoff, R., online: C&W kämpft gegen Imageschaden, 16.01.03

Nach den Ergebnissen der mikrobiologischen Spezialuntersuchungen des Staatlichen Untersuchungsamts Hessen (SUAH), die an dem Reststück des verzehrten Kuchens durchgeführt worden sind, wurden keine Erreger gefunden. Damit war

---

502 Vgl. Fischer, O.; Südhoff, R., online: Tortenbäcker C&W kämpft gegen Imageschaden, 16.01.03
503 Vgl. Müller-Klepper, P., online: Ungeklärter Todesfall nach Verzehr einer Tiefkühltorte, 16.01.03
504 Vgl. Fischer, O.; Südhoff, R., online: Tortenbäcker C&W kämpft gegen Imageschaden, 16.01.03

erwiesen, dass die „Feine Conditor Auswahl" von *Coppenrath & Wiese* nicht Ursache für Krankheitsfälle und den Tod des Mädchens war.[505] „Aber dennoch: Der Imageschaden ist da. Und auf die Kommunikationsexperten des Unternehmens und ihre PR-Agentur wird noch einige Arbeit zukommen."[506]

Auch wenn *C&W* mit Imagekrisen bisher keine Erfahrungen hatte, hat es während dieser Krise wichtige Faktoren des Krisenmanagements beachtet. Seitens des Sozialministeriums wurde betont, „dass bei dem Krisenmanagement eine beispielhafte Kooperation zwischen der Conditorei *Coppenrath & Wiese* und den Behörden stattgefunden hat"[507]. In allen Phasen der Krisenbewältigung hat *Coppenrath & Wiese* den Schutz des Verbrauchers vor gesundheitlichen Schäden an oberste Stelle seines Handels gesetzt. Trost und Befriedigung ist für *C&W*, dass das gemeinsame Krisenmanagement der Firma mit dem Hessischen Sozialministerium in den Medien bei weiten Verbraucherkreisen und Verbraucherschutzverbänden und auch beim Spitzenverband der deutschen Lebensmittelwirtschaft zustimmende Anerkennung gefunden hat.[508]

Trotz aller Bemühungen gibt es aber dennoch keine Garantie gegen Imageschäden. Denn selbst schuldlos ins Gerede gekommene Unternehmen können langfristige Schäden davontragen. Als Beispiel für die Verbreitung von Informationen, die vom Gehalt her falsch sind aber dennoch ein Unternehmen ruinieren können, steht die Firma *Birkel* mit ihrem ungeklärten „Flüssigei-Skandal". Der Umsatz des Weinheimer Nudelherstellers war eingebrochen, nachdem der Stuttgarter Regierungspräsident 1985 vor angeblich verdorbenen *Birkel*-Nudeln gewarnt hatte. Obwohl sich die Vorwürfe als haltlos erwiesen, war die Marke beschädigt, und ein späterer Schadensersatzprozess endete mit einem knapp 13 Mio. DM teuren Vergleich zugunsten von *Birkel*.[509]

505 Vgl. o.V., online: Entwarnung: „Feine Conditor Auswahl" nicht zu beanstanden, 16.01.03
506 Langer, B., online: Schnelle Reaktion bei Coppenrath & Wiese, 16.01.2003
507 Müller-Klepper, P., online: Ungeklärter Todesfall nach Verzehr einer Tiefkühltorte, 16.01.03
508 Vgl. o.V., online: Entwarnung: „Feine Conditor Auswahl" nicht zu beanstanden, 16.01.03
509 Vgl. Fischer, O.; Südhoff, R., online: Tortenbäcker C&W kämpft gegen Imageschaden, 16.01.03

Tab. 7.1: Pressemeldung zum Flüssigei-Skandal der Firma Birkel

16.03.1989	**Eiertanz um „7 Hühnchen"**
	Der Nudelhersteller *Birkel*, der vom Land Baden-Württemberg DM 43,2 Millionen Schadensersatz verlangt, steht im Verdacht des Prozessesbetrugs. In dem Gerichtsverfahren geht es auch um die Frage, wann Behörden die Verbraucher warnen dürfen oder müssen.
	„...*Birkel* fordert vom Land Baden-Württemberg DM 43,2 Millionen Mark Schadensersatz, weil das Stuttgarter Regierungspräsidium am 15.08.1985 neben anderen Ei-Produkten auch fünf Sorten von *Birkels* „7 Hühnchen" Nudeln als „mikrobiell verdorben" bezeichnet hatte..."
	Grall, R.: Eiertanz um „7 Hühnchen", in Stern 12/89, S.304
01.06.1989	**Nachrichten, Berichte, Reportagen – und was daraus geworden ist**
	„...das Landgericht Stuttgart hat jetzt das Vorgehen des Regierungspräsidiums als ‚Amtspflichtverletzung' eingestuft: Es sei, weder bewiesen noch wahrscheinlich, dass diese Teigwaren nicht verzehrbar waren'..."
	o.V.: Nachrichten, Berichte, Reportagen – und was daraus geworden ist, in Stern 23/89, S.237
03.08.1995	**Was macht eigentlich...**
	... Klaus Birkel? Der schwäbische Unternehmer verkaufte 1990 Deutschlands größte Nudelfabrik. Heute hat er sich einen Jugendtraum erfüllt und züchtet in Texas Rinder.
	STERN: „Nach dem Ärger im Flüssigei-Skandal verkauften sie 1990 Ihren fast 120 Jahre alten Familienbetrieb. Sind sie verbittert?"
	BIRKEL: „Mich kann noch heute der Zorn packen über die Dummheit und Unverschämtheit. Der falsche Verdacht brachte uns Schaden in dreistelliger Millionenhöhe. Aber es hat keinen Wert, darüber noch nachzudenken."
	Vgl. Scheytt, S.: Was macht eigentlich..., in Stern 32/95, S.122

7.4.2 Die Imagekrise aufgrund eines Unternehmensfehlers am Beispiel der A-Klasse

Bei technisch aufwändigen Produkten wie in der Automobil-Branche stehen Be-
strebungen, eine Modellreihe in kürzester Zeit vermarktungsfähig zu präsentieren,
häufig stärker im Vordergrund als sicherheitstechnische Gesichtspunkte. Diese
Behauptung wird durch das folgende Zitat gestützt: „Hinzu kam, dass *Mercedes*
seine *A-Klasse* in Rekordzeit auf den Markt bringen wollte, um termingleich
gegen den neuen *Golf* antreten zu können. Im Herbst 1993 fiel die Entscheidung
das Auto zu bauen. ‚Für diese Eile‘, so PKW-Vorstand Jürgen Hubbert, ‚wäre
man vor 10 Jahren erschossen worden‘."[510]

Am 21.10.1997 gingen dem Vorstand der damaligen *Daimler-Benz AG* die ersten
Information über das Kippen eines *A-Klasse*-Fahrzeugs im Rahmen eines
„Unfallvermeidungs-Tests" (Car avoidance test) zu. Über den nicht bestandenen
„Elch-Test" in Schweden wurde danach weltweit in der Presse berichtet. „Es
handelte sich bis dato um keinen Standardtest in Deutschland oder woanders auf
der Welt."[511]

Das Unternehmen hat dieses Ereignis völlig unvorbereitet getroffen. Durch den
nicht bestandenen Test geriet die *Daimler-Benz AG* in Gefahr, in seinen
wichtigsten Imagedimensionen – „Qualität, Zuverlässigkeit, Komfort und Sicherheit"[512] – erhebliche Schrammen zu erleiden. Sehr schnell wurde der Konzern-
leitung klar, dass ein nicht professioneller Umgang mit dieser Situation nur
negative Folgen haben würde. Nach Prüfung der Situation vor Ort durch
Spezialisten der *Mercedes-Benz* Forschung und Entwicklung, wurde ein um-
gehender Auslieferungsstopp erwirkt. Alle noch nicht ausgelieferten Fahrzeuge
wurden einer Fahrwerksänderung unterzogen und zusätzlich und kostenfrei mit
einem elektronischen Stabilitätsprogramm (ESP) ausgerüstet. Die Halter bereits
ausgelieferter Fahrzeuge wurden über diese Maßnahmen unterrichtet, und eine
kostenfreie Nachbesserung wurde angeboten.

Obwohl die finanzielle Belastung für den Konzern enorm war und die Produktion
im Werk Rastatt für rund zwölf Wochen zum Erliegen kam, gibt der heutige
Erfolg der *A-Klasse* dieser Maßnahme Recht. Die serienmäßige Ausrüstung des
Fahrzeugs mit ESP ohne Preiserhöhung wurde von *Mercedes-Benz*-Kunden durch

---

[510] Kaiser, H.: „A-Klasse auf der Kippe", in: Stern 45/97, S.32
[511] Töpfer, A.: Die A-Klasse, 1999, S.3
[512] Ebenda

entsprechende Stückzahlen honoriert. „Der Imagekratzer im edlen Lack ist wieder auspoliert."[513]

Am Anfang der Krise war vom Konzern zunächst unterschätzt worden, dass es sich nicht nur um ein ausschließlich technisches Problem handelte. *Daimler-Benz* reagierte schnell und professionell, was die Behebung der technischen Ursachen betraf.

Die Kritik bezog sich auf die relativ späten öffentlichen Stellungnahmen des Konzerns. Die erste Pressekonferenz fand erst acht Tage nach dem nicht bestanden Elch-Test statt, am 29. Oktober 1997. Aufgrund dieser relativ langen Phase der nicht aktiven Kommunikation mit Medien und Öffentlichkeit, erweckte das Unternehmen in dieser Zeit den Eindruck, sich nicht adäquat mit den Problemen zu befassen. So entstand der Anschein einer gewissen Ignoranz. Viele Maßnahmen waren erst relativ spät eingeleitet, zumindest aber zu spät kommuniziert worden. Der Grund dafür lag in der Tatsache begründet, dass *Daimler-Benz* zuerst Verbesserungsmaßnahmen zur Beseitigung der technischen Probleme analysieren, entwickeln bzw. präsentieren wollte. „Wir kommunizieren erst, wenn wir klare Fakten haben. Die Nachricht überraschte uns auf der Motorshow in Tokio. Wir mussten die Sache sauber analysieren, dann sind wir sofort an die Öffentlichkeit gegangen"[514] (Vorstandsvorsitzender Jürgen E. Schrempp im Focus-Interview). Unter kommunikativen Gesichtspunkten war dieses lange Warten aber riskant. Dabei besteht „die Gefahr, dass in der Zwischenzeit ein ‚Kommunikations-Vakuum' entsteht, das die Presse dann mit Vermutungen, Schlussfolgerungen oder Gerüchten auffüllt."[515]

Für die Öffentlichkeit recht überraschend präsentierte *Daimler-Benz* die Lösung für die technischen Probleme dann schon nach acht Tagen am 29. Oktober. Die angekündigten Maßnahmen fanden jedoch bei der Presse und in der Öffentlichkeit nicht die gewünschte breite und positive Resonanz, da allein mit der technischen Problemlösung das Vertrauen noch nicht wieder hergestellt werden konnte. „Dieses Vertrauen konnte erst durch eine offensive Kommunikationskampagne nach mehreren Wochen wiedergewonnen werden."[516]

Nachdem die Krise fast ausschließlich als technisches Problem angesehen worden war, kam die Task Force bei *Daimler-Benz* recht schnell zu einer anderen Schlussfolgerung. Man erkannte glücklicherweise in einem noch relativ frühen

---

[513] Schmitt, J.: „Wir können uns keine Fehler mehr erlauben", in: Stern 46/97, S.244

[514] Schumacher, M.; Viehöver, U.: „Wir setzen neue Standards", in Focus 47/97

[515] Töpfer, A., online: Nicht bestandener „Elch-Test" der A-Klasse, 17.01.2002

[516] Töpfer, A., online: Nicht bestandener „Elch-Test" der A-Klasse, 17.01.2002

Krisenstadium, dass der Kommunikation mit den Zielgruppen und der Öffentlichkeit eine noch weit größere Bedeutung zukommt. Anfangs wurden 90 % des veranschlagten Aufwandes der Lösung technischer Ursachen gewidmet und nur 10 % für Öffentlichkeitsarbeit aufgewendet. Letztendlich wären nach Aussagen der Task Force aber eine Aufteilung von 70 % für Kommunikation und 30 % für Technik angemessen gewesen. In dieser Relation arbeitete die Task Force anschließend auch und schaffte in relativ kurzer Zeit die latente Imagegefahr abzuwenden und den Neustart zu einem großen Erfolg zu machen. Die Kritiker verstummten schnell, da die Offenheit und Kommunikationsbereitschaft des Konzerns kaum Fragen über Sicherheit und Innovationskraft der neuen *A-Klasse* offen ließ.[517]

Das Unternehmen hat aus den Erfahrungen seine Lehren gezogen. Im Falle eines erneuten Kriseneintritts will es sich noch professioneller verhalten. „Wir haben aus der Elch-Test-Krise viel gelernt und unter anderem auch unsere Prozesse und Abläufe untersucht. Es geht uns nicht um die Identifizierung von ‚Opfern‘, sondern um die Beseitigung von Fehlern. Das verstehen wir unter ‚Fehler-Kultur‘."[518] Daher wolle es in Zukunft niemals vorhandene Emotionen unterschätzen, vorhandene Sorgen akzeptieren und ernst nehmen, sowie Krisensignale vorzeitig analysieren und systematisieren.[519]Auch wenn nachhaltigen Imageschäden noch wirksam entgegengesteuert wurde, dürfte das Unternehmen aus der *A-Klasse*-Krise letzten Endes zwei wesentliche Erkenntnisse gezogen haben: „Zum einen, dass ein bestehendes und gut funktionierendes Kommunikationsnetzwerk mit den Medien für die Bewältigung einer derartigen Krise sehr wichtig ist. Und zum anderen, dass eine enge Verzahnung der Krisenkommunikation mit dem Krisenmanagement erfolgsentscheidend für die Krisenbewältigung ist."[520]

Im Fall der *A-Klasse* wurde die Krise insgesamt erfolgreich gemeistert, gleichwohl zeigen die Ereignisse, wie schnell auch ein überaus renommiertes Unternehmen und ein im Vorfeld hoch gelobtes Produkt in eine schwierige Situation kommen kann.

---

[517] Vgl. Töpfer, A., online: Nicht bestandener „Elch-Test" der A-Klasse, 17.01.2002
[518] Daimler-Benz: Das Krisenmanagement der A-Klasse Kommunikation, 27.05.1998, S.2
[519] Vgl. ebenda
[520] Töpfer, A., online: Nicht bestandener „Elch-Test" der A-Klasse, 17.01.2002

8 Die Chancen des Images

8.1 Das Image als Chance nutzen

Dem Image wird in Unternehmen solange keine wichtige Rolle beigemessen, solange sie sich im Wettbewerb behaupten. Der Wettbewerb wird jedoch immer härter und die Gefahr, im Konkurrenzkampf zu verlieren immer größer. Deshalb ist es vielfach nur eine Frage der Zeit, bis Qualitätsvorsprünge schwinden und sich Produkte immer weniger voneinander unterscheiden. Spätestens dann müssen Lösungen gefunden werden, sich im „Angebotsdschungel" von der Konkurrenz abzuheben. Ein bestmögliches Image ist die Lösung!

Das Image als immaterieller Vermögenswert ist wichtiger als das Stammkapital. Die Chancen des Images werden in den meisten Unternehmen aber erst dann besser genutzt, wenn erfolgsorientierte Führungskräfte nicht nur bis zum nächsten Quartalsbericht denken. Denn der Aufbau eines starken Images benötigt viel Zeit, weil Menschen langsam lernen und schnell vergessen.

Arbeiten am Image heißt am Kunden zu arbeiten. Ignoranz des Images bedeutet eine Ignoranz der Kunden und damit auch der eigenen Daseinsberechtigung. Deshalb darf die Imagebildung nicht dem Zufall überlassen werden, sondern das Image muss bewusst gestaltet werden.

Um ein prägnantes Image aufbauen und pflegen zu können, muss in den Unternehmen Klarheit über die imageentscheidenden Faktoren herrschen. Denn allein die weise Einsicht, dass alle Aktivitäten eines Unternehmens Einfluss auf das Image haben, bringt das Unternehmen dem Ziel kein Stück näher. Entscheidend ist, Werkzeuge zu finden, mit denen der Großteil der imagerelevanten Faktoren gestaltet und beeinflusst werden kann. Die Produkt-, Preis-, Distributions- und Kommunikationspolitik bieten derartige Werkzeuge. Ein konsistentes Image kann aber nur entstehen, wenn sichergestellt wird, dass mit allen vier Werkzeugen auch dieselbe Imagestrategie verfolgt wird.

Damit sich die einzelnen Instrumente nicht gegenseitig konterkarieren und die Imagewirkung verpufft oder gar negative Auswirkungen hat, müssen die einzelnen Instrumente exakt ineinander greifen und aufeinander abgestimmt werden. Deshalb muss Imagepolitik „Chefsache" sein. Nur wenn eine übergeordnete Instanz, am Besten die Geschäftsleitung, Verantwortung für die Imagebildung trägt, wird sich der Erfolg einstellen. Ihre Aufgabe ist es auch darüber zu wachen, dass der schmale Grat zwischen Kontinuität und Wandel einerseits, sowie langfristiger Investition in den Markenwert und kurzfristiger, flexibler Anpassung an die Marktsituation andererseits, beherrscht wird.

Das Image ist keine Wunderwaffe, kann aber bei gekonntem Einsatz eine enorme Wirkung erzielen. Hierzu muss das Image konsequent, nachhaltig und bis ins Detail durchdacht aufgebaut werden und mit der Kundenwahrnehmung übereinstimmen. Gelingt der gekonnte Einsatz aber nicht, wird das Image schnell zum großen Handicap. Denn nichts bestraft der Markt mehr als ein unklares Imageprofil. Anders ausgedrückt: Undeutlichkeit verkauft sich schlecht.

Image als Konzept auf dem Papier ist wie eine Waffe in der Glasvitrine. Erst planvolles Training, nachhaltiger Einsatz und die Bewährung beim Kunden machen das Image zur stärksten Waffe im Konkurrenzkampf.

8.2   Das Image als Chance in der Krise – Antizyklische Werbung

8.2.1   Starke Marken mit besserer Performance am Kapitalmarkt

Um für die Eigentümer den Unternehmenswert zu steigern, ist die Basis eine starke Marke. Eine entscheidende Rolle hierbei spielen kontinuierlich hohe Werbeinvestitionen.

Hierzu wurden die fünf Konzerne mit den weltweit größten Werbeetats – *Unilever*, *Procter & Gamble*, *Nestlé*, *Coca-Cola* und *Ford* untersucht. Ihr Aktienkursverlauf von 1990 bis 2001 zeigte, dass diese fünf Konzerne im Durchschnitt ein Wachstum von 437 Prozent erreichten. Mit diesem Wert sind sie immerhin fast doppelt so hoch wie der Anstieg des US-Aktien-Index „S&P 400" welcher ein Wachstum von 219 Prozent erreichte. Aus diesem enormen Unterschied lässt sich ein Zusammenhang zwischen Markenportfolio, Imagepflege, Markenpflege und Kapitalmarktentwicklung schließen.[521]

---

[521]   Vgl. BCG, Gegen den Strom, 2002, S.5

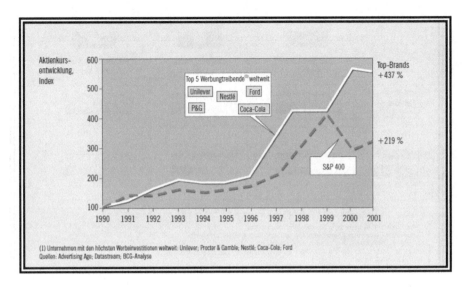

Abb.8.1: Starke Marken schaffen mehr Wert
Quelle: BCG: Gegen den Strom 2002 , S.5

Der Wert eines Unternehmens setzt sich aus zwei Bestandteilen zusammen: dem Fundamentalwert und der Erwartungsprämie. Der Fundamentalwert wird wie folgt definiert: „Gegenwartswert der künftigen Cashflows auf Basis derzeitiger Rentabilität und Wachstum".[522]

Die Erwartungsprämie ist definiert als „Differenz von Unternehmenswert und Fundamentalwert".[523]

In der Regel liegt der Fundamentalwert unter dem Unternehmenswert, der Grund ist die Erwartungsprämie, welche jedem Unternehmen individuell zugeschrieben wird. Die Höhe der Erwartungsprämie wird durch verschiedene Faktoren beeinflusst wie zum Beispiel: Welche Qualität hat das Management, wie gut ist die Innovationsfähigkeit des Unternehmens und wie stark sind die Produkte oder Marken? Diese Erwartungsprämie ist bei den Top Performern normalerweise immer höher als der jeweilige Branchendurchschnitt. *BMW* hatte 2001 eine Erwartungsprämie von 7 Prozent, wohin gegen der Branchendurchschnitt gerade einmal bei 2 Prozent lag.[524]

---

[522] BCG, Gegen den Strom, 2002, S.6
[523] Ebenda
[524] Vgl. BCG, Gegen den Strom, 2002, S.6

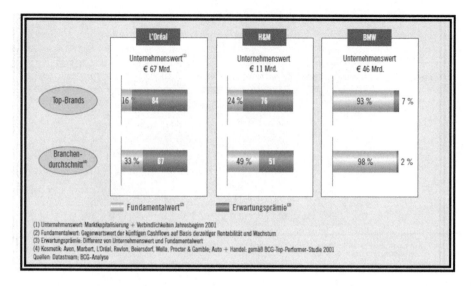

Abb. 8.2: Unternehmenswert resultiert aus vergleichsweise hohen Erwartungen
– Top-Brands mit Erwartungsprämien über Branchenschnitt
Quelle: BCG: Gegen den Strom 2002, S.6

Was bedeutet eine hohe Erwartungsprämie am Markt? Zunächst nichts anderes als dass der Markt vertrauen in die Top-Performer hat, denn „wer gute Zahlen vorlegen kann, dem traut man auch noch bessere zu", sagte Dr. Daniel Stelter, Vice President der *Boston Consulting Group.*[525]

Das Vertrauen des Marktes in die Besten der jeweiligen Branche hat sich in der Vergangenheit meist ausgezahlt. So hat es *BMW* geschafft den Wert der Erwartungen des Jahres 1993 bereits nach einem Jahr durch seinen gestiegenen Fundamentalwert zu erfüllen. Hieraus ergibt sich für das Management des Unternehmens folgende Frage: Was sind die Wertsteigernden Einflussfaktoren? Die Einflussfaktoren werden in zwei Gruppen unterteilt.

---

[525] Vgl. BCG, Gegen den Strom, 2002, S.7

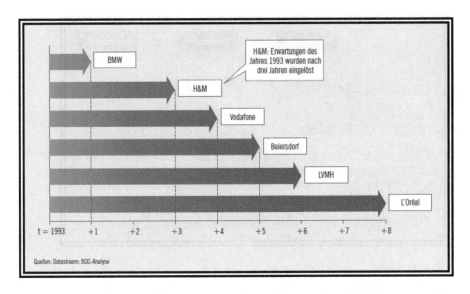

Abb. 8.3: Top-Brands erfüllen Erwartungen – Jahre, bis Kapitalmarkt-
erwartungen durch Fundamentalwertsteigerung erfüllt wurden

Quelle: BCG: Gegen den Strom 2002, S.7

Efficiency-Impact:

Der Efficiency-Impact „beschreibt die Steigerung des Unternehmenswerts im Vergleichszeitraum durch Maßnahmen zur Kostensenkung und zur Steigerung der Kapitalproduktivität".[526]

Brand-Impact:

„Damit kennzeichnen wir das marken- und innovationsgetriebene Wachstum von Umsatz, Rendite und Bruttoinvestitionen im Vergleichszeitraum. In den Faktor Brand-Impact gehen also alle Investitionen in Produktinnovation, der Vertrieb und die Werbung mit ein".[527]

---

[526] BCG, Gegen den Strom, 2002, S.7
[527] Ebenda

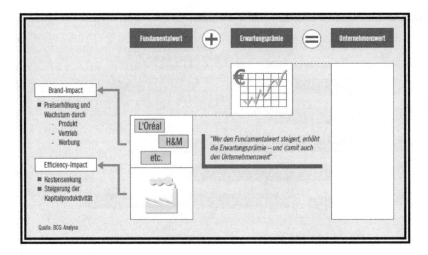

Abb. 8.4: Was treibt die Wertsteigerung? – schematische Darstellung
Quelle: BCG: Gegen den Strom 2002, S.8

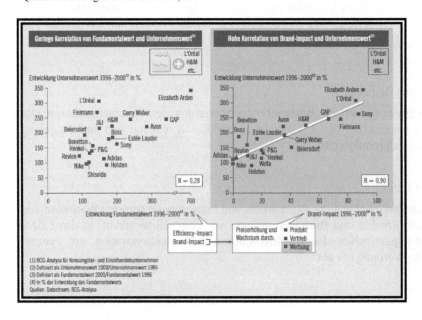

Abb. 8.5: Wertsteigerung getrieben durch „Brand-Impact" – hohe Korrelation
        mit Unternehmenswert
Quelle: BCG: Gegen den Strom 2002, S.8

In der Studie der *BCG* konnte nur eine geringe Korrelation von Unternehmenswert und Fundamentalwert festgestellt werden, wohingegen die Korrelation von
Unternehmenswert und Brand-Impact sehr deutlich nachzuvollziehen ist. Aufgrund des Korrelationskoeffizienten von R = 0,91 ist die Frage nach den Wert-
treibern einfach zu beantworten. Hier ist es vor allem der Brand-Impact welcher
den Unternehmenswert steigert. Dazu gehören u.a. die Investitionen in Produktinnovationen, einen leistungsstarken Vertrieb wie auch gute Maßnahmen zur
Kommunikation des Marketings. Kontinuierlich hohe Ausgaben für das
Marketing und die Pflege der Marke(n) ist die Erfolgsformel der Top-Marken.
Dies belegen Top Unternehmen wie z.B. *L'Oréal, H&M* und *BWM* (Abb. 8.6).

Die Werbung kann die Steigerung des Unternehmenswertes natürlich nur dann
schaffen, wenn sie die richtigen Produkte- und Serviceangebote im Markt unterstützt. Ist dies der Fall, dann schafft die Marke den Wert, je stärker die Marke ist
umso größer ist der Wert.[528]

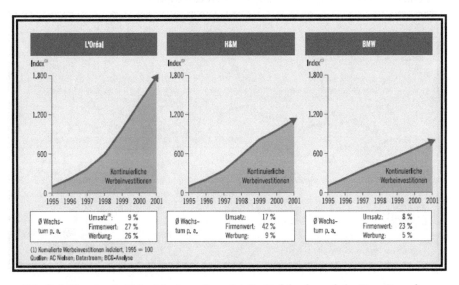

Abb. 8.6: Kontinuierliche Markenpflege ist die Erfolgsformel der Top-Brands
Quelle: BCG: Gegen den Strom 2002, S.9

---

[528] Vgl. BCG, Gegen den Strom, 2002, S.9

8.2.2 Das übliche Vorgehen in Krisenzeiten

Die Image- und Markenpflege haben in den meisten Unternehmen einen hohen Stellenwert. Dennoch werden in Krisenzeiten die Budgets der Marketingabteilungen sehr schnell reduziert, zu Gunsten kurzfristiger Ergebnisoptimierungen. Hierbei werden jedoch langfristige Shareholder-Value und Markenwerte riskiert, nur damit das operative Ergebnis verbessert werden kann. Der Tiefpunkt, was Einsparmaßnahmen im Bereich der Werbeetats betrifft, war bis dahin das Jahr 2001. In Deutschland sanken die Werbeausgaben im Vergleich zum Jahr 2000 um 6,3 Prozent, dies war seit 1981 das erste Mal, dass der Wert unter dem des Vorjahres lag. Fast jede Branche trat im Jahr 2001 auf die Werbebremse (Abb. 8.8). Vier Branchen mussten sogar zweistellige Prozent Einsparungen über sich ergehen lassen. Am härtesten hat es die Telekommunikationsbranche mit einer 38,3-prozentigen Kürzung getroffen, die Waschmittelindustrie mit einer Senkung von 23,5 Prozent, sowie die Reiseveranstalter mit 10,9 Prozent und die Banken mit einer 10,6-prozentigen Kürzung der Werbeinvestition.[529]

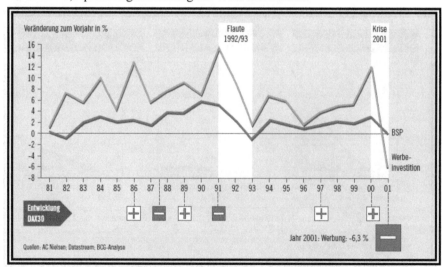

Abb. 8.7: Veränderung der Werbeinvestition überzeichnet allgemeine wirtschaftliche Entwicklung
Quelle: BCG: Gegen den Strom 2002, S.11

---

[529]   Vgl. BCG, Gegen den Strom, 2002, S.11

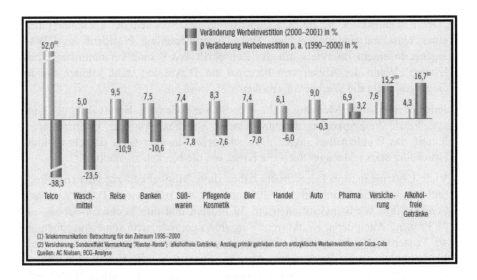

Abb. 8.8: Fast alle Branchen treten auf die Werbebremse –
Rückgang im Werbejahr 2001
Quelle: BCG: Gegen den Strom 2002, S.12

Der Werbeetat wurde nur von drei, der größten Branchen, erhöht: Die Pharmaindustrie, welche 3,3 Prozent mehr ausgab als im Vorjahr 2000, Die Versicherungsbranche, welche ihre Werbeetats (aufgrund der „Riester-Rente") um 15 Prozent aufstockte sowie die Branche der alkoholfreien Getränke mit einem plus von 17 Prozent, wobei *Coca-Cola* maßgeblich beitrug, die ihr Budget um 43 Prozent aufstockte.

Wie gravierend die Einsparungen wirklich waren, wird erst deutlich, wenn das Wachstum von allen Branchen seit dem Jahr 1990 bis zum Jahr 2000 betrachtet wird. Da die Werbeetatposten eine der wenigen Stellhebel sind, welche sofort kurzfristige Einsparmaßnahmen zulassen, werden diese auch gerne als erstes reduziert um die Rendite kurzfristig zu verbessern. Andere Möglichkeiten wie z.B. Stellenabbau, Bereinigung des Produktportfolios oder Restrukturierung, verbessern die Rendite eher mittelfristig.

„Der kurzfristige Ergebnisdruck besitzt", so der Vertreter eines führenden Nahrungsmittelunternehmens, „erheblichen Stellenwert. Werbung ist häufig die Residualgröße, um das Ergebnis zu steuern".[530]

---

[530] BCG, Gegen den Strom, 2002, S.12

„Der Ergebnisdruck ist einfach gigantisch", gesteht auch der Geschäftsführer eines Waschmittelherstellers, und Hans-Dieter Liesering, Präsident des OWM, ergänzt in einem Interview mit der Zeitschrift W&V eine verständliche Überlegung: „Wenn der Abbau von Personal zur Diskussion steht, können Sie im Gegenzug nicht die Werbeetats erhöhen".[531]

Jedoch teilen diese Meinung nicht alle. So sieht Gerhard Berssenbrügge, CEO von *Nestlé Nespresso*, an der mangelnden Standfestigkeit der Unternehmensleitung das Problem und sagte: „Der schwache Manager gerät da schnell unter Druck, der starke Manager nutzt die Krise, um die Marken zu stärken".[532]

Viele Unternehmen in Deutschland haben diese Möglichkeit zur Kostensenkung und Renditeoptimierung im Jahr 2001 genutzt. So reduzierte z.b. die *Deutsche Telekom* ihre Werbeinvestitionen um 59 Prozent und ihre Tochter *T-Mobile* um 46 Prozent. Auch deren Konkurrent *Viag Interkom* reduzierte seine Ausgaben um 46 Prozent. „Es ist normal sich an Konkurrenten zu orientieren", wie ein Marketingleiter einer Bank zugab. Aber bei einem prozyklischen Werbeverhalten können bestenfalls die bestehenden Marktanteile gehalten werden, jedoch geht dies auch nur solange kein Konkurrent eine antizyklische Werbeoffensive startet.[533]

In Krisenzeiten sollte nicht das Gebot der Risikominimierung zählen sondern das des Handelns. Während einer Konjunkturflaute sollte ein Marktführer seinen Abstand vergrößern oder ein Markteinsteiger die Chance nutzen und sich Marktanteile sichern. Damit dies funktioniert und zwar nicht nur in der Theorie sondern auch auf sehr wettbewerbsintensiven Märkten haben Beispiele wie *Dell & Müller* gezeigt. „Gerade in Krisenzeiten sollte die Chance genutzt werden, um Marktanteile zu gewinnen, während alle anderen noch wie gelähmt sind", meinte Herr Peter Zühlsdorff, Geschäftsführer bei *Tengelmann*.

Da der Werbedruck in solchen Zeiten gesunken ist, muss jetzt erst recht auf die Effizienz geachtet werden. Wenn nicht jetzt, wann dann kann effiziente Werbung betrieben werden? „Denn in einem Markt der sehr leise ist, erhält jede Stimme mehr Bedeutung", betont Wolfgang Bück, Werbeleiter des Deutschen Sparkassen- und Giro-Verbandes.[534]

---

[531] BCG, Gegen den Strom, 2002, S.12
[532] Ebenda
[533] Vgl. BCG, Gegen den Strom, 2002, S.12f.
[534] Vgl. BCG, Gegen den Strom, 2002, S.13

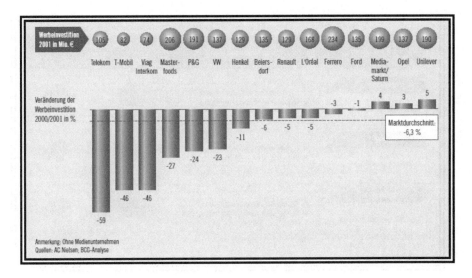

Abb. 8.9: Große Etats werden gekürzt – Werbeverhalten der Top-Werbungtreibenden in Deutschland
Quelle: BCG: Gegen den Strom 2002, S.13

8.2.3 Warum kurzfristige Renditeoptimierung langfristige Ziele gefährdet

Die Kommunikationsbudgets werden selbst in gesunden Unternehmen reduziert nur um den Ertrag zu gewährleisten. Dieser Verlust des Werbeanteils der internationalen Marken kann schnell in einem zweifachen Teufelskreis enden, einem an der Börse und einem am Markt.

Durch das zyklische ängstliche Verhalten vieler Manager wird im Bereich „Werben & Verkaufen" die Wirtschafts- und Werbekrise nur verschärft und verschlechtert die allgemeine Stimmung. (Abb. 8.10) .[535]

---

[535] Vgl. BCG, Gegen den Strom, 2002, S.15

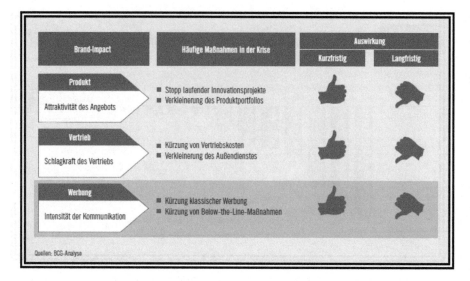

Abb. 8.10:   *Die Gefahr kurzfristig orientierter Renditeoptimierung:*
                  Langfristige Schwächung
Quelle: BCG: Gegen den Strom 2002, S.15

In den Jahren von 1990 bis Mitte 2000 hatte die deutsche Wirtschaft eine positive Entwicklung und bis dahin eine beschauliche „Fallhöhe" erreicht. Aufgrund der extremen Wende der Konjunktur, welche jeden schockte, war dies nun der ideale Zeitpunkt und Nährboden für übertriebene Reaktionen. Nur Etatposten, welche der unmittelbaren Aufrechterhaltung des laufenden Geschäftes dienten, wurden verschont, alle anderen mussten mit drastischen Kürzungen zu recht kommen, darunter natürlich auch der Werbeetat.

Der Wert der Marke, welcher über lange Zeit aufgebaut wurde, kann langfristig geschwächt oder geschädigt werden. Aufgrund von Reduzierungen der Werbe-investitionen zu Gunsten von kurzfristiger Optimierung der Rendite kann das langfristige Ziel den Unternehmenswert zu steigern und die Marke zu stärken ge-fährdet werden.[536]

Dies kann, wie schon erwähnt, zum zweifachen Teufelskreis führen (Abb.8.11).

Der Teufelskreis am Markt

1. Die Branchenumsätze und -ergebnisse sinken.

---

[536] Vgl. BCG, Gegen den Strom, 2002, S.16

2. Unter dem Druck der Controller werden die diskretionären Ausgaben, darunter der Werbeetat, gesenkt.

3. Die Gesamtwerbeinvestitionen der Branche sinken.

4. Der Unternehmer befolgt erlernte Muster: Im Gleichschritt mit der Branche und unter Beibehaltung einer konstanten Werbekosten-Umsatzrelation kürzt er den Werbeetat.

5. Die Markenstärke (Brand-Equity) leidet: Die Markenbekanntheit sinkt, die Markenpersönlichkeit verschwimmt, die Loyalität der Kunden bricht ein.

6. Die Marktposition verschlechtert sich.

7. Umsatz und Ergebniseinbruch verstärken sich.[537]

Das Pech in den Teufelskreis am Markt zu geraten ist besonders hoch für Unternehmen in der zweiten Reihe. Werden die Werbeausgaben reduziert und die Marke dadurch in der Krise zusätzlich geschwächt, muss diese mit enormem Kapitaleinsatz wiederbelebt werden. Die Kosten werden jedoch nur höher und im zeitlichen Ablauf einfach in den langfristigen Bereich verschoben. Dies bedeutet: Wenn die Marke den Wert schafft, wirkt sich eine Schwächung der Marke direkt auf den Unternehmenswert aus.[538]

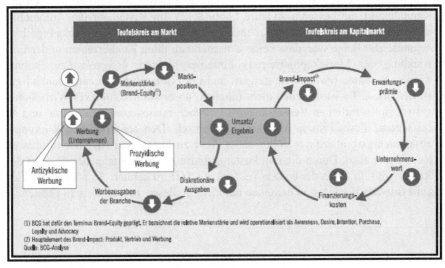

Abb. 8.11: Die Gefahr prozyklischer Budgetkürzungen: Doppelter Teufelskreis
Quelle: BCG: Studie: Gegen den Strom 2002, S.16

---

[537] BCG, Gegen den Strom, 2002, S.16
[538] Vgl. BCG, Gegen den Strom, 2002, S.16

Der Teufelskreis am Kapitalmarkt

1. Umsatz und Ergebnis gehen zurück.

2. Der Brand-Impact sinkt.

3. Damit sinkt auch die Erwartungsprämie als Aufpreis auf den Fundamentalwert des Unternehmens.

4. Der Unternehmenswert sinkt.

5. Die Finanzierungskosten am Kapitalmarkt steigen.

6. Das wiederum verschlechtert das Ergebnis.[539]

Der Zwang und Druck, dem Kapitalmarkt in Quartalseinheiten ständig positive Zahlen und Meldungen liefern zu müssen, kann ein Unternehmen förmlich in den doppelten Teufelskreis hineintreiben. Eine kurzfristige Verbesserung der Rendite durch Senkung der Kosten, wie z. B. Kürzung der Werbeinvestitionen, wirkt sich kurzfristig positiv auf den Kapitalmarkt aus. Womöglich verhindert jedoch diese Art des Denkens eine kontinuierliche Markenpflege und somit mittelfristige Shareholder-Value-Aspekte. (Abb. 8.11)[540]

Unternehmen, deren Wachstum stark markengetrieben ist, sind i.d.R. auch am Kapitalmarkt die besseren Akteure (Abb. 8.12). Im Krisenjahr der Automobilindustrie 1993 mussten *Peugeot* und *VW* weltweit hohe Absatzrückgänge hinnehmen. Die Folge war, dass beide Unternehmen ihren Konkurrenten in der Entwicklung der Marktkapitalisierung hinterher hinkten. *Mercedes-Benz* konnte wiederum seinen Marktanteil steigern und performte auch dementsprechend gut an der Börse. Es ist natürlich nicht möglich, unser hoch komplexes Wirtschaftssystem mit sämtlichen Vernetzungen so einfach monokausal zu erklären und zu behaupten, dieses Prinzip wäre rein mechanisch. Den beschriebenen Wirkungszusammenhang allerdings völlig außer Acht zu lassen und zu ignorieren, wäre jedoch sehr fatal. Durch die rein kostengeführte Kommunikationsstrategie ist das Risiko groß, in einen der beiden Teufelskreisläufe zu geraten. Es wird empfohlen antizyklische Werbung zu betreiben um nicht in diesen Teufelskreis zu geraten.[541]

---

[539] BCG, Gegen den Strom, 2002, S.17

[540] Vgl. BCG, Gegen den Strom, 2002, S.17

[541] Ebenda

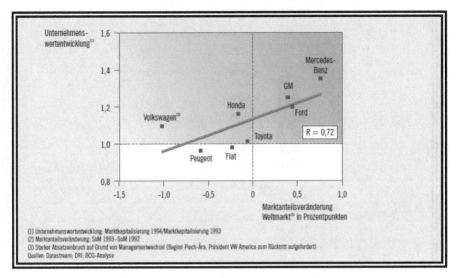

Abb. 8.12: Marktanteilsgewinnen werden von der Börse honoriert – Branchen-
beispiel weltweiter Automarkt im Krisenjahr 1993
Quelle: BCG: Gegen den Strom 2002, S.17

8.2.4 Antizyklisches Handeln in Krisenzeiten, Chance erkannt und genutzt.

Zu den Gewinnern des Jahres 2001 gehören Angreifer und Marktführer, welche durch eine effiziente Marken- und Imagepflege ihre Platzierung in der Branche und am Kapitalmarkt stärken konnten - trotz einer Konjunkturflaute.

Neben der breiten Masse an Unternehmen, welche ihre Werbeetats dramatisch kürzten und damit die Gesamtwerbeinvestitionen im Jahr 2001 gegenüber dem Vorjahr um 6,3 Prozent sinken ließen, gab es auch noch andere Unternehmen, welche die Chance erkannten und ihre Position am Markt nachhaltig stärkten. Die Gefahr des zweifachen Teufelskreislaufes wurde von diesen Unternehmen rechtzeitig erkannt und die Krise als Chance genutzt. Zu den weltweiten Top-Unternehmen, welche antizyklisch handelten und ihre Werbeetats aufstockten anstatt diese zu reduzieren gehören Firmen wie *Dell*, *Allianz* und *Wella*. *Dell* erhöhte seine Werbeinvestitionen um 149 Prozent, *Allianz* um 122 Prozent und *Wella* um 88 Prozent (Abb. 8.13).[542]

---

[542] Vgl. BCG, Gegen den Strom, 2002, S.19

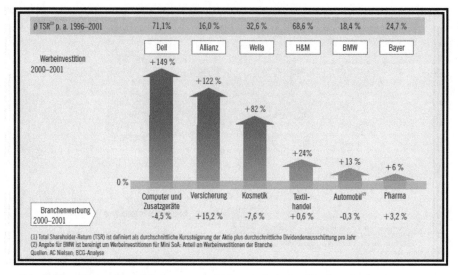

Abb. 8.13:   *Einige Top-Performer verhalten sich antizyklisch – Budgetver-*
               änderungen im Krisenjahr 2001
Quelle: BCG: Studie: Gegen den Strom 2002, S.19

Auch hier zeigen sich Parallelen zwischen kontinuierlich hohen Ausgaben zur
Pflege der Marke und der erheblichen Steigerung des Unternehmenswertes. Auf
diese Art und Weise konnten die Top-Performer im Zeitraum von 1996 bis 2001
ihren Unternehmenswert enorm steigern, wie der Total-Shareholder-Return
(Summe aus Kurssteigerung der Aktie und Dividendenausschüttung) belegt.[543]

Antizyklische Werbung wirkt unmittelbar auf die Werbeposition in der jeweiligen
Branche, egal ob Marktführer oder Angreifer. Die Wertsteigerung hingegen befindet sich ganz am Ende einer sehr langen Wirkungskette.

Das bietet Antizyklische Werbung:

Effizienzvorteile:

Der Share-of-Advertising (SoA: Anteil der Werbeinvestitionen eines Unternehmens an den Gesamtwerbeinvestitionen der Branche) steigt, die Marke
präsentiert sich prominenter. Und das bei vergleichsweise niedrigerem Kapitaleinsatz. Somit besteht die Möglichkeit, Innovationen günstiger am Markt zu
platzieren.[544]

---

[543]   a.a.O. S.20
[544]   BCG, Gegen den Strom, 2002, S.20

Wachstumschancen:

Marktführer können ihre Position nachhaltig stärken, Angreifer Branchenterrain erobern.[545]

So erhöhte der Marktführer *Müller* im Segment weiße Milchprodukte seine Werbeinvestitionen um 5,4 Prozent, dies wiederum steigerte seinen Anteil der Werbeinvestitionen der Branche (Share-of-Advertising) von 25 auf 28 Prozent. Durch dieses Vorgehen konnte *Müller* eine sehr effiziente Markteinführung von „Crema di Yogurt" durchführen. Darüber hinaus konnten Marktanteile gewonnen werden, wie z.b. im Segment Fruchtjogurt, hier wurde der Marktanteil von 10,9 Prozent auf 11,7 Prozent gesteigert.

Im Marktsegment der Computer konnte der Angreifer *Dell*, aufgrund einer 149-prozentigen Erhöhung des Werbeetats, seinen Share-of-Advertising von 4 Prozent auf 10 Prozent steigern. *Dell* konnte sein Markenimage als Preisführer bekräftigen. Der Umsatz stieg in Deutschland um 20 Prozent und *Dell* stieg von der fünften auf die vierte Platzierung in Bezug auf den Branchenumsatz.

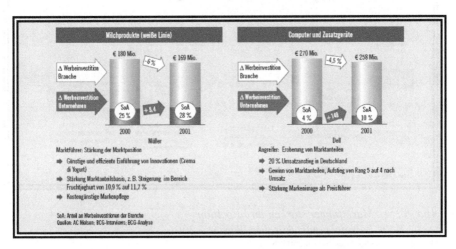

Abb. 8.14: Chancen für Marktführer und Angreifer durch antizyklische Werbung
Quelle: BCG: Gegen den Strom 2002, S.20

Müller und *Dell* sind keine Einzelfälle wie man in Abb. 8.15 und 8.16 sehen kann. Eine Stärkung der Marktposition ist verschiedenen Unternehmen, irrelevant ob als Angreifer oder als Marktführer, in verschiedenen Branchen gelungen. Was

---

[545] Ebenda

kann nun aus diesen Beobachtungen abgeleitet werden? Antizyklische Werbung trägt Früchte. Falls die Werbeinvestitionen in einer Branche gesenkt werden, ist es möglich mit einem gleich hohen Werbeetat wie im Vorjahr den Share-of-Advertising zu erhöhen.[546]

Der Grund für eine Erhöhung des Werbeetats ist nicht nur allein die Erkenntnis, dass in Krisenzeiten Werbung effizienter genutzt werden kann, sondern häufig ist der Grund die Einführung eines neuen Produkts oder einer neuen Marke. Im Jahr 2001 erhöhte das Unternehmen *Wella* seine Werbeinvestitionen um 82 Prozent, da die Veränderung der bisherigen Kommunikationsstrategie mit neuen Produktinitiativen die passende weibliche Unterstützung benötigte.

Werbeleiter von *Peugeot*, Hans Sartor, empfindet in Zeiten von Werbezurückhaltung die eigene Darstellung als sehr wirksam.[547]

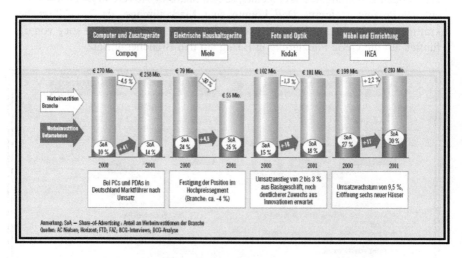

Abb. 8.15:   Marktführer stärken ihre Position –
Beispiele antizyklischer Werber – 2001
Quelle: BCG: Gegen den Strom 2002, S.21

---

[546] Vgl. BCG, Gegen den Strom, 2002, S.20
[547] a.a.O. S.21

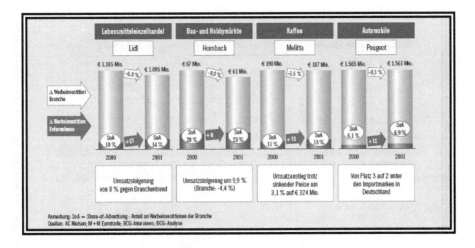

Abb. 8.16: Angreifer erobern Branchenterrain –
Beispiele antizyklischer Werber – 2001
Quelle: The Boston Consulting Group: Studie: Gegen den Strom 2002, S.21

8.2.5 Beispiele für erfolgreiche Verbesserung der Markposition in der Krise

Die branchenspezifische Untersuchung auf dem deutschen Markt zeigte, dass offensive Werbestrategien sehr wirkungsvolle Werkzeuge im Konkurrenzkampf um Marktanteile sind. Wie schon vereinzelte Beispiele im vorangegangenen Kapitel gezeigt haben, kann antizyklische Werbung sowohl Marktführern wie auch Angreifern dabei helfen Anteile am Markt neu zu ordnen. Um den Wirkungszusammenhang zwischen großen Werbeinvestitionen und Krisenzeiten auf einer analytischen Basis leichter nachzuvollziehen zu können, wurden 11 Branchen von der *Boston Consulting Group* unter die Lupe genommen. Mit den 11 exemplarisch gewählten Branchen werden folgende Bereiche abgedeckt: Verbrauchsgüter, Gebrauchsgüter und Dienstleistungen. Untersucht wurden die Jahre 1990 bis 2001 hinsichtlich Krisen und Flauten. Sinkt der Umsatz und/oder die Gesamtwerbeinvestitionen einer Branche bedeutsam, wird dies als Krisenjahr deklariert. Branchen, welche diese Jahre durchliefen, sind unter anderem etwa Reiseveranstalter im Jahr 1994; die Automobilindustrie in 1993 oder die Versicherungen in 1999 (s. Abb. 8.17).[548]

---

[548] Vgl. BCG, Gegen den Strom, 2002, S.23

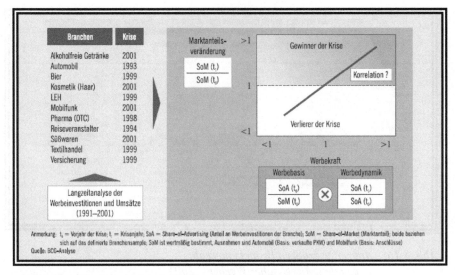

Abb. 8.17: *Wachstum durch Werbung als Chance der Krise? –*
                Unternehmensmodell Branchenanalysen
Quelle: BCG: Gegen den Strom 2002, S.23

„Werbekraft" ist eine Formel, welche die *BCG* entwickelte, um Auskunft geben zu können, ob der Einsatz von Werbung offensiv oder defensiv auftritt. Diese Formel verknüpft zwei Faktoren:

1. Die Werbebasis: das Verhältnis des Share-of-Advertising zum Marktanteil des Unternehmens, das die strategische Haltung zur Werbung ausdrückt. Ein Wert von unter 1 weist ein defensiv werbendes Unternehmen aus, dessen Share-of-Advertising kleiner ist als sein Marktanteil. Liegt der Wert über 1, wirbt das Unternehmen offensiv.[549]

2. Die Werbedynamik: Sie bezeichnet die Steigerung des Share-of-Advertising im Krisenjahr im Vergleich zum Vorjahr.[550]

Die Werbekraft ergibt sich aus der Multiplikation von Werbebasis mit Werbedynamik. Wenn in der Krise antizyklisch von Unternehmen investiert wird und sie von Grund auf über eine hohe Werbebasis verfügen, ist folglich die Werbekraft am größten. Anhand der Untersuchungen ist ein positiver Wirkungszusammenhang zwischen der Neuverteilung der Marktanteile in Krisenzeiten und

---

[549]   BCG, Gegen den Strom, 2002, S.24
[550]   a.a.O.

der Werbekraft festzustellen. Liegt der Wert unter 1, so bedeutet dies, es gingen Marktanteile verloren, je höher der Wert über 1 liegt, umso mehr Marktanteile konnten wiederum von einem Unternehmen gewonnen werden.

Als Beispiel, um diese Thematiken zu veranschaulichen, dient unter anderem die Automobilindustrie (Abb. 8.18).

Das Jahr 1993 ist für die Automobilindustrie als Krisenjahr erkannt worden, da hier nach dem Boom der Wiedervereinigung der Branchenumsatz deutlich zurückging. Mit einem 3,3 Prozent niedrigeren Share-of-Advertising und einer Werbekraft von gerade einmal 0,7 ist *Opel* ein defensiver Werber im Krisenjahr. Der Wert von 0,7 wurde für Opel errechnet aufgrund der Tatsache, dass der Einsatz der Werbung unterdurchschnittlich im Verhältnis zum Markanteil war. Der Marktanteil sank von 21,4 Prozent auf 20,9 Prozent. Ein ganz anders Bild lieferte *Citroén*, mit einer ca. 12 prozentigen Werbedynamik und einer ohnehin recht hohen Werbebasis von 2,3 ergibt sich eine Werbekraft von 2,3. *Citroén* ist somit ein offensiver Werber. Der Faktor der Marktanteilssteigerung gibt diesem Vorgehen recht, er liegt bei 1,2.[551]

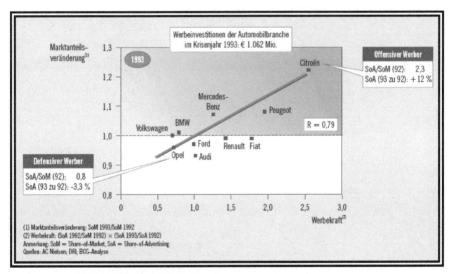

Abb. 8.18: Werbekraft lohnt im Kampf um Marktanteile (I) –
Positiver Wirkungszusammenhang bestätigt – Automobil
Quelle: BCG: Gegen den Strom 2002, S.24

---

[551] Vgl. BCG, Gegen den Strom, 2002, S.24

Das nächste Beispiel sind die Reiseveranstalter (Abb. 8.19 oben)

Hier wurde das Jahr 1994 als Krisenjahr identifiziert. Mit einer Werbebasis von nur 0,3 ist *Meier's Weltreisen* eindeutig ein defensiver Werber, ihr Share-of-Advertising reduzierte sich um 6 Prozent. Dies äußert sich im Faktor der Marktanteilsveränderung von 0,9. *L'TUR* hingegen ist ein offensiver Werber dank einer Werbekraft von 1,9. Diese hohe Werbekraft verdankt *L'TUR* vor allem einer eindeutigen Steigerung des Share-of-Advertising um 86 Prozent. Der Faktor der Marktanteilsveränderung liegt bei 1,2.[552]

Als letztes Beispiel wird der Biermarkt betrachtet (Abb. 8.19 unten)

Holsten hatte im Krisenjahr 1999 eine unterdurchschnittliche Werbekraft, dies führte zu Verlusten der Marktanteile. *Radeberger* hingegen erhöhte seine Werbeausgaben enorm und konnte seinen Marktanteil erhöhen.[553]

---

[552] Vgl. BCG, Gegen den Strom, 2002, S.25
[553] Ebenda

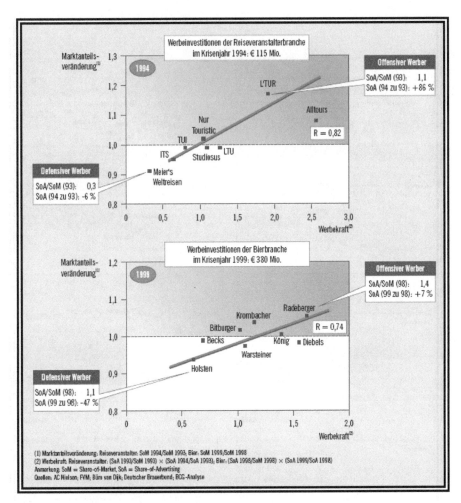

Abb. 8.19: *Werbekraft lohnt im Kampf um Marktanteile (II) – Positiver*
Wirkungszusammenhang bestätigt – Reiseveranstalter und Bier
Quelle: BCG: Gegen den Strom 2002, S.25

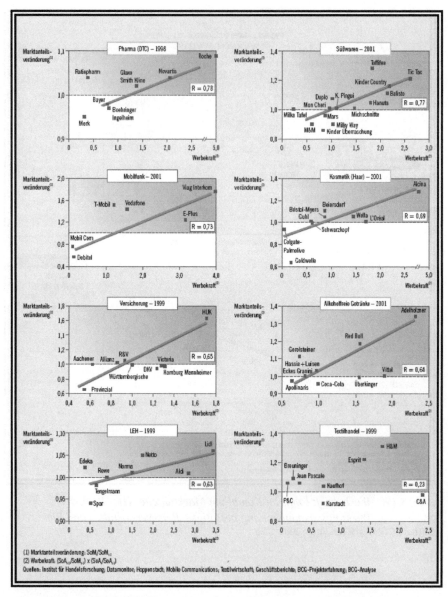

Abb. 8.20:   *Werbekraft lohnt im Kampf um Marktanteile (III) – Positiver*
Wirkungszusammenhang bestätigt in Pharma, Süßwaren, Mobilfunk,
Kosmetik (Haar), Versicherung, alkoholfreie Getränke und LEH

Quelle: BCG: Gegen den Strom 2002, S.26

Untersuchte Branchen	Krise/Flaute	Korrelation (R)	Wirkungszusammenhang
Reiseveranstalter	1994	0,82	✓
Automobil	1993	0,79	✓
Pharma (OTC)	1998	0,78	✓
Süßwaren	2001	0,77	✓
Bier	1999	0,74	✓
Mobilfunk	2001	0,73	✓
Kosmetik (Haar)	2001	0,69	✓
Versicherung	1999	0,65	✓
LEH	1999	0,64	✓
Alkoholfreie Getränke	2001	0,64	✓
Textilhandel	1999	0,23	⊖

Quelle: BCG-Analyse

Abb. 8.21: *Werbekraft lohnt im Kampf um Marktanteile (IV) – Ergebnis-*
zusammenfassung der Branchenanalysen
Quelle: BCG: Gegen den Strom 2002, S.27

Der Wirkungszusammenhang zwischen Marktanteilsgewinn in Krisenjahren und Werbekraft ist durchweg in allen Branchen festzustellen, lediglich im Textilhandel konnte keine Korrelation zwischen Werbekraft und Marktanteilsveränderung (untersuchtes Jahr: 1999) nachgewiesen werden.

In allen untersuchten Branchen zeichnet sich in dem jeweiligen Krisenjahr ein ähnliches Bild ab: Unternehmen, welche während einer Branchenkrise Marktanteile gewinnen konnten, erreichten dies meistens durch einen sehr hohen Einsatz von Werbung. In aller Regel ist der Share-of-Advertising größer als ihr Share-of-Market, das Werbeverhalten der Unternehmen ist somit tendenziell antizyklisch.[554]

Die Gefahr in der Krise wird deutlich: Marktakteure, welche ihren Share-of-Advertising zu Krisenzeiten senken und eine niedrige Werbekraft besitzen, fallen kontinuierlich hinter ihre Konkurrenten und müssen Marktanteile abgeben.

---

[554] Vgl. BCG, Gegen den Strom, 2002, S.27

Wettbewerber hingegen, welche eine große Werbebasis besitzen, suchen und nutzen mit Hilfe antizyklischer Werbung die Chance in der Krise und gehen als Gewinner daraus hervor.[555]

8.2.6 Durch antizyklisches Handeln die Chance nutzen

Firmen, welche ihre Werbeinvestitionen zur Krise antizyklisch steigern, können nachhaltig davon profitieren. Marktanteile können nun leichter gewonnen werden und hierdurch der Unternehmenswert rasanter gesteigert werden.

Die meisten Unternehmen folgen in schlechten Zeiten alt erlernten Mustern und reduzieren ihre Werbeinvestitionen. Dies passiert meistens im Gleichschritt mit der gesamten Branche. Jetzt bietet sich eine hervorragende Chance für den weitsichtigen Manager: Durch antizyklisches Handeln und Werben wird das eigene Image gestärkt und die Marktposition kann verbessert werden. Jeder, der seine Position am Markt stärkt, hat ein größeres Wachstumspotenzial. Dies wird vom Kapitalmarkt durch einen größeren Unternehmenswert honoriert. In der Krise gibt es immer Verlierer und Gewinner, am Markt wie auch am Kapitalmarkt. Wer aber auf die Fähigkeit der Werbung vertraut, gehört auch in der Krise regelmäßig zu den Gewinnern.[556]

Die *Boston Consulting Group* konnte mit dieser umfangreich angelegten Studie einen bestehenden Wirkungszusammenhang zwischen Erhöhung der Werbeinvestitionen in Krisenzeiten und Steigerung der Marktanteile und des Unternehmenswertes nachweisen. Gute fundamentale Unternehmensdaten genügen nicht, um die Unternehmenswertentwicklung zu projizieren. Günstige Karten am Kapitalmarkt haben nur Unternehmen welche kontinuierlich am Wachstum arbeiten. Dieses Wachstum von Umsatz, Rendite und Bruttoinvestitionen, welche marken- und innovationsgetrieben sind, wird als Brand-Impact bezeichnet. Einen hohen Brand-Impact besitzen vor allem Unternehmen, welche einen schlagkräftigen Vertrieb besitzen, über sehr gute Produktinnovationen verfügen und kontinuierlich in Werbung investieren. Die Studie zeigt, dass die Chance auf eine hervorragende Performance am Kapitalmarkt umso höher ist, wenn auch der Brand-Impact dementsprechend hoch steht. Beispiele wie *BMW*, *H&M* oder *L'Oréal* belegen dies. Der Markt bewertet Unternehmen höher, welche ihr Image und ihre Marken kontinuierlich pflegen.

Gerade im Krisenjahr 2001 senkten sehr viele Unternehmen ihre Werbeausgaben zu Gunsten einer kurzfristigen Renditeoptimierung. Dies führte in Deutschland zu

---

[555] Vgl. BCG, Gegen den Strom, 2002, S.27

[556] a.a.O. S.29

einem drastischen Rückgang der Werbeinvestitionen. Im Vergleich zum Vorjahr 2000 sanken diese um 6,3 Prozent. Aufgrund von alt erlernten Mustern folgten fast alle Branchen und nahezu alle Werbenden den gewohnten Regeln: Sie glichen sich der Branche oder ihren direkten Konkurrenten an. Andere gaben dem Druck der Analysten nach, um positive Quartalszahlen zu erreichen.[557]

Die Wahrscheinlichkeit, aufgrund des prozyklischen Verhaltens in einen der doppelten Teufelskreis zu geraten, ist sehr hoch, sowohl am Markt wie auch am Kapitalmarkt.

Wer aus kurzfristiger Renditeoptimierung seine Werbeinvestitionen zurückfährt, läuft Gefahr sein Image und seine Marktposition zu verschlechtern. Dies kann zu Einbußen im Umsatz führen und das Ergebnis wird verschlechtert. Während sich die Branche auf Talfahrt befindet, verstärkt das prozyklische Handeln des Unternehmens dies nur weiter. Nun wird der erste Teufelskreis, der Kapitalmarkt, betreten. Aufgrund der Reduzierung der Werbeinvestitionen ist die Marke nicht mehr so „stark". Die Folge: Der Brand-Impact sinkt. Dies wird den Unternehmenswert belasten, wodurch die Finanzierungskosten steigen und das Ergebnis weiter verschlechtert wird.

Eine Möglichkeit diesen doppelten Teufelskreis zu verlassen ist antizyklische Werbung.[558]

Die umfangreiche Untersuchung deutscher Krisenjahre im Zeitraum zwischen 1991 und 2001 in elf Branchen und einzelner bekannten Beispielen aus dem Jahr 2001 führten immer zu dem selben Ergebnis: Die Krise kann auch als Chance genutzt werden. Unternehmen, welche antizyklisch werben und die einen hohen Share-of-Advertising besitzen, gehören zu den Siegern in der Krise. So konnten Angreifer neues Branchenterrain erobern und Marktführer ihre Position sichern. Dadurch dass sich die Wettbewerber eher passiv verhalten, steigt der Share-of-Voice schon bei gleichem Kapital Einsatz. Wer jetzt antizyklisch seine Werbeinvestitionen erhöht, kann sich nun als äußerst prominent auf dem Markt präsentieren. Obwohl die Vorteile der antizyklischen Image- und Markenpflege vielen bekannt sind, fällt es den meisten Unternehmen schwer sich von ihren alt gewohnten Denkmustern zu lösen. Jetzt wäre ein guter Zeitpunkt in die offensive zu gehen und die Krise als Chance zu nutzen. Der ständige Ergebnisdruck verlagert häufig das Machtgefüge in Krisenzeiten, Analysten und Controller übernehmen das Ruder.[559]

---

[557] Vgl. BCG, Gegen den Strom, 2002, S.29
[558] Vgl. BCG, Gegen den Strom, 2002, S.30
[559] ebd.

Unbedachte Etatkürzungen in Krisenzeiten gefährden das lang aufgebaute Image und die Marke. Gerade in schwierigen Zeiten ist die Vernachlässigung der Image- und Markenpflege äußert schädlich für langfristige Shareholder-Value Ziele. Wer das Wertsteigerungspotenzial aufgrund von kurzfristiger Ergebniskorrektur vergibt, läuft Gefahr vom Markführer oder von einem Marktangreifer, welcher antizyklisch handelt, überholt zu werden.

Die werttreibenden Faktoren für den Unternehmenswert sind das Wachstum und die Marke. In Krisenzeiten können Effizienzvorteile genutzt werden und ein Markenaufbau ist leichter umzusetzen durch antizyklisches Handeln. Außer Frage steht natürlich: Eine offensive Werbestrategie zu fahren und das bei rückgängigen Ergebnissen, dazu gehört eine große Menge Mut.[560]

Aber das sagte ja schon Carl von Clausewitz, der legendäre Stratege: „Es gibt Fälle, wo das höchste Wagen die höchste Weisheit ist." Diese Einsicht gilt noch heute.[562]

---

[560] Vgl. BCG, Gegen den Strom, 2002, S.30
[562] BCG, Gegen den Strom, 2002, S.30

Literatur- und Quellenverzeichnis

Einzelwerke:

Aaker, David	Building strong Brands, New York 1996
Aaker, David; Myers, J.C.	Advertising management, New York 1975
Achterholt, Gertrud	Corporate Identity: In 10 Arbeitsschritten die eigene Identität finden und umsetzen, 2.Aufl., Wiesbaden 1991
Antonoff, Roman	Methoden der Image-Gestaltung für Unternehmen und Organisationen, Eine Einführung, Essen 1975
Apitz, Klaas; Benad, Günther; Poth, Ludwig	Image-Profile. Führungskräfte bewerten die 120 größten deutschen Unternehmen und ausgewählte Börsen-neulinge, Landsberg/Lech 1987
Auer, Manfred; Kalweit, Udo; Nüssler, Peter	Product Placement: die neue Kunst der geheimen Ver-führung, Düsseldorf 1991
Becker, Jochen	Marketing-Konzeption: Grundlagen des strategischen und operativen Marketing-Managements, 7.Aufl., München 2002
Becker, Jochen	Marketing-Konzeption: Grundlagen des strategischen Marketing-Managements, 4.Aufl., München 1992
Bente, Klaus	Product Placement: entscheidungsrelevante Aspekte in der Werbepolitik, Wiesbaden 1990
Bergler, Reinhold	Psychologie des Marken- und Firmenbildes, Göttingen 1962
Berndt, Ralph	Marketing: Marketing-Politik, 3.Aufl., Berlin; Heidel-berg 1995
Bloos, Joachim	Marketing, 4.Aufl., Würzburg 1989
Bolz, Norbert; Bossenhart, David	Kult Marketing – Die neuen Götter des Marktes, Düssel-dorf 1995
Boonstin, Daniel	The Americans: The Democratic Experience, New York 1974
Bruhn, Manfred	Kommunikationspolitik: Bedeutung, Strategien, Instrumente, München 1997

Bruhn, Manfred — Handelsmarken, 2.Aufl., Stuttgart 1997

Bruhn, Manfred — Handbuch Markenartikel, Stuttgart 1994

Bruhn, Manfred; Homburg, Christian — Gabler-Marketing-Lexikon, hrsg. von: Bruhn, Manfred; Homburg, Christian, 1.Aufl., Wiesbaden 2001

Bruhn, Manfred; Homburg, Christian — Marketing Lexikon, Wiesbaden 2000

Buß, Eugen; Fink-Heuberger, Ulrike — Image Management-, Markt- und Medieninformation: Wie sie ihr Image-Kapital erhöhen! Frankfurt/Main 2000

Chajet, Clive; Shachtman, Tom — Image-Design: Corporate Identity für Firmen, Marken und Produkte, Frankfurt/Main; New York 1995

d'Alessandro, David — Brand Warfare, USA 2001

Delano, Frank — Brand Slam: The Ultimate Hit in the Game of Marketing, New York 2001

Dichter, Ernest — Strategie im Reich der Wünsche, Düsseldorf 1961

Faulstich, Werner — Image – Imageanalyse – Imagegestaltung, 2. Lüneburger Kolloquium zur Medienwissenschaft 1992

Frank, Nicolaus — Das Herstellerimage im Handel: Eine empirische Untersuchung zum vertikalen Marketing, München, Diss. 1997

Geml, Richard; Geisbüsch, Hans-Georg; Lauer, Hermann — Das kleine Marketing-Lexikon, 2.Aufl., Düsseldorf 1999

Glöckler, Thomas — Strategische Erfolgspotentiale durch Corporate Identity, Wiesbaden 1995

Glogger, Anton — Imagetransfer im Sponsoring. Entwicklung eines Erklärungsmodells, Frankfurt/Main; Berlin; New York; Paris; Wien 1999

Godefroid, Peter — Business-to-Business-Marketing, hrsg. von: Weis, Hans Christian, 2.Aufl., Ludwigshafen 1995

Gries, Gerhard — Marketing, hrsg. von: Geisbüsch, Hans-Georg; Weeser-Krell, L.; Geml, Richard, 1.Aufl., Landsberg/Lech 1987

Guatri, Luigi — Theorie der Unternehmenswertsteigerung, Wiesbaden 1991

Hätty, Holger	Der Markentransfer, Heidelberg 1989
Henning-Boedewig, Frauke; Kur, Annette	Marke und Verbraucher: Funktionen der Marke in der Marktwirtschaft, Weinheim; Basel 1988
Herbst, Dieter	Corporate Identity, Das professionelle 1x1, 1.Aufl., Berlin 1998
Hermanni, Horst	Das Unternehmen in der Öffentlichkeit: effektive Wege der Selbstdarstellung, Heidelberg 1991
Hermanns, Arnold	Sport- und Kultursponsoring, hrsg. von: Hermanns, Arnold, München 1989
Hopfenbeck, Waldemar	Allgemeine Betriebswirtschafts- und Managementlehre: das Unternehmen im Spannungsfeld zwischen ökonomischen, sozialen und ökologischen Interessen, 12.Aufl., Landsberg/Lech 1998
Hortz, Frank	Guerilla-PR. Wirksame Öffentlichkeitsarbeit im Internet, 1. Aufl., Kilchberg 1999
Huber, Kurt	Image: Corporate-Image, Marken-Image, Produkt-Image, 2.Aufl., Landsberg/Lech 1990
Iacocca, Lee; Novak, William	Iacocca – Eine amerikanische Karriere, Frankfurt/Main 1989
Johannsen, Uwe	Das Marken- und Firmenimage: Theorie, Methodik, Praxis, Berlin 1971
Kapferer, Clodwig	Marketing-Wörterbuch, 3.Aufl., Zürich 1988
Kapferer, Jean-Noël	Die Marke – Kapital des Unternehmens, Landsberg/Lech 1992
Kiessling, Waldemar; Spannagl, Peter	Corporate Identity, 1.Aufl., Alling 1996
Kloss, Ingomar	Werbung, 2.Aufl., München; Wien 2000
Koppelmann, Udo	Produktmarketing: Entscheidungsgrundlagen für Produktmanager, 6.Aufl., Berlin; Heidelberg 2001
Koschnick, Wolfgang	Standardlexikon für Markt- und Konsumforschung, München; New Providence; London; Paris 1995
Kotler, Philip; Bliemel, Friedhelm	Marketing-Management, 9.Aufl., Stuttgart 1999

Kreilkamp, Edgar	Strategisches Management und Marketing, Berlin 1987
Kreutzer, Ralf; Jugel, Stefan; Wiedmann, Klaus-Peter	Unternehmensphilosophie und Corporate Identity: empirische Bestandsaufnahme und Leitfaden zur Implementierung einer Corporate-Identity-Strategie, 2.Aufl., Mannheim 1989
Kroeber-Riel, Werner; Esch, Franz-Rudolf	Strategie und Technik der Werbung. Verhaltenswissenschaftliche Ansätze, hrsg. von: Köhler, R.; Meffert, Heribert, 5.Aufl, Stuttgart; Berlin; Köln 2000
Kroeber-Riel, Werner Weinberg, Peter	Konsumentenverhalten, 7.Aufl., München 1999
Kuß, Alfred; Tomczak, Torsten	Käuferverhalten: Eine marketingorientierte Einführung, 2.Aufl., Stuttgart 2000
Leitherer, Eugen	Geschichte der handels- und absatzwirtschaftlichen Literatur, Nürnberg 1961
Lieber, Bernd	Personalimage. Explorative Studien zum Image und zur Attraktivität von Unternehmen als Arbeitgeber, München; Mering 1995
Linxweiler, Richard	Marken-Design: Marken entwickeln, Markenstrategien erfolgreich umsetzen, Wiesbaden 1999
Longin, Bernhard	Image: Wirkung und Realisation im Corporate Communications Programm, Stuttgart, Dipl.-Arb. 1991
Märtin, Doris	Imagedesign, 4.Aufl., München 2000
Matt, Dominique	Markenpolitik in der schweizerischen Markenartikelindustrie, Zürich, Diss. 1987
Mayer, Anneliese; Mayer, Ralf Ulrich	Imagetransfer, Hamburg 1987
Meffert, Heribert	Marketingforschung und Käuferverhalten, 2.Aufl., Wiesbaden 1992
Meffert, Heribert	Marketing-Management: Analyse, Strategie, Implementierung, Wiesbaden 1994
Meffert, Heribert	Marketing. Grundlagen marktorientierter Unternehmensführung, 8.Aufl., Wiesbaden 1998
Meldau, Robert	Zeichen, Warenzeichen, Marken: Kulturgeschichte und Werbewert grafischer Zeichen, Bad Homburg 1967

Möhlenbruch, Dirk; Claus, Burghard; Schmieder, Ulf-Marten	Corporate Identity, Corporate Image und integrierte Kommunikation als Problembereiche des Marketing, Halle (Saale) 2000
Nieschlag, Robert; Dichtl, Erwin, Hörschgen, Hans	Marketing, 18.Aufl., Berlin 1997
Nolte, Harmut	Die Markentreue im Konsumgüterbereich, Bochum 1976
Nowak, Horst; Spiegel, Bernt	Marketing Enzyklopädie – Band 1, München 1974
Pepels, Werner	Käuferverhalten und Marktforschung. Eine praxisorientierte Einführung, Stuttgart 1995
Pepels, Werner	Produktmanagement, München; Wien 1998
Pepels, Werner	Marketing, München 1996
Pflaum, Dieter; Bäuerle, Ferdinand	Lexikon der Werbung, 4.Aufl., Pforzheim; Baden-Baden 1994
Pflaum, Dieter; Pieper, Wolfgang	Lexikon der Public Relations, Landsberg/Lech 1989
Pollert, Achim H.	Marketing im Internet: Mehr Gewinn und Erfolg für kleine und mittlere Unternehmen, 1.Aufl., Kilchberg 2000
Ramme, Iris	Marketing – Einführung mit Fallbeispielen, Aufgaben und Lösungen, Stuttgart 2000
Regenthal, Gerhard	Identität und Image: Corporate Identity – Praxishilfen für das Management in Wirtschaft, Bildung und Gesellschaft, 1.Aufl., Bachem 1992
Renner, Sebastian	Corporate Identity, 1.Aufl., Würzburg 1991
Salcher, Ernst	Psychologische Marktforschung, 2.Aufl., Berlin; New York 1995
Schmitt, Bernd; Simonson, Alex	Marketing-Ästhetik. Strategisches Management von Marken, Identity und Image, München; Düsseldorf 1998
Schneck, Ottmar	Lexikon der Betriebswirtschaft, 3.Aufl., München 1998

Schneider, Frank	Corporate-Identity-orientierte Unternehmenspolitik: eine Untersuchung unter besonderer Berücksichtigung von Corporate Design und Corporate Advertising, 1.Aufl., Heidelberg, Diss. 1991
Schulz, Beate	Strategische Planung und Public Relations: das Konzept und ein Fallbeispiel, Frankfurt/Main 1992
Simon, Hermann	Die heimlichen Gewinner – Die Erfolgsstrategie unbekannter Weltmarktführer, Frankfurt/Main 2000
Sommer, Rudolf	Sommer, R.: Psychologie der Marke. Die Marke aus Sicht des Verbrauchers, Frankfurt/Main 1998
Tamme, Andreas	Rückrufkosten – Haftung und Versicherung, Hamburg, Diss. 1996
Tietz, Bruno	Marketing, 3.Aufl., Saarbrücken 1993
Töpfer, Armin	Die A-Klasse, Neuwied; Kriftel 1999
Trommsdorff, Volker	Konsumentenverhalten, hrsg. von: Köhler, Richard; Meffert, Heribert, 3.Aufl., Stuttgart; Berlin; Köln 1998
Wache, Thies; Brammer, Dirk	Corporate Identity als ganzheitliche Strategie, Wiesbaden 1993
Wehr, Alexander	Imagegestaltung in der Automobilindustrie: eine kausalanalytische Untersuchung zur Quantifizierung von Imagetransfereffekten, 1.Aufl., Wiesbaden 2001
Weis, Hans Christian	Marketing, hrsg. von: Olfert, Klaus, 12.Aufl., Ludwigshafen 2001
Weis, Michaela; Huber, Frank	Der Wert der Markenpersönlichkeit: Das Phänomen der strategischen Positionierung von Marken, Wiesbaden 2000
Weissman, Arnold	Marketing-Strategie: 10 Stufen zum Erfolg, Landsberg/Lech 1990
Winkelmann, Peter	Marketing und Vertrieb: Fundamente für die marktorientierte Unternehmensführung, 3.Aufl., München; Wien 2002
Wiswede, Günter	Einführung in die Wirtschaftspsychologie, 2.Aufl., Basel 1995
Wiswede, Günter	Motivation und Verbraucherverhalten: Grundlagen der Motivforschung, München 1965

Zabel, Eckhard	Die wettbewerbsrechtliche Zulässigkeit produkt-unabhängiger Image-Werbung, Konstanz 1998
Zentes, Joachim	Grundbegriffe des Marketings, 4.Aufl., Stuttgart 1996
Zentes, Joachim	Grundbegriffe des Marketings, 4.Aufl., Stuttgart 1996
Zyman, Sergio	Das Ende der Marketing Mythen – Erfolgsrezepte des »Aya Cola« für Umsatz und Profit, München 2000

Beiträge aus Sammelwerken:

Apitz, Klaas	Image – ohne Image ist alles nichts, in: Apitz, Klaas; Gäbler, Wolfgang; Holz, Bodo; Poth, Ludwig; Wieczorek, Bernd (Hrsg.): Erfolgsfaktoren von Markt-führern, Landsberg/Lech 1989, S.157-194
Behrens, Gerold	Verhaltenswissenschaftliche Erklärungsansätze der Markenpolitik, in: Bruhn, Manfred (Hrsg.): Handbuch Markenartikel. Anforderungen an die Markenpolitik aus Sicht von Wissenschaft und Praxis, Band 1, Stuttgart 1994, S.199-217
Birkigt, Klaus; Stadler, Marinus	Corporate Identity – Grundlagen, in: Birkigt, Klaus; Stadler, Marinus; Funck, Hans (Hrsg.): Corporate Identity: Grundlagen, Funktionen, Fallbeispiele, 9.Aufl., Landsberg/Lech 1998, S.11-61
Bruhn, Manfred	Begriffsabgrenzung und Erscheinungsformen von Marken, in: Bruhn, Manfred (Hrsg.): Handbuch Markenartikel. Anforderungen an die Markenpolitik aus Sicht von Wissenschaft und Praxis, Band 1, Stuttgart 1994
Demuth, Alexander	Corporate Communications: Profil gewinnen durch strategische Kommunikation, in: ECON-Handbuch Corporate Policies: Wie Ihr Unternehmen erfolgreich auftritt, Düsseldorf u.a. 1992, S.170-192
Dichtl, Erwin	Grundidee, Varianten und Funktionen der Markierung von Waren und Dienstleistungen, in: Dichtl, Erwin, Eggers, Walter (Hrsg.): Marke und Markenartikel als Instrumente des Wettbewerbs, München 1992, S.1-23

Dinkel, Michael; Waldner, Andreas	Product Placement – Kommunikationsinstrument mit Zukunft, in: Brockes, Hans-Willy (Hrsg.): Leitfaden Sponsoring & Event-Marketing: für Unternehmen, Sponsoring-Nehmer und Agenturen, Düsseldorf 1995, G 5.2 S.1-2
Esch, Franz-Rudolf	Markenpositionierung als Grundlage der Markenführung, in: Esch, Franz-Rudolf (Hrsg.): Moderne Markenführung, Wiesbaden 1999, S.234-265
Esch, Franz-Rudolf; Andreas Wicke	Herausforderungen und Aufgaben des Markenmanagements, in: Esch, Franz-Rudolf (Hrsg.): Moderne Markenführung, Wiesbaden 1999, S.1-55
Hermann, Andreas; Huber, Frank; Braunstein, Christine	Gestaltung der Markenpersönlichkeit mittels der „means-end"-Theorie, in: Esch, Franz-Rudolf (Hrsg.): Moderne Markenführung, Wiesbaden 1999, S.104-165
Hermann, Theo; Denig, Friedrich	Psychologische Probleme der Werbung, in: Behrens, Karl (Hrsg.): Handbuch der Werbung mit programmierten Fragen und praktischen Beispielen von Werbefeldzügen, Wiesbaden 1970, S.91-106
Hopf, Jürgen	Die Marke als Traumbild, in: Wolf, Brigitte (Hrsg.): Design- Management in der Industrie, Giessen 1994, S.261
Kalweit, Udo,	Sponsoring, in Pflaum, Dieter; Pieper, Wolfgang (Hrsg.): Lexikon der Public Relations, 2.Aufl., Landsberg/Lech 1993, S.461
Meffert, Heribert; Bierwirth, Andreas	Corporate Branding, in: Meffert, Heribert; Burmann, Christoph; Koers, Martin (Hrsg.): Marken-Management: Grundfragen der identitätsorientierten Markenführung, Wiesbaden 2002, S.181-199
Meffert, Heribert; Burmann, Christoph; Koers, Martin	Stellenwert und Gegenstand des Markenmanagement, in: Meffert, Heribert; Burmann, Christoph; Koers, Martin (Hrsg.): Markenmanagement: Grundfragen der identitätsorientierten Markenführung, Wiesbaden 2002, S.3-14
Ott, Werner	Imageanalysen, in: Bruhn, Manfred (Hrsg.): Handbuch des Marketing, München 1989, S.93-94
Pues, Clemens	Image-Marketing, in: Meffert, Heribert (Hrsg.): Lexikon der aktuellen Marketingbegriffe, Wien 1994, S.85-91

Raffeé, Hans; Wiedmann, Klaus-Peter	Corporate Identity als strategische Basis der Marketing-Kommunikation, in: Berndt, Ralph; Hermanns, Arnold (Hrsg.): Handbuch Marketing-Kommunikation, Wiesbaden 1993
Sarasin, Wolfgang	Produkt-Design, Produkt-Identität, Corporate Identity, in: Birkigt, K.; Stadler, M.; Funck, H. (Hrsg.): Corporate Identity, 9.Aufl., Landsberg/Lech 1998, S.193-195
Schwarz, Michael	komparatistische Imagologie, in: Nünning, Ansgar (Hrsg.): Metzler Lexikon Literatur- und Kulturtheorie, Stuttgart 1998
Schweiger, Günter	Image und Imagetransfer, in: Enzyklopädie Betriebswirtschaftslehre Band IV, Handwörterbuch Marketing, Tietz, Bruno; Köhler, Richard; Zentes, Joachim (Hrsg.), 2.Aufl., Stuttgart 1995, S.915-928
Soulas de Russel, Dominique; D'Ambrosio, Daniele	Publicity kompakt – Werben, um besser zu verkaufen, Sternenfels 2009
Spiegel, Bernd	Leitlinien für Positionierungen, in: Fopp, L. (Hrsg.): Marketing-Praxis, St.Gallen 1985, S.151-153
Stankowski, Anton	Das visuelle Erscheinungsbild der Corporate Identity, in: Birkigt, Klaus; Stadler, Marinus; Funck, Hans (Hrsg.): Corporate Identity: Grundlagen, Funktionen, Fallbeispiele, 9.Aufl., Landsberg/Lech 1998, S.189-211
Trux, Walter	Unternehmensidentität, Unternehmenspolitik und öffentliche Meinung, in: Birkigt, Klaus; Stadler, Marinus; Funck, Hans (Hrsg.): Corporate Identity: Grundlagen, Funktionen, Fallbeispiele, 9.Aufl., Landsberg/Lech 1998, S.65-76
Waldner, Andreas; Brockes, Hans-Willy	Begriffslexikon & Grundlagenwissen: Marketingevolution, in: Hans-Willy, Brockes (Hrsg.): Leitfaden Sponsoring & Event-Marketing: für Unternehmen, Sponsoring-Nehmer und Agenturen, Düsseldorf 1995, A1.12 S.1-2
Weinberg, Peter; Diehl, Sandra	Erlebniswelten für Marken, in: Esch, F. (Hrsg.): Moderne Markenführung, Wiesbaden 1999, S.185-207

Beiträge aus Zeitschriften und Zeitungen:

AGf, GfK, IP Deutschland	Zuschauerzahlen beim Motorsport, in Werbung und Verkauf (W&V) Compact. Fakten und Analysen aus Wissenschaft, Werbung und Medien, Nr. 03/01, S.19
Boldt, Klaus	Imageprofile 2000, in: managermagazin, Nr. 02/00, S.50-82
Brandtner, Michael	„Branding" – Wie man starke Marken in den Köpfen der Kunden baut, in: Marketing Journal 05/01, S.260-263
Diez, W.	Mercedes-Benz Marketingkommunikation VP/KS „Kommunikation für die Mercedes-Benz A-Klasse" 04/98
Dye, Renée	Mundpropaganda – ein starker Umsatzmotor, in: Harvard Business Manager 03/01, S.9-17
Esch, Franz-Rudolf	Die Macht der Bilder, in: Frankfurter Allgemeine Zeitung vom 02.12.2002, S.24
Fritschle, Brigitte; Frey, Thomas	Erfolgsfaktor Image: Der Spiegel der Unternehmenskultur, in: Gablers Magazin 05/96, S.22-25
Gardner, B.; Levy, S.	The Product and the Brand, in: Harvard Business Review, N. 33/35, S.34ff
Grall, R.	Eiertanz um „7 Hühnchen", in Stern 12/89, S.304
Kaiser, Helene	„A-Klasse auf der Kippe", in: Stern 45/97, S.32
Katzensteiner, Thomas	Anleger suchen Markenartikler mit gutem Namen, in Handelsblatt, 24.06.2001
Klage, Jan	Vom Image zum Unternehmenserfolg, in: Markenartikel 02/95, S.67-68
Machatschke, Michael	Imageprofile 2002: Zauber der Marke, in: managermagazin 02/02, S.52-75
Mack, Daniela	Edel und schick: Fassadenkosmetik in der Königstraße, in: Stuttgarter Zeitung vom 02.04.02, S.23
Moser, Klaus	Die Psychologie der Marke, in: Wirtschaftspsychologie, 03/01

o.V.	Puma rechnet mit gut 20 Prozent Plus. Wir können schneller wachsen, aber das wollen wir nicht, in: FAZ vom 01.03.2003, S.14
o.V.	Nachrichten, Berichte, Reportagen – und was daraus geworden ist, in Stern 23/89, S.237
o.V.	Unternehmen mögen Beschwerden ihrer Kunden nicht, in Frankfurter Allgemeine Zeitung vom 18.02.2002, S.24
o.V.	Nikotin-Werbung mit Tricks, in: Spiegel 06/81, S.101
Olbrich, Reiner	Abhängigkeitsverhältnis zwischen Markenartikelindustrie und Handel, in: Absatzwirtschaft – Science Factory, Nr. 02/01; S.1
Scheytt, S.	Was macht eigentlich..., in Stern 32/95, S.122
Schlote, Stefan	Die Markenmacht, in: managermagazin Februar 1998, S.59-70
Schmitt, Jens	„Wir können uns keine Fehler mehr erlauben", in: Stern 46/97, S.244
Schumacher, M.; Viehöver, U.	„Wir setzen neue Standards" Interview mit dem Daimler-Benz-Chef Jürgen Schrempp, in Focus 47/1997
Theiler, Jürg	Was will der Kunde? Teil II: Ganzheitliche(re) Kunden wollen ganzheitliche(re) Marken, in: Marketing Journal 01/95, S.6-13
Wildberger, Nicole	Lektionen aus der A-Klasse, in: Absatzwirtschaft 01/98, S.12-13
Zils, Oliver	Jahrmarkt der Erlebnismarken, in: Horizont – Zeitung für Marketing, Werbung und Medien, Nr. 36/99, S.17

Beiträge aus dem Internet:

Adler, Marion

online: Konkrete Signale aus dem Süßwarenregal - Hilfe, was wähle ich aus? http://www.icon-brand-navigation. com, 12.01.2003

Adler, Marion

online: Das „Eisberg-Modell". http://www.suesse-seiten. de/3_4.html, 28.12.2002

Auer, Manfred

online: In einem Interview des Online Wirtschafts-magazins „Der Wirtschaftsredakteur": Product Placement: „Die Kunst der geheimen Verführung". http://www. pribag.de/ print/dwr1998/21_98/inhalt.htm#INTER VIEW, 07.03.03

Buß, Eugen;
Piwinger, Manfred

1998 online: Welchen Wert hat Image? http://www.pr-guide.de/prfor/arch/ar2-98_4.htm, 12.12.2002

Dingel, Rolf

online: Zitat von Rolf Dingel: Wie baut man eine erfolg-reiche Marke auf? http://www.ideereich.de/Dieter Herbst/ Themen/markenfuhrung/aufbau.htm, 26.11.2002

Fischer, Oliver;
Südhoff, Ralf

14.01.03 online: Tortenbäcker Coppenrath & Wiese kämpft gegen Imageschaden, http://www.ftd.de/ub/di/ 1042475171249.html?nv=7dm, 16.01.03

Lamparter, Dietmar

online: Porträt: Der Mutmacher. Ein ehemaliger BMW-Mann soll Opel flottmachen. http://www.zeit.de/ 2001/17/ Wirtschaft/200117_portrait_forster.html, 03.02.2003

Langer, Bettina

16.01.2003 online: Schnelle Reaktion bei Coppenrath & Wiese – Große Unternehmen bereiten sich professionell vor, http://www.stuttgarter-zeitung.de/stz/page/detail. php/ 353014, 16.01.2003

Leonhäuser,
Ingrid-Ute

online: Soziokulturelle Auswirkungen auf das Ver-braucherverhalten, in: Der Förderungsdienst-Spezial-4/99.
http://www.bmlf.gv.at/download/depublik/SPEZ0499. pdf, S.8, 26.10.2002

Moeller, Günter

online: Corporate Identity. Teil 1: Corporate Identity und Corporate Image. http://www.innovation-aktuell. de/kv 1004-01.htm., 08.01.2003

Müller-Klepper, Petra	11.01.03 online: Ungeklärter Todesfall nach Verzehr einer Tiefkühltorte, http://www.giz-nord.de/giznord/ aktinfo/coppenrath.html, 16.01.03
o.V.	online: Sponsoring – erklärt im Ahrens & Behrent PR-Glossar. http://www.a-b-sponsoring.de, 27.02.2003
o.V.	Spiegel online: In Italien droht eine Milliardenbuße. http://www.spiegel.de/wirtschaft/0,1518,35097,00.html, 07.12.2002
o.V.	online: The World's 10 Most Valuable Brands. http://www.businessweek.com/magazine/content/02_31/ b3794033.htm, 17.01.2003
o.V.	15.01.03 online: Entwarnung: „Feine Conditor Auswahl" der Fa. Coppenrrath & Wiese nicht zu beanstanden, http://www.coppenrath-wiese-profiline.de/ pressemitteilung.html, 16.01.03
o.V.	online: Warum der Markenwert wichtig ist. http://www.portamundi.de/(ba4uexr44hdpz5453rt0cf 45)/DesktopDefault.aspx/tabid-56/134_read-933/, 17.01.2003
o.V.	online: Markenwert in Heller und Pfennig – geht das? http://www.portamundi.de/(ba4uexr44hdpz5453rt0cf 45)/DesktopDefault.aspx/tabid-56/134_read-935/, 17.01.2003
o.V.	Corporate Identity http://www.modern-eyes.dewebdesigncorporate-identity.html, 27.02.2010
Sauer, Achim	Januar 2001 online: Markenwert und Marken-Cash-Flow in Brand Management. http://www.aca.unisg.ch/ org/aca/ acaweb.nsf/df76d44a9ef44c6cc12568e400393eb2/895 db76cbf3e7ed0c125699700417dc5/$FILE/Cf_sauer.pdf, S.3, 17.01.2003
The Boston Consulting Group	März 2002 online: Gegen den Strom: Wertsteigerung durch antizyklischen Markenaufbau. http://www. publimedia.ch/online-mediaplanung/Gegen DenStrom-Endversion.pdf, S.16ff, 29.11.2002

Thunig, Christian	online: Opel auf dem Weg zurück in die 1. Liga, http://www.absatzwirtschaft.de/aswwwwshow/fn/asw/sfn /buildpage/cn/cc_mastrat_news/SH/0/page1/ PAGE_10 02979/page2/PAGE_1003000/aktelem/Document_10030 02/id/22601/, 03.02.2003
Thunig, Christian	online: Opel auf dem Weg zurück in die 1. Liga, http://www.absatzwirtschaft.de/aswwwwshow/fn/asw/sfn /buildpage/cn/cc_mastrat_news/SH/0/page1/ PAGE_10 02979/page2/PAGE_1003000/aktelem/Document_10030 02/id/22601/, 03.02.2003
Töpfer, Armin	online: Nicht bestandener „Elch-Test" der A-Klasse von Daimler-Benz im Herbst 1997, http://www.krisennavigator.de/mafa4-d.htm, 17.01.2002

Firmenmaterial:

BMW AG	Pressemitteilung der BMW AG zum Z3-Product-Placement im James-Bond-Film „Golden Eye"
BMW AG	BMW Group. Stationen einer Entwicklung, S.85
Daimler-Benz AG	Das Krisenmanagement der A-Klasse Kommunikation / Fragen und Antworten, 27.05.1998, S.2
McDonald's	Geschäftsbericht 2001, München 2002, S.11

Gesetze:

MarkenG	Markengesetz in der Fassung vom 19. Juli 1996 *BGBl. 1996 I, S. 1014* mit Änderungen bis Bundesgesetzblatt Jahrgang 2002 Teil I Nr. 53, 23. Juli 2002, S. 2851

Druck:
CPI Druckdienstleistungen GmbH
im Auftrag der
KNV Zeitfracht GmbH
Ein Unternehmen der Zeitfracht - Gruppe
Ferdinand-Jühlke-Str. 7
99095 Erfurt